复旦公共行政评论

FUDAN PUBLIC ADMINISTRATION REVIEW
Vol.28/2024

《复旦公共行政评论》第二十八辑 / 2024 年
FUDAN PUBLIC ADMINISTRATION REVIEW Vol.28/2024
主办单位：复旦大学国际关系与公共事务学院

第二十八辑

中文社会科学引文索引（CSSCI）来源集刊
中国人文社会科学期刊（AMI）核心期刊

非洲式治理现代化：多重尺度

上海人民出版社

目 录

1

专题三　外援与非洲治理转型

CONTENTS

1

Foreign Aid and Governance Transformation in Africa

编前语

非洲式治理现代化：多重尺度

李瑞昌　张楚楚

非洲是全球最不发达国家集中的大陆，面临严重的治理赤字。非洲民族解放运动距今多年，诸多非洲国家同发达国家、新兴发展中国家的治理水平差距依然悬殊。2022 年非洲联盟委员会（African Union Commission）、联合国开发计划署等国际组织联合发布的《非洲可持续发展目标报告》（*Africa Sustainable Development Report*）显示，当前非洲仍有 2.88 亿学龄儿童无法接受教育，65% 的人口饱受土壤退化的困扰，超过 90% 的城市区域无法获取污水处理服务（AU et al.，2022）。作为全球贫困率最高的地区，当前非洲每日生活费低于 1.90 美元的贫困人口超过 4.75 亿人，是世界其他地区平均水平的 9 倍（Institute for Security Studies，2022），贫困问题仍在困扰非洲。不仅如此，战乱频仍与政局动荡则令地区民众的生存权和发展权加倍受损。根据《武装冲突地点和事件数据项目》（Armed Conflict Location and Event Data Project），2022 年非洲至少发生了 3.6 万起暴力事件，造成超过 5 万平民死亡（Yusuf，2023）。相对于其他地区，非洲大陆地区冲突、军事政变、恐怖主义、跨境犯罪等问题更为突出，各类传统与非传统安全威胁交织叠加，严重削弱了社会稳定性。按照全球风险和战略咨询公司Verisk Maplecroft 发布的内乱指数（Civil Unrest Index），在 54 个非洲国家中，37 国被列为内乱高风险与极端风险国家。在非洲地区，各国远未达成国家治理体系现代化的目标，国家治理能力普遍备受考验，甚至出现国家主权日趋弱化、国家体系与政府功能退化、国家认同感与归属感缺失、多国政治形态错综混杂与自相矛盾等难题（刘鸿武，2016）。

一、非洲治理现代化"失败"了吗

在西方国家的文献中,非洲国家治理经验常被视为"治理不善"(bad governance)的案例(Klosowicz,2018)。基于这一叙事路径,值得进一步争论的问题包括:"非洲国家治理不善的衡量标准是什么?""非洲国家治理不善的原因何在?""如何推动非洲国家治理现代化?"

针对上述问题的回应,西方学术界大致展现出四种各有侧重的理论路径。第一种理论路径关注的是非洲治理的制度环境弊端。在殖民遗产水土不服等负面效应逐步凸显、独立后非洲各国建构滞后与政治转型阵痛等多重因素作用下,该地区出现国家宪政制度安排的普遍失败,选举政治、政党政治与现代文官体系极不成熟,政府难以获得维系国家统一所需的权力,进而制约了国家通过吸纳与整合社会资源化解社会矛盾的能力(Ndulo,2003;Gberevbie,2014)。

第二种路径聚焦非洲治理的理念缺陷。受限于发展基础薄弱、经济水平落后、专业人才短缺,非洲多国更倾向于快速积累物质基础,而对教育、科技、信息、生态、卫生等多重"软领域"存在资源投入不足、缺乏综合规划、政策与现实脱节等问题(Agbotui et al.,2021)。不仅如此,不少国家政局不稳,党派斗争激烈且政府更替频繁,致使治理议题政治化与公共政策碎片化,给政策执行与实践带来阻碍(Jeary,2022)。

第三种路径强调非洲治理的主体行为失范。一方面,具有显著集权倾向的非洲多国政府人员构成具有高度同质化特征,来自特定优势族群、地区与阶层的政治精英高度揽权,与关键少数群体的利益诉求常常出现错位(Acheson,2008;Nabyonga-Orem et al.,2021)。另一方面,该地区不少国家的政治权威并非体现于管理公共事务的官僚机构中,而是掌握在执政多年的魅力领袖之手,后者极易在公私领域界限模糊的背景下,出于私利垄断国家资源与限制官僚体制的有效性(Ganahl,2014)。

　　第四种路径突出非洲治理的监管不当。由于非洲大陆普遍存在传统庇护政治（neo-patrimonialism）与现代国家制度共存、非正规政治运作与正规体制机制并立的现象，央地垂直机构之间与平行利益集团之间的政治交易难以获得有效监管，以至于非洲国家治理步入法治化、规范化与有序化仍然道阻且长（van de Walle，2001）。

　　尽管国际学界对非洲治理问题的研究如火如荼，但是既有研究极易囿于固有的思维模式与话语体系。首先是分析框架线性化。受经典现代化理论的影响，西方分析框架的一个基本假设就是传统和现代的两极对立，将传统社会向现代社会的转型视为单向度线性过程。20世纪80年代，世界银行及其他国际组织采用政府缺乏代表性、经济体系非市场化、政治权力个人化、行政系统低效化等标签定义"治理不善"（Weiss，2000）。按照这一逻辑，非洲国家大多是典型的反面教材。与此同时，西方的治理现代化理论还认为，要达到"善治"（good governance）应当建立在民主政治与自由市场经济这两大基石之上，包括治理决策民主化、治理主体多元化、治理方法精细化、治理机制竞争化、治理过程透明化、治理技术科学化等特征（Power，2003）。然而，"传统"与"现代"并非泾渭分明的对立状态，西方学术界有关治理成败的简单划分也未必符合包括非洲诸国在内的发展中国家的实际情况。例如一些学者发现，非洲低收入国家过度开展新自由主义改革或将加剧原本脆弱的民生难题（Cole，2005）。

　　其次是叙事结构二元化。受西方区域国别研究范式的影响，传统上有关发展中国家的治理著述常常采用"东方学"二元叙事结构，着眼于西式现代化价值观的研究关怀。其知识加工的主流做法是将基于西方国家案例的研究理论提升到一般性理论，再套用至亚非拉国家，并根据其适用性进行理论的拓展与修正，进而将复制"西化"模式与道路视为探寻发展中国家治理缺陷与提出改革药方的基本出发点（Doornbos，2003）。不过，所谓的"西式"治理模式颇为笼统，事实上美国、西欧各国、澳大利亚等国家的治理模式各有特色，而亚非拉国家同西方国家的资源禀赋、产业基础、历史传统、文化氛围截然不同。因此，深化对治理现代化路径多样性的认识,探讨各地区本土化与自主化治理路径,日益成为发展中国家治理研究的重要关切和新议题。

最后是内外因素割裂化。受传统发展经济学主要流派的影响,大量有关非洲治理的文献将内因或外因作为切入点,试图回答与解决"非洲国家因何长期欠发达"的问题。内因论关注本地制度设计、协调机制、规范构建与政策执行(Guy,2015),外因论则强调殖民主义负面遗产、世界经济体系的不平等结构特征、外部力量的政治经济干预等因素(McFerson,2009)。尽管这两种分析路径各有建树,但明显简化了实际复杂性,特别是有关本土发展和外部环境之间相互作用机制的研究不足。

二、非洲式治理现代化何以可能

毫无疑问,无论是现代化理论、治理理论还是治理现代化理论都是作为现代化先行者的西方国家理论工作者构建起来的。自18世纪西方工业革命带来现代化以来,现代化似乎成为发展中国家发展的目标和路径;与此同时,探讨总结发达国家的经验以及开发和指导发展中国家现代化,成为自20世纪30年代以来各种现代化理论创建的基础。20世纪七八十年代,随着社会科学出现解释力瓶颈,许多经典研究范式越来越难以描述与诠释经历快速变革的现实世界。在"混合经济"日益盛行,介于市场与国家之间的机构制度讨论却明显滞后的背景下,治理理论被赋予了突破传统学科与分析框架局限性的时代内涵。1989年世界银行在《撒哈拉以南:从危机到可持续发展》(*Sub-Saharan Africa:From Crisis To Sustainable Growth*)报告中首次运用"治理危机"(governance crisis)来描述非洲国家的发展状况,自此"治理"这一术语逐渐成为深受西方乃至世界各地学界关注的研究重点,政治学、行政学、管理学等领域涌现出大量将治理作为研究对象的著述。

根据全球治理委员会发表的《我们的全球伙伴关系》,"治理"

(Governance)一词被界定为"公共或私人的个体和机构管理共同事务之诸多方式的总和,它调和相互冲突或截然不同的利益,而且是采取联合行动的持续过程"(施巍巍,2007)。不同于"统治"(Government)与"管理"(Management),治理代表一种新兴的治国理政思想,主要呈现如下基本特征:其一是治理目的公共性,旨在有效实现公共利益;其二是治理主体多元性,淡化公共与私人部门间的界限,既包括政府,也包括非国家行为体(斯莫茨等,1999);其三是治理对象的广泛性,不仅囊括政府权力所涉领域,还涵盖与国家公共事务相关的管理活动和政治活动;其四是治理性质的协商性,而非自上而下的强制行动;其五是治理方式灵活性,打破传统上简单借助市场机制或国家计划方式协调的"二分法"窠臼,强调正式制度安排与非正式协商并重,多种手段综合施策。

2023年2月,习近平总书记发表重要讲话,指出"不断推进国家治理体系和治理能力现代化",有助于为现代化稳步前行提供坚强制度保证。国家治理现代化有赖于国家治理体系及其运行过程的发达顺畅,也需要强有力的国家治理能力为其保驾护航。何增科的研究发现,国家治理体系现代化的目标,在于实现可持续发展、改善民生与民权以及实现可持续稳定等方面绩效,从而最大限度地增进公共利益(何增科,2014)。为实现上述目标,需要不断提升国家治理能力,构建政府、公民对社会政治事务协同治理的制度体系,发挥各类治理主体的自身效能,确保规则和程序的执行力度,实现国家与社会的平衡发展(俞可平,2014)。

党的二十大报告中明确概括了中国式现代化五个方面的中国特色,深刻揭示了中国式现代化的科学内涵:一是人口规模巨大的现代化,二是全体人民共同富裕的现代化,三是物质文明和精神文明相协调的现代化,四是人与自然和谐共生的现代化,五是走和平发展道路的现代化。中国式现代化既有各国现代化的共同特征,更有基于自己国情的鲜明特色。进一步讲,一个国家选择什么样的现代化道路,是由其历史传统、社会制度、发展条件、外部环境等诸多因素决定的。国情不同,现代化途径也会不同。实践证明,一个国家走向现代化,既要遵循现代化一般规律,更要符合本国实际,具有本国特色。因此,可以说,非洲必将也必然会找到适合自身的现代化之路,构建出非洲式治理现代化理论。

三、非洲式治理现代化的理论尝试

基于以上论述,实现治理现代化并没有灵丹妙药。尽管西方学界试图建立和推行一套通用的现代化治理理论系统和叙事结构,但是这种努力日益遭到质疑。其根本原因在于一般性理论的解释力是有限的,并不能涵盖全部的特殊经验。因此,有必要突破西式现代化价值观指导区域国别知识体系,避免亚非拉案例仅成为维护西方理论与话语体系的点缀。对此,中国学界有责任、有意识扭转理论和话语上被动局面,立足发展中国家的视角,针对非洲地区的实际治理经验开展细致分析与理论建构。《复旦公共行政评论》编辑部愿意为此积极尝试,邀请了国内数名出色的学者围绕如下宏观问题进行探讨:新形势下,非洲各国的治理呈现何种特征? 有没有"非洲式治理现代化"的模式与道路? 非洲的地区经验究竟是独一无二的,还是具有某种普遍性?

本辑所收录的13篇原创成果是中国学者从学术视角对上述议题的思考。具体而言,各篇文章主要从三重治理尺度入手探讨非洲治理经验。尺度之一是非洲是一个区域,是一个内部既紧密相连又非常松散的区域,在国际视野中,即将非洲视为一个整体又关注每个国家个体,这使得非洲式治理现代化具有第一个特征:跨界治理,即跨越部落、国家和地区等政治实体的治理;尺度之二是非洲是由诸多部落、国家和地区等多种政治实体组成,每个政治实体自身治理也有着独特的民族、宗教和文化特性;尺度之三是非洲仍是世界最大发展中地区,接受世界诸多国家、地区和国际组织援助,援助已经成为非洲治理的重要组成部分,基于此,本辑共分三个专题研讨非洲式治理现代化的多个议题。

专题一是非洲跨界治理，研究非洲地区组织与政府间如何开展跨界治理协作，如何通过多层次的集体行动应对共同的跨域治理难题。《非洲资源治理转型：动力与表现》一文研究非洲资源治理的理念变化、政策调适与规范建设。《超越新自由主义：非洲债务治理的逻辑、障碍与发展》一文探讨了管理非洲债务的挑战和范式，强调需要从新自由主义市场导向的债务向以发展为导向的债务治理模式转变。《临时性安全倡议的兴起与非洲安全治理体系转型》一文探讨临时性安全倡议推动非洲安全治理的影响，评估其打击地区极端主义的绩效。《在悖论中失效：尼罗河流域倡议组织政治与技术双轨架构分析》一文分析"尼罗河流域倡议组织"在跨界河流治理中逐渐遭遇边缘化困境的过程与原因。

专题二是非洲国家治理，分析非洲各国如何在国家治理问题上兼顾本土传统与外来知识，如何平衡自上而下的治理机制与自下而上的治理需求。《非洲国家的土地分权与经济发展》通过实证分析检验了土地分权和经济发展的关系，拓展了分权改革和经济发展理论。《非洲地区典型收缩城市识别与投资风险探讨——基于 2013—2021 年人口网格及夜间灯光数据》一文探讨了非洲城市治理中出现的"城市收缩"现象、空间分异特征与影响因素识别。《数字经济背景下非洲跨境数据流动与个人信息保护研究——以尼日利亚为例》《21 世纪的北非高等教育治理改革研究：模式、特征与启示》《当代摩洛哥的多重制衡外交策略探析》分别基于具体的国别研究探讨当前非洲国家在推动数字治理、教育治理与外交治理转型中面临的挑战与应对方式。

专题三外援与非洲治理转型，探讨域外大国如何通过非洲舞台展现自身参与全球治理的主张，并运用政策工具影响该地区的国家治理方式与绩效。其中，《国家介入与外部援助：全球南方社会治理的选择与变异——以非洲为例》一文探讨了国家介入和外部援助的互动博弈如何影响社会治理的选择与变异，《欧盟对非洲经援战略转型与困境：以"全球发展战略"为参照》与《美非数字基建合作的动力、特征与挑战》分析了传统西方大国对非洲的投资与援助对非洲本地行为主体制定和选择制度的作用机制,《海湾国家介入非洲之角的动因与成效探析》一文聚焦新兴发展中国家对影响非洲各国治理的政策工具选择及其深层逻辑。

本辑聚焦非洲经验为思考治理现代化提供了新的研究视角。在研究方法上,不仅包括强于逻辑解释的田野调查等定性研究方法,也包括强于相关性分析的大数据等量化分析手段。在研究范围上,既包括针对非洲区域的宏观梳理,亦不乏基于具体国别的微观分析。在研究对象上,既包含针对少数国家的细节与历史描述,也包含基于大 N 统计分析的规律探索。

本辑得以出版,离不开作者、评审专家和各位学界同仁的支持。离不开复旦大学国际关系与公共事务学院的支持与资助。《复旦公共行政评论》编辑部对所有参与者表示特别感谢。

专题一 非洲跨界治理

非洲资源治理转型:动力与表现[*]

周玉渊[**]

[内容提要] 非洲丰富的自然资源并没有转化为应有的发展成果,反而在反噬着非洲国家的政治、经济、安全和社会文化。非洲资源治理因此成为非洲发展和国际对非合作的重要议题,其兼具国家治理和全球治理的双重性质,而两者之间的关联和互动塑造了非洲资源治理的理念、范式和框架。随着发展主题、治理主体以及治理的理念、目标和规范标准的变化,非洲的资源治理也在不断发展转型。在这一过程中,非洲的资源治理经历了从资源主权到资源红利的理念变化,其相应的战略和政策在不断纠错、调适和改革,非洲自主性和国家能力的有限性使非洲资源治理的理念、规范、政策的制定和执行很大程度上是由西方发达国家主导的。相比于不断完善的法律、制度和治理规范,因为执行力弱,非洲的资源治理表现依然不佳,资源在促进非洲发展上的潜力仍没有得到释放。这一现实也推动

[Abstract] Africa's rich natural resources have not been transformed into the expected development results, but are backlashing the politics, economy, security and social culture of African countries. African resource governance has become an important topic for African development and international cooperation with Africa. It has the dual nature of national governance and global governance, and the correlation and interaction between the two have shaped the concept, paradigm and framework of African resource governance. Resource governance in Africa is also undergoing continuous development and transformation, in terms of development themes, governance subjects, concepts, goals, and normative standards. In this process, Africa's resource governance has undergone a conceptual change from resource sovereignty to resource dividends, and its corresponding strategies and policies are constantly under adjustment and reforming. The limited autonomy and national capabilities of Africa make resource governance in Africa are largely dom-

* 本文系研究阐释党的二十大精神国家社科基金重大项目"协调推进全球发展倡议和全球安全倡议路径研究"(编号:23ZDA125)的阶段性成果。

** 周玉渊,上海国际问题研究院西亚非洲研究中心副主任、研究员。

1

着非洲国家和国际组织自主引领非洲资源治理意愿的上升，并将资源禀赋与国家包容性发展的有机统一作为资源发展的核心目标。当前全球能源转型和绿色发展带动的资源需求被非洲国家视为非洲发展的重要机会，提升资源治理能力成为非洲国家抓住这一机遇的重要途径。然而，大国博弈和地缘竞争正导致非洲资源治理呈现扩大化、武器化和政治化趋势，这正深刻影响着当下的非洲资源治理转型。非洲资源发展面临的新机遇能否转化为应有的发展成果仍存在不确定性。非洲国家和外部行为体应该正视这一现实，以更负责任的方式参与和促进非洲的资源治理。

[关键词] 非洲资源治理，关键矿产，资源竞争，资源治理转型，资源治理武器化

inated by Western developed countries. Compared with the ever-improving laws, systems, and governance norms, Africa's resource governance performance is still low due to weak enforcement, and the potential of resources wealth to promote Africa's development has not been released. This reality promotes the rising ownership and leadership of Africa countries on resource governance, and transforming resource endowment into development opportunities is taken as the core goal of resource development in Africa. The rising demand on critical minerals driven by energy transformation and green development is regarded by African countries as an important opportunity for Africa's development, and improving resource governance capabilities has become an important way for African countries to seize this opportunity. However, the increasing Power Games and geopolitical competition are leading to the weaponization and politicization of African resource governance, which is profoundly affecting the current transformation of African resource governance. Whether the new opportunities facing Africa's resource development can be transformed into due development results is still uncertain. African countries and external actors should keep clear mind on this reality and work together responsibly to improve resource governance in Africa.

[Key Words] African resource governance, critical minerals, resource competition, resource governance transformation, resource governance weaponization

　　非洲拥有丰富的自然资源，开采和利用自然资源不仅构成了非洲大陆的主要经济模式，也建构了非洲与世界的关系形态。然而，相对于其丰富的自然资源储量，非洲资源所带来的发展效果并不好。资源诅咒一直是认识非洲资源与发展关系的重要视角，对非洲资源没有促进发展的批评屡见不鲜。非洲国家的低附加值资源出口战略没有促进国家包容

性发展,没有改善人民的福祉,也没有推动经济转型和多元化(UNECA,2018)。非洲资源不仅没有带来应有的发展效果,在很多国家,资源反而成为国家腐败、政治衰退、冲突和不稳定的重要诱因。某种意义上,资源甚至成为国家发展的一种负担。因此,如何有效利用资源,发挥资源在促进国家发展上的积极作用,一直是非洲国家和国际组织的重要诉求。

资源维系和建构了非洲与世界的关系。非洲的资源曾在促进宗主国的工业化和经济发展上发挥了重要作用,控制和利用非洲的资源是西方国家在非洲的重要利益。在全球化时代,非洲的资源是世界经济和全球产业链的重要组成部分,在全球供应链中发挥着举足轻重的作用。然而,资源的全球流动又意味着非洲资源发展问题的全球化,非洲资源开发中存在的诸多问题引发全球的关注和重视,例如资源开发中的腐败和不合规行为,政治不稳定和冲突引发的供应链安全问题,资源生产中的环境、社会和治理(ESG)风险等。如何促进非洲国家更好发展本国资源、如何推动"负责任"的资源开发、如何发挥资源的转化和催化作用、如何确保非洲资源供应链的稳定,构成了外部行为体在非洲资源发展中的主要关切,并构成了非洲资源治理的主要理念和范式。非洲国家与国际行为体在非洲资源治理上的长期互动关系推动形成了复合多元的非洲资源治理体系,随着发展主题、理念和政策的变化,这一体系也在持续地转型和发展。

当前,在百年未有之大变局、全球能源转型和绿色发展的背景下,非洲资源尤其是关键矿产资源在全球能源转型中的重要性进一步提升,非洲资源治理也正在深刻转型。非洲国家提升在全球资源价值链中地位的诉求和可能性比以往更大,这推动着非洲国家和国际组织在非洲资源治理上自主性和话语权的提升。以 ESG 为核心的新的资源治理理念和规范正在成为非洲资源治理的新标准,从而构建非洲资源发展和资源合作的新生态。与此同时,非洲资源也正引发大国的高度关注,非洲的地缘经济竞争正在呈明显上升趋势,资源治理的扩大化、武器化和政治化取向正在深刻影响着非洲的资源治理和国家发展。在这一背景下,理清非洲资源治理转型的动力和表现,理解非洲资源治理的本质和应有之意,对于更好促进非洲资源发展和国际合作具有重要意义。

一、从资源诅咒到资源红利：
非洲资源治理发展的动力

非洲拥有全球30%的资源储量，全球近50%的黄金、8%的石油、7%的天然气。全球最重要的50种矿产在非洲均有分布，其中，17种矿产资源储量位居世界第一。铬、锰、钌、铱、铂族5种矿产资源的全球储量占比超过80%；7种矿产资源（包括钴、钒、钯、锗、钻石、黄金和磷酸盐）储量全球占比超过50%；7种矿产资源（包括铀、钽、锆、铯、铝矾土、氟石和石墨）储量全球占比超过30%。2009—2019年间，在15个资源型国家，矿业部门对GDP的平均贡献率占10%，大部分资源型国家矿产出口占总出口的比重达到50%，矿业部门也是外资流入的主要行业，2017年其占总外资流入的三分之一（见表1）。其中，刚果（金）的矿产出口占总出口的比重高达95%，矿产出口占总出口比重超过60%的国家还有几内亚（86%）、博茨瓦纳（83%）、津巴布韦（72%）、塞拉利昂（60%）（Giorgia Albertin et al., 2021）。

表1　按资源划分非洲国家类型

石油出口国（11个）	阿尔及利亚、安哥拉、喀麦隆、乍得、刚果（布）、埃及、赤道几内亚、加蓬、利比亚、尼日利亚、南苏丹
其他资源国（16个）	博茨瓦纳、布基纳法索、中非、刚果（金）、加纳、几内亚、利比里亚、马里、纳米比亚、尼日尔、塞拉利昂、南非、苏丹、坦桑尼亚、赞比亚、津巴布韦
非资源型国（26个）	贝宁、布隆迪、佛得角、科摩罗、科特迪瓦、吉布提、厄立特里亚、埃塞俄比亚、冈比亚、几内亚比绍、肯尼亚、莱索托、马达加斯加、马拉维、毛里塔尼亚、毛里求斯、摩洛哥、卢旺达、圣多美和普林西比、塞内加尔、塞舌尔、索马里、斯威士兰、多哥、突尼斯、乌干达

资料来源：国际货币基金组织和非洲开发银行的非洲国家类别划分。石油出口国指石油净出口占总出口的30%以上，其他资源密集型国家指不可再生资源出口占总出口25%以上，非资源密集型国家指没有列入前两者的国家

资源禀赋为非洲经济发展提供了重要条件。然而,相对于其丰富的资源储量,非洲资源的开发水平依然较低。非洲的资源产量只占全球产量的5.5%,在全球50大资源生产国中只有12个是非洲国家,而且一半是油气生产国,在前20个生产国中只有2个非洲国家——南非和尼日利亚。2012年以来,受全球矿产品价格下跌等因素的影响,非洲矿业投资曾一度占全球矿业开发投资的15%以上,但到2021年时下降至不到5%(IEA,2022)。与非洲大量的资源并没有得到开发的现实相比,非洲国家的资源治理问题更为突出。其集中表现为"资源诅咒",或者是非洲提出的"富足悖论",即很多国家资源富足但对经济增长只发挥了非常有限的作用,反过来,对资源的过度依赖与不合理政策的结合导致国家发展面临更大的问题(AfDB,2007)。资源对非洲发展的影响非常广泛且深远,非洲的经济、政治、安全、社会文化建构都能找到资源影响的痕迹。

第一,经济上,资源依赖往往塑造着非洲国家单一或失衡的经济结构,导致很多非洲国家先天性的发展缺陷。其突出表现在两个层面:一是在国内,资源型国家的执政者很少或者不愿将资源收入转化为国家发展的支出,而是将公共资源视为攫取个人利益的重要途径,这最终导致其他产业、行业和部门的萎缩以及国际竞争力的减弱。这一现象在20世纪80年代非常突出,然而,即使在当下很多非洲国家依然面临着严重的单一经济结构问题,至少有10个非洲国家的资源出口占其总出口的90%以上。二是在国外,资源型国家对外部冲击是极其敏感的,世界需求变化、资源价格下跌、汇率和利率变化,都可能给资源型国家带来严重冲击。另外,资源领域往往是外部投资集中的主要领域,这在很大程度上也造成了对外部的依赖。资源行业的一个重要特征是对风险的敏感性导致的波动性,世界经济、地缘政治、国家政治和制度环境、安全等因素都可能影响投资和生产的变化,从而给资源国的经济和财政带来影响。

第二,政治上,资源政治逐渐成为国家政治发展的重要影响因素。资源财富是国家政治的核心目标之一。控制着国家的资源,就意味着掌握国家政治的钥匙。因此,从殖民者手中争取资源主权,还是许多国家乐此不疲的国有化政策,试图最大限度占有资源财富是非洲政治的重要议程。非洲国家的目标非常明确,自然资源的所有权属于政府,资源收入也只能归于政府。根据世界治理指数,在非洲范围内,非资源型国家的腐败控制相对较好,而资源型国家特别是石油出口国的腐败控制较差,且近年来资源型国家的腐败控制有下降趋势(见图1)。资源财富收益和分配确立了政府的资源权力。然而,这一权力往往集中于少数精英手中,导致公器私用,而不是用于国家的公共发展支出。在政治制度较弱的国家,资源成为执政者政治分肥、权力寻租、构建庇护主义网络、巩固权力的重要工具(Ukertor Gabriel Moti,2019)。资源财富也有可能诱发专制统治——在更坏的情况下导致冲突(Leonard Wantchekon,2002)。资源财富与政治权力关系模式的固化往往阻碍着国家的政治机制和国家治理能力发展。如果管理不善,资源财富也可能削弱国家结构、助长寻租和破坏问责制。"能够轻易获得资源财富的政府的治理往往表现更差,因为其政府官员有更多的资源来实现不受欢迎甚至违法的目的。"非洲资源丰富的国家往往比其他国家的国家治理表现更差,其中,人口大国如尼日利亚、刚果(金)则存在着尤为突出的治理挑战(Daniel Kaufmann,2015)。资源利益集团和裙带关系一经形成,就会成为阻碍经济政治改革的重要阻力,"政府将资源作为维护权力的工具,以'安抚'不满,规避应尽责任、抵制现代化"(Woolcock J. Isham,B. Gwen,2003)。

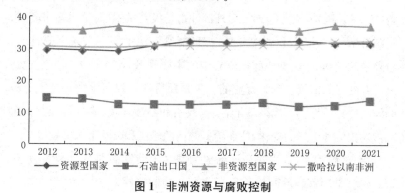

图 1　非洲资源与腐败控制

资料来源:Worldwide Governance Indicators

第三,安全上,非洲资源往往与国家的不稳定、冲突和暴力存在着特定联系。资源开发与政治不稳定之间的关联性在很大范围内存在。根据统计,2020 年,不稳定和极度不稳定的国家生产了全球资源的67%(C. Reichl,M. Schatz,2022)。在非洲,资源发现过程以及由此而来的利益争夺、资源分配矛盾往往伴随着国家冲突和暴力的增加。非洲地区和国家的冲突也往往表现为或可归因于资源冲突。"从尼日利亚的石油和刚果民主共和国的钻石,到津巴布韦的土地和非洲之角的水资源,围绕自然资源的所有权、管理权和控制权的政治斗争造成了国家和社会的撕裂,诱发了地区和外部的干预。"(Abiodun Alao,2007)历史上,非洲大规模内战包括安哥拉内战、苏丹内战、南苏丹内战,塞拉利昂、利比里亚、刚果(金)、刚果(布)等国内战也都与资源财富相关。相较于大规模的冲突内战,非洲与资源相关的暴力冲突则是常态。尼日利亚的尼日尔河三角洲地区因为石油而长期存在着地方势力、反抗组织与军队警察之间的武装冲突,不仅夺取了很多人的生命,还直接影响本国的石油出口和经济安全。当前,这更表现为资源管理能力不足尤其是收入分配和发展不平衡导致的冲突。根据世界治理指数,非资源型国家的政治稳定度明显好于资源型国家,石油出口国的政治稳定度最差,资源型国家的政治稳定程度不仅低于非洲平均水平,而且自 2015 年以来政治不稳定明显加剧(见图 2)。

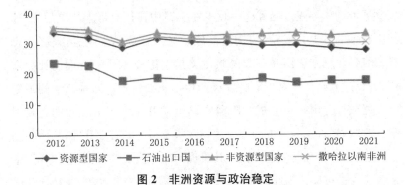

图 2　非洲资源与政治稳定

资料来源:Worldwide Governance Indicators

第四,社会文化上,非洲国家的资源政治是国家建构和社会文化建构的重要组成部分。不同于其他地区的国家发展进程,独立后的非洲才真正开始现代意义上的国家建构进程。非洲国家的建构过程很大程度上是一次大规模的政治试验,从部落到国家的转变,伴随的是地域、民族、文化、宗教以及首都与地方之间关系的复杂磨合,这一过程往往艰难且代价沉重。这一过程中的一个核心问题就是资源的重新分配问题。在部落社会中,资源是家族和部落财富的象征,是部落认同、关系构建以及对外伐掠的重要动力来源。在国家建构过程中,资源意识以及资源认同仍在发挥重要作用。其集中体现在两个层面:一是国内资源开发中的地方或原住民意识,二是面对外来者时的国家民族主义意识。前者往往表现为地方或原住民与国家的矛盾,后者表现为对外来企业及其母国的警惕和戒备,这种集体意识往往会因为雇用关系、待遇问题、企业管理文化等转化为集体的行动。在外部需求和资源价格上涨的背景下,这两种意识往往会水涨船高。地方分离主义和国有化政策是这两种意识的现实反映。"如果能通过资源出口来武装本地区,进而挑战中央政府,那么,资源丰富的地区就很有可能尝试'资源抢夺'(resource grab)。"典型的例子是刚果的加丹加独立运动、尼日利亚的比夫拉分离主义、南苏丹从苏丹的独立运动。国有化和本土化是非洲国家独立后经济政策的重要选择,早期的国有化是为了争取和捍卫经济独立,后期的国有化和本土化则是为了谋求更大经济利益,增强在本国发展上的主导权。尽管这一政策在实践中往往会带来严重后果,如津巴布韦的本土化政策,但资源民族主义在非洲越来越有市场(张忠祥,2014)。地方意识和资源民族主义是本国资源开发管理的社会建构,但反过来则往往对国家的发展产生了重要影响。这种意识的不健康发展或被利用往往会成为阻碍本国资源开发和国家发展的重要因素。对内,其表现为各方利益争斗导致资源得不到有效开发,从而限制了本国资源潜力的释放。对外,其表现为吓退投资者,增加资源合作中灰色交易的可能。与此同时,一些不切实际的国有化政策,往往导致资源开发中断,或者后期本国管理不善而加速产业发展的没落。

非洲资源所引发的各种问题推动着非洲国家的反思和改革。如何破解非洲的"资源诅咒"，将资源禀赋转化为非洲发展的红利，是非洲国家的重要诉求，也构成了非洲资源治理发展的根本动力。非洲资源是维系非洲与前宗主国以及外部世界的主要纽带，这使非洲的资源一直是全球关注的焦点，而在很大程度上，非洲资源治理主要是由西方发达国家推动和主导的。非洲资源治理主体的多元化、议题的复杂化，以及不断构建的规则、规范和评价体系，正在推动复合多元的非洲资源治理体系的形成。

二、从国家治理到全球治理： 非洲资源治理转型的表现

（一）从资源主权到发展主权：非洲国家的资源治理理念

非洲发展深受殖民主义的影响，反思殖民主义一直是非洲发展进程中的重要议题。殖民主义的两个核心表现是文化殖民和资源攫取。欧洲对非洲的瓜分以及资源掠夺塑造了非洲国家的"外向型"经济和初级资源产品出口的单一经济结构，原材料出口成为非洲国家在全球经济体系中的主要角色。这是独立后非洲国家的主要经济基础，也是非洲国家难以改变的经济结构难题。殖民时期，非洲的资源在促进宗主国的工业化发展上发挥了重要作用，然而，独立后的非洲却深受贫穷落后的困扰。这一强烈反差推动着后殖民时代非洲国家对自身发展的反思，也推动着非洲国家自然资源的理念、机制和政策的变迁。非洲国家大体上经历了资源发展和治理的三个主要阶段。

第一，谋求资源主权阶段。资源主权被视为国家经济独立的主要象征，获得资源主权是早期非洲国家资源治理的首要目标。西方经济发展是建立在开采非洲的自然资源基础上的，这表明非洲要实现发展，就必须把丰富的自然资源掌握在自己手中，获得对本国自然资源的永久主权是独立后非洲国家的重要目标。这也决定了在独立后的相当长

一段时间内,非洲国家在本国自然资源上的主要认知和主张是实现资源领域的去殖民化,建立对本国资源的自主权。对自然资源的自决权和永久主权是去殖民化的重要体现,是非洲发展的关键。然而,相对于政治意义上的独立,非洲国家很难称得上获得了经济上的独立,因为独立后很多非洲国家的经济命脉包括资源行业仍主要掌握在西方国家手中。在石油、矿业等资源领域,非洲国家没有也很难在短期内建立起自主权。因此,如何获得自然资源上的自主权是这一时期非洲国家需要解决的主要问题,制定资源法案、采取国有化政策是实现这一目标的基本路径,建立国有矿业企业和持有现有矿业公司的大量股份是从国家矿产资源中获得回报的主要手段(UNECA,2011)。例如,1969 年,尼日利亚制定了《石油法案》,规定本国石油的所有权和控制权应归于国家,根据尼日利亚《宪法》,所有油气、矿产的所有权和控制权都应归于联邦政府。然而,受制于自身的能力,虽然非洲国家通过立法获得了所有权和控制权,但资源的开采和经营不得不依赖外国公司,"大多数国有矿业公司运作不佳,缺乏工厂和机械投资,勘探活动被剥夺。它们还普遍缺乏研发来保持采矿和加工业务的竞争力。尤其是贱金属,单位采矿成本很快超过了金属价格"(UNECA,2011)。

第二,谋求资源红利阶段。非洲很多国家在独立后经历过一段时期的短暂繁荣。这一方面得益于冷战特定背景下外部力量的支持,另一方面则主要得益于石油等资源价格上涨的刺激,石油和资源出口使一些国家的财富快速增长。对于刚独立且亟需资金的非洲国家而言,这种发展的刺激无疑是极具诱惑的,也正是由于石油财富的增加才刺激着非洲国家开始加大从外部的借贷,使非洲从"无债的大陆"变成"负债的大陆"。这一阶段,有石油等资源基础的国家把经济重心转移到资源领域,而之前没有资源基础的国家则在加快寻找资源的步伐。对大多数国家而言,如何利用资源禀赋建立本国的资源产业体系成为主要的经济目标。非洲国家已经不满足于仅依靠向跨国企业出租油田和矿山获得收益,而是希望本国能够建立更为完整的资源产业体系来获得更大更直接的发展红利。但与此同时,20 世纪 80 年代非洲国家遭遇的经济危机和债务危机也使非洲国家不得不积极寻求外部的支持，非洲国家仍努力寻求外国矿业公司提供的高风险资金，也只有国际矿业公司可以提供非洲矿业发展所需要的技术和管理能力以及必要的资金（World Bank，1992）。这一现实也促使非洲国家在经济发展上的联合自强，2009 年非盟峰会通过了《非洲矿业愿景》，其被视为是为了打破"殖民遗留'飞地经济'"格局，真正推动非洲矿业的转型（UNECA，2011）。

第三，治理资源问题阶段。非洲是在国家建构刚刚起步、机制环境并不完善的前提下开始大规模的国家发展实践的。这自然会带来诸多问题，而资源领域的问题尤为突出。"资源诅咒"影响非洲政治、经济、安全和社会文化的方方面面，对于非洲执政者而言，这些问题甚至影响政府的合法性和政权的安全。因此，如何回应和解决资源发展带来的问题，成为国家的重要议题。自此，非洲资源才具有了"治理"的意涵。大体上，非洲资源治理主要集中于三个核心议题：一是资源收益分配问题，二是资源法规的执行问题，三是资源冲突问题。

资源收益分配问题直接影响着中央与地方、政府与社会、资源部门和非资源部门、利益集团与普通民众等多维度的关系。例如，在尼日利亚，联邦政府与地方政府在石油收入分配上的矛盾是影响下三角洲地区发展和冲突的重要原因，任何试图修改《石油法案》（例如减少石油补贴）的做法都可能引发严重的动荡。资源开发导致的对当地环境、社区和民众生活的影响，以及当地民众无法或较少从资源开发中得到应得利益的问题，在很多国家都是比较突出的问题。概言之，在资源开发的初级阶段，非洲更重视石油财富的积累，大多采取政府主导的高度集中的资源收入征缴和分配方式，但没有重视收益分配的重要性。这带来的重要后果就是，在没有合理规划和健全分配机制的背景下，资源财富并没有有效转化为其他产业和国家的整体发展，反而加剧了不同部门、央地关系、政府与社会关系的破裂和恶化。这些问题反过来又影响着国家资源行业的发展，限制着非洲国家的生产能力以及提升产业链和价值链的努力。

制度环境是非洲资源治理的突出问题。随着大规模的资源开发，非洲国家基本制定了较为健全的资源法案或规章，包括石油法案、矿业法案等，然而，非洲国家执行这些法案和规章的水平很低，资源行业中普遍存在的腐败、寻租、不透明等问题且没有得到有效解决。"执行鸿沟"被认为是资源丰富的非洲国家未能从其丰富的石油和矿产资源中获益的主要原因。根据国家资源治理研究所（NRGI）的调查，除两个国家外，其他国家的法律规定与资源治理在实践中的运作方式之间存在"执行鸿沟"：其一也是最大的问题，没有根据法律要求将油气和矿业收益转移给地方；其二，未披露对社会和环境影响的信息，如 28 个国家并没有披露相关信息；其三，未遵守财政纪律；其四，对国有矿企、油气公司以及资源基金等的监管不够。这些机构管理着本国巨额的资源财富，但政府往往不遵守管理自然资源基金资产和披露利益冲突的规则（Papa Daouda Diene et al.，2022）。

由此，问题导向催生了加强非洲资源治理的诉求。在理念上，非洲资源发展应该充分考虑地方、社区和民众的福祉，非洲国家资源治理的重要方向应该是实现"从政府高度集中向地方分权""从政府供给主导向社会和民众需求主导"的转变。在机制建设上，应该基于《非洲矿业展望》、非盟《2063 年议程》以及国际资源治理规则和倡议等来加强本国的资源治理的机制化和法制化建设，提升本国资源管理决策的民主化、科学化水平，着力提升资源治理法制的执行。在方式上，应该积极探讨"权利导向""社区导向""包容性发展导向"的资源治理范式。

（二）从议题治理到能力建设：西方主导的非洲资源治理

作为全球供应链的重要来源和国际发展的重要议题，非洲资源受到西方国家广泛关注。提升非洲资源治理水平是西方国家的重点工作方向。其主要表现在两个维度：一方面，加强规范引导，针对非洲资源发展中的问题，通过提出和推广资源治理倡议，介入、规范和影响非洲国家的资源发展。另一方面，重视市场导向，即根据世界资源市场发展和本国发展需要变化，通过本国资源企业或资源联盟拓展在非洲的业务，发挥企业和市场在促进非洲资源治理和保障本国战略利益上的作用。

从历史上看,非洲资源治理的理念和实践本身就是殖民主义和西方主导的世界经济体系的后果,西方一直主导着非洲资源发展和治理的发展。在西方工业化和全球扩张的初始阶段,非洲是西方对外资源掠夺的主要地区,西方的商业理念和暴力掠夺塑造了非洲早期的资源开发,塑造了非洲资源发展以及后期治理的"原罪"。在殖民统治时期,殖民者则通过制定法律和规章使对非洲资源的掠夺"合法化"和"私有化",本质上,殖民者制定的法律或规定只服务于殖民政府的利益。在殖民经济模式下,殖民者主要是依赖非洲精英或殖民代理人来管理资源,其没有也不可能从促进非洲资源行业健康发展以及非洲国家发展的角度作出科学公平的安排。这深刻影响着非洲国家的资源治理。这种只集中和服务于少数精英集团而剥夺了大部分利益攸关方权利的资源发展模式在独立后的非洲国家被广泛继承。在 21 世纪之前,这一资源统治术是非洲国家主要的资源管理方式。"新独立国家似乎都没有考虑到这些法律是由殖民当局制定的,其目的是阻止或限制地方参与自然资源管理的决策。这种殖民法规忽视了当地社区对自己领地内的自然资源有着强烈的'主人翁'意识,这导致独立后的非洲国家一直面临着祖先遗产、身份认同以及宗教信仰塑造的当地观念与殖民当局继承的法律之间的竞争和冲突"(Tana High-Level Forum on Security in Africa, 2017)。传统习惯与国家法律之间的冲突塑造了国家与社会的分裂,成为资源冲突的重要来源。

21 世纪以来,非洲资源开发中不断累积的问题引发广泛关注。其引发的发展、贫困、人权、冲突等问题推动着非洲资源治理成为一项全球社会运动。在这一过程中,作为非洲资源的主要利用者,西方国家及其跨国公司开始面临着越来越大的道德压力。与此同时,中国等新兴国家在非洲乃至全球资源开发上地位的上升,对西方国家和企业长期以来的独占地位构成了现实冲击。为此,西方国家、国际组织、跨国企业开始在非洲资源治理上不断提出新的国际倡议,来维护其在非洲资源开发上的利益和道德声誉。这些倡议很大程度上也影响和塑造了新千年以来非洲的资源治理范式。2000 年,联合国出台指针,要求企业在人权、劳工标准、环境和反腐败领域中坚持普遍价值观。2002年,由全球见证等非政府组织提议、英国牵头发起了"采掘业透明倡议",支持非洲国家提高资源管理的透明度。2003年,在全球见证等国际非政府组织的推动下,联合国出台了"金伯利(冲突钻石)进程",禁止私有投资者交易冲突地区的钻石。2010年美国国会通过了《多德—弗兰克华尔街改革和消费者保护法案》(以下简称《多德—弗兰克法案》),专门对刚果(金)的冲突资源作出法律安排。国际矿业和金属理事会、经济合作与发展组织、世界经济论坛也分别提出了各自的资源治理倡议,《采掘业透明度倡议》等国际倡议在促进非洲国家资源管理的机制和法律建设上发挥了重要作用,其推动了非洲国家的法制改革,包括建立了透明度需要的新国家机制和法律(见表2)。

表2 矿产资源主要倡议

倡 议	发起方	目 的
采掘业透明度倡议	全球见证 英国	作为采掘业透明度倡议(EITI)的成员,各国承诺披露采掘业价值链上的信息——如何授予采掘权、如何征税,以及如何使公众受益。50多个国家同意一套共同的规则——EITI标准。
经济合作与发展组织关于来自受冲突影响和高风险区域的矿石的负责任供应链尽职调查指南	OECD	经合组织尽职调查指南阐明了公司如何识别和更好地管理整个矿产供应链中的风险,从矿工、当地出口商和矿物加工商到制造和生产在其产品中使用的这些矿物质的名牌公司。它适用于全球所有矿物。
多德—弗兰克法案	美国	《多德—弗兰克法案》包含有关负责矿物采购的专门披露规定。第1502节专门处理指定为"冲突矿物"的特定矿物,即3TG(锡、钽和钨及其矿石和黄金)。法律要求人们披露"产品功能或生产所必需"的任何冲突矿物是否源自刚果民主共和国或毗邻国家;第1503节要求矿山经营者披露从矿山安全与健康管理局收到的违规行为、命令和传票。第1504节要求矿业公司披露向政府支付的款项,这些款项将在网上公布。

续表

倡　议	发起方	目　　的
负责任矿产倡议（Responsible Minerals Initiative）	企业联盟	拥有 400 多家成员公司，是各行各业的公司在其供应链中解决负责任矿产采购问题时使用最多的资源之一。
负责任采矿保证倡议（Initiative for Responsible Mining Assurance）	企业联盟	使用国际公认的标准来认证全球矿区的社会和环境绩效；IRMA 的负责任采矿标准定义负责任采矿在工业规模上的良好实践，提供独立审计师负责任矿山的基准清单；IRMA 是对所有工业规模矿场进行第三方认证、评估的唯一提供方。
欧洲原材料联盟（European Raw Materials Alliance）	欧洲	确保获得欧盟工业生态系统的关键和战略原材料、先进材料和加工技术诀窍。为欧盟工业生态系统开发有弹性的价值链；通过循环利用资源、可持续产品和创新，减少对主要关键原材料的依赖；加强欧盟原材料的国内采购；使来自第三国的采购多样化并消除对国际贸易的扭曲，充分尊重欧盟的国际义务。
负责任矿产贸易公私联盟（Public Private Alliance for Responsible Mineral Trade）	美国	负责任矿产贸易公私联盟（PPA）是一个多部门、多利益相关方的倡议，旨在改善刚果民主共和国和中非大湖区的无冲突矿产供应链。它响应全球呼吁采取行动打破非法矿产贸易与暴力、侵犯人权和反叛团体之间的联系。更具体地说，它响应了美国 2010 年《多德—弗兰克法案》第 1502 条，该法案要求制造商审核其供应链并报告冲突矿物的使用情况。
矿产安全伙伴关系（Mineral Security Partnership）	美国	旨在加强关键矿产供应链，确保关键矿物的生产、加工和回收方式能够支持各国充分发挥其地质禀赋的经济发展效益。
能源资源治理倡议（Energy Resource Governance Initiative）	美国	ERGI 是美国国务院能源资源局（ENR）领导的一项旨在促进健全的采矿业治理和弹性能源矿产供应链的工作。ENR 将让各国参与推进治理原则、分享最佳实践并鼓励公平竞争。ERGI 还将促进弹性和安全的能源矿产供应链。
迈向可持续采矿倡议（Towards Sustainable Mining Initiative）	加拿大	改善采矿部门环境和社会实践的企业社会责任绩效体系。

资料来源：作者自制

全球层面对非洲资源的关注驱动着非洲资源治理的转型。2009年非盟制定《非洲矿业展望》并于2011年制定了行动计划,这被视为非洲资源发展进程中最深刻的一次转型,"非洲国家正在重新定义能源和自然资源的治理"(Shaw,2015)。"金伯利进程"则促使非洲大湖地区国家出台了"对特定矿产的非洲大湖地区国际会议证书",只有获得大湖地区国际会议证书的3TG矿产才能交易、运输和加工。《非洲矿业展望》在地区、国家和地方层面对矿业发展如何更好融入国家发展提出了思路和方式,并对普遍关注的问题提供了解决思路和应对方案,包括环境问题、手工和小规模采矿、企业社会责任、资源税征收与管理、可持续性管理等。《非洲矿业展望》反映了非洲资源治理意识的上升,很大程度上,这也是对21世纪以来全球对非洲资源问题的高度关注和诸多倡议的一种回应。在资源治理的体系、议题和方式上,《非洲矿业展望》超越了国际上单个对非洲资源治理的倡议,是非洲国家基于地区和国家实际构建由非洲主导的资源治理范式的重要尝试。然而,从核心议题和原则规范的角度,非洲国家提出的资源治理事实上并没有跳出西方国家设置的资源治理框架。一方面,上述的主要议题本身就是西方国家长期关注和倡议的核心议题,另一方面,资源收入管理、透明度、地方分权和赋权、反腐败、可持续性等机制和行为规范也是西方向非洲国家灌输的核心理念和价值观。

西方推动的非洲资源治理范式在改善非洲资源开发中的问题、促进非洲资源管理能力建设上发挥了积极作用。然而,这种范式从一开始就隐含着针对性和排他性的目的。一方面,西方国家提出的诸多倡议例如《采掘业透明度倡议》的初始目的就是针对中国等新兴国家。中国等非洲资源的"后来者"被视为正在挑战和威胁欧美国家在非洲资源领域的利益和影响,因此,通过突出透明度、炒作灰色交易等问题,尝试矮化"后来者"的作用,塑造"资源掠夺者"的形象。另一方面,基于价值观和道德规范的资源治理方式又导致西方国家不可能认可和接受中国等"后来者"在非洲资源发展和治理上的作用和贡献。因此,中国基本是被认定为对非洲资源治理的"破坏者",中国被要求去接受西方国家设置的治理规则和规范,却不被允许将中国的重要贡献和经验用于提升和改善非洲的资源治理。例如,中国在促进非洲资源开发和包容性发展上发挥了特殊作用,但中国的角色并不被西方国家认可和接受。"资源换基础设施"等合作模式虽然存在一些问题,但更应看到其在促进资源禀赋与国家发展有效衔接上的重要作用。

(三)非洲资源治理框架

非洲资源问题的复杂性、治理主体和倡议的多元性,使非洲正在形成一个松散但又相互联系的资源治理体系,这一体系主要包含治理层次和治理过程两个维度。

在治理层次上,资源治理是包含了国家治理、地区治理、全球治理、议题治理以及大国关系管理的复合体。在国家层面,非洲国家理论上是非洲资源治理的主体。资源治理是非洲国家治理的缩影,是非洲国家实现发展和国家建构的集中体现,其不仅能反映非洲国家将资源转化为国家发展的能力,而且更直接表现为国家应对资源行业中尤为突出的问题,例如腐败、盗采乱采、冲突、童工、人权和环境等 ESG 风险。在地区层面,如何把非洲资源转化为非洲的后发优势是非洲国家的共识和主要诉求,这推动了非洲集体性资源发展规划和倡议的提出。同时,资源也是影响地区国家间关系的重要因素。刚果(金)东部的资源是周边国家觊觎的目标,进而影响着大湖地区国家间的关系,海洋和湖泊中的资源纷争也影响着东非和西非等国家间的关系。这也推动了非洲地区资源治理的发展,例如大湖地区国际会议在大湖地区资源贸易上的倡议。在全球层面,外部行为体尤其是西方国家、资源公司和非政府组织基本主导着非洲资源治理的话语、标准和框架。然而,随着全球绿色转型和大变局的加速演进以及非洲资源投资结构的变化,由西方主导的非洲资源治理体系也正在发生显著变化。一方面,非洲资源治理框架正越来越受到大国地缘竞争的冲击;另一方面,如何管控大国竞争进而保障非洲资源供应链安全也正成为非洲资源治理框架的重要议程(见图3)。

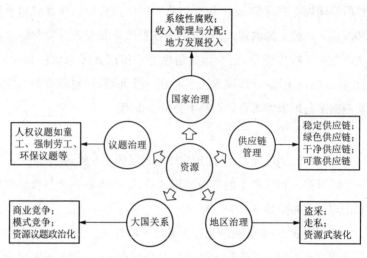

图3　非洲资源治理层次

资料来源：作者自制

　　在治理过程上，资源治理体现在资源规划制定、资源勘探开采、交易、收入管理、资源转化以及国际治理的整个过程。《自然资源宪章》是构建完整资源自然治理的方法和工具的重要尝试，其界定了资源治理的6个阶段以及12条原则：在国内治理阶段提出了战略制定和制度建设、负责任和透明度的原则；在勘探和生产决定阶段提出了开采以及操

图4　资源治理/决策链

资料来源：《自然资源宪章》

作方选择的原则；在良好交易阶段提出了关于税收、对当地影响以及国有资源公司的原则；在收益管理上提出了如何分配资源收入和管理支出波动的原则；在投资发展阶段提出了改善公共支出、加大与私营部分合作的原则；在国际治理阶段提出了针对国际公司以及其他治理主体的原则（见图4）。《自然资源宪章》以及框架原则得到了非洲开发银行支持，被"非洲发展新伙伴计划"（NEPAD）列为旗舰评估项目（UNECA，2018），已经成为一些非洲国家进行资源管理的基准框架（或者是一些国家的改进框架）。

三、从能源转型到供应链安全：
非洲资源治理的新议题

在气候变化、能源革命和国际竞争全面升级的大背景下，资源作为新能源的动力源、新材料的创新源、新产业竞争的决定要素，其重要性进一步提升，作为资源富集尤其是"关键资源"和"未来资源"占比较高的大陆，非洲的资源受到更高的关注。不同利益攸关方在非洲资源上的不同认知和战略也塑造着当前以及未来非洲资源治理的发展。非洲的关键资源如电池金属和绿色转型矿产受到普遍的关注，关键资源的开发、利用和管理成为各方博弈的重要议题。非洲的资源治理呈现明显的扩大化趋势，治理的对象不再限于非洲资源本身，不再只是源头或上游控制，而是扩大到产业链和价值链的不同环节，这意味非洲被置于全球资源管理的重要一环，同时，与非洲有关联的各方都成为全球资源治理的重要对象。在这一体系和过程中，大国博弈和地缘竞争的上升则在加剧非洲资源治理的武器化和工具化倾向。

（一）聚焦关键矿产资源

关键矿产在国家安全、经济、可再生能源发展和基础设施中发挥着重要作用。能源转型和能源安全使铜、锂、镍、钴和稀土元素等关键矿物在脱碳能源系统中的重要性不断上升。根据国际能源署数据，自

2010 年以来,随着可再生能源在新增投资中份额的增加,单位发电量
所需的平均矿产资源量增加了 50%,光伏、风电和电动汽车通常需要
相较于化石燃料更多的关键矿物,一辆电动汽车需要的矿物资源是传
统汽车的 6 倍,海上风力发电厂需要的矿物资源是同等规模的燃气发
电厂的 13 倍。对已实施或已宣布的能源政策进行的自下而上的评估
表明,到 2040 年,全球对清洁能源技术的总体矿物需求有望翻一番,而
实现《巴黎协定》的目标将意味着对矿物的需求将翻两番,要实现更快
的转型即到 2050 年实现全球净零排放的目标,到 2040 年矿产的需求
则将是现在的 6 倍(IEA,2021)。从北到南,非洲的关键矿产资源储量
丰富(见图 5)。摩洛哥拥有世界 70% 的磷酸盐储量,刚果(金)拥有世
界上 50% 的钴,加蓬拥有世界上 15% 的锰,南非拥有世界上 91% 的铂
金、46% 的钇、22% 的锰、35% 的铬和 16% 的钒,南部非洲地区拥有大量

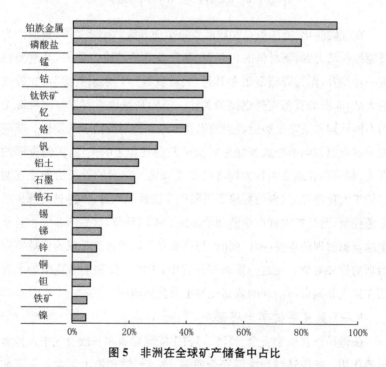

图 5　非洲在全球矿产储备中占比

资料来源:NRGI,Triple-Win: How Mining can Benefit Africa's Citizens,
their Environment and the Energy,NRGI,p.12

未开发的锂资源，非洲大陆至少拥有世界上十几种对能源转型至关重要的资源储量的五分之一，这使得非洲在公正的能源转型中必不可少。

基于关键矿产在国家经济和未来竞争中的重要性，世界各国都在加大对关键矿产的重新定义和战略规划。2017年和2020年美国特朗普政府先后发布了《确保安全可靠的关键矿产供应联邦战略》《解决关键矿产依赖外国对手对国内供应链威胁》的行政令，要求内政部长确定关键矿产清单，将"减少国家在关键矿产供应中断时的脆弱性"作为国家战略，发展关键矿产循环利用和再加工科技，发展与盟友和伙伴的贸易投资关系来加强资源供应（Trump White house，2020）。2021年6月，基于百日供应链评估行政令，美国拜登政府发布了一项史无前例的供应链评估文件，认定美国在关键矿产和材料方面过度依赖外国资源和敌对国家，这对美国国家和经济安全构成威胁。美国为此提出了实现关键矿产"美国生产"的新模式，加大对国内关键矿产的投资、生产和储备（White House，2022）。2022年，美国公布了新的关键矿产目录，将2018年时的35种关键矿产修改为50种，新增的矿产主要包含镍、锌以及自稀土元素和铂族元素中拆分出来的单独条目。2023年，欧盟基于《欧盟关键原材料研究报告》发布了第五版关键矿产目录，将关键矿产条目第一版时的14种矿产增加到34种。关键矿产目录更新反映了欧盟希望增强产业的竞争力，通过议程和政策引领来推动在关键矿产上的新开发和循环利用，提高对潜在原材料供应风险和相关机会的重视，以及加强贸易协定谈判、挑战贸易扭曲行为，增加研发和创新，执行2030年可持续发展目标（European Commission，2023）。

非洲的关键矿产被认为是决定全球能源转型的基石，因此成为大国关注的焦点。一方面，出于供应链安全的需要，欧美国家和国家集团加紧在非洲关键矿产上的布局和投入。非洲被西方国家视为摆脱对中国依赖、提高国际竞争力、重建全球资源产业链和供应链的重要突破口。2022年，美国拜登政府组织了"矿业安全伙伴关系"，其成员主要是美国的盟友和伙伴国，刚果（金）作为非伙伴国参与了相关会议，在同年底的美非领导人峰会上，美国与刚果（金）、赞比亚签订了联合建设"电动汽车电池供应链"的协议。2023年2月,美国派出了有史以来最大的代表团参加在南非举办的非洲矿业大会(Mining Indaba),其成员来自白宫、国务院、商务部和能源部。代表团规模反映了美国正加大追逐50种关键矿产的决心。在同期举办的"矿业安全伙伴关系"副部长级会议上,除了欧美韩日等固有成员外,其他参与国皆为非洲国家,包括安哥拉、博茨瓦纳、刚果(金)、南非、坦桑尼亚、乌干达和赞比亚(U.S. Department of State,2023)。另一方面,以非洲资源治理议题为抓手,加大对非洲资源发展规划和管理能力的介入。美国凭借国际发展合作署的广泛网络,利用"能源资源治理倡议""负责任的资源贸易公私联盟"以及其他已有的资源治理倡议,加强对非洲资源不同层次和议题的介入。"矿产安全伙伴关系"发布的"负责任的关键资源供应链原则"则是西方国家加大介入非洲资源治理的直接体现,其核心原则包括高标准推广和执行ESG、为当地社会创造和扩大收益、没有全面ESG标准的项目的运营将会面临社会许可的风险(社会认可风险限制甚至阻止其继续运营)、支持关键资源国家的良治和透明度建设(U.S. Department of State,2023)。

全球关注度的增加促使非洲国家加大对关键矿产的重视。绿色转型带动的对关键矿产资源的需求被视为非洲发展的重要机遇,"非洲如何应对这一巨大的全球需求,可能决定着非洲大陆未来几十年的增长轨迹"。这一巨大预期红利正在地区、国家和次地区层面深刻影响着非洲国家的资源治理前景。一方面,提升关键资源的生产能力和出口附加值,同时提升非洲国家自身的加工能力和产业体系建设,使本国资源更好与本国发展相结合,成为非洲国家普遍的资源发展战略。发展区域价值链是非洲国家提升资源附加值的重要尝试,例如刚果(金)和赞比亚联合建立新能源电池生产线。然而,另一方面,如何提升本国的制度水平和治理能力仍是非洲国家资源发展的重要挑战,尤其是在地缘竞争加剧的背景下,大国和外部力量的争夺是否会导致非洲国家自主性的削弱是一个未知数。一些分析指出,当前在非洲存在大量的资源治理倡议,如何加强不同倡议间的协调,保护非洲的自主性至关重要(Timothy M. Shaw,2017)。

（二）非洲资源治理的扩大化

非洲资源治理的扩大化是一个重要趋势，其有三个突出表现：一是从议题治理扩大到体系治理，二是从上游治理扩大到中下游治理，三是从非洲治理扩大到全球治理。

第一，从议题治理扩大到体系治理反映了非洲资源治理正从多元和分散的议题治理向系统性和机制化的方向发展。非洲资源治理议题的多元化推动形成了不同主题、不同层次的非洲治理倡议。这些倡议或计划有国际组织（如联合国）提出，国际非政府组织（如全球见证、透明国际）推动形成的，也有西方国家推动形成的，还有跨国企业联盟推动的等，当然还有非洲国家集体性的矿业发展及治理倡议，如《非洲矿业展望》等。这些倡议很多是缘起于特定资源类型，如对冲突资源包括钻石、3TG 的倡议，对手工和中小规模采矿存在的包括童工、环境破坏、生产安全和作业标准等的关注。很大程度上，这些倡议是并行和彼此分散的。然而，随着西方国家加大对非洲资源的重视，尤其是关键矿产资源的诱惑和中国在关键矿产资源上的领先地位刺激着西方国家尝试重建在非洲资源治理的机制、规则和标准上的影响力。这一趋势集中表现在两个维度：一是西方国家正在加强关键矿产供应链的伙伴关系建设，其既包括确保矿业供应链安全和关键资源获得上的合作，也包括加强在非洲资源治理倡议间的协调合作。美国威尔逊中心提出的一项重要建议就是整合和利用现有的倡议，发挥西方矿业伙伴关系的集体规范优势（Sharon Burke & Claire Doyle，2023）。二是以推动高标准ESG 为核心事项，确定非洲资源治理的评价体系，建立西方国家在非洲资源治理上的机制和话语优势。这意味着非洲的资源治理将不得不置于西方设置的 ESG 概念和评估框架之下。

第二，从上游治理扩大到中下游治理反映了非洲资源治理中心的转移。上游治理主要是从源头和特定问题的角度进行治理，其主要是为了解决特定议题，包括腐败、冲突资源、人权等问题。然而，相较于以往将非洲资源与国家发展悖论归咎于非洲国家的治理能力和制度水平，当下对中下游或者非洲以外因素的关注则在增加。例如，相较于跨国矿企在非洲矿业开发中的主导地位,资源财富分配的"公平性"正受到更大质疑,尤其是跨国企业的利润转移(global profit shifting)正在成为国际税收争论中的重要问题。跨国企业被置于资源型国家财富收入悖论的前台,一些研究认为全球利润转移导致发展中国家成为"主要受害者"(Alex Cobham & Petr Jansky,2020)。国际货币基金组织(IMF)的研究则认为跨国企业的"避税"行为使非洲国家蒙受损失,其估计非洲国家平均每年因跨国公司采矿避税而损失约 6 亿美元,甚至可能达到 15 亿美元(Giorgia Albertin,et al.,2021)。因此,在 IMF支持下,推动资源税收改革、打击国际利润转移是非洲国家当前的重要政策选择。例如塞拉利昂建立了新的财政机制《采掘业收入法案》(Extractive Industries Revenue Act),改变了一矿一议的税收方案,几内亚、利比里亚和马里则强化了"转让定价保护"(transfer pricing protections),南非和尼日利亚设置了利息扣除的限制,15 个资源型国家中有9 个国家有替代最低税(Giorgia Albertin,et al.,2021)。相对而言,更明显的趋势是使非洲国家从供应链和价值链中获得更大利益是重要的路径选择。非洲国家正努力通过供应链和产业链的延伸来扩大价值链中的收益,这意味着非洲的上游国家对中下游的诉求不断增加。这在现实中表现为通过修订矿业法案、在资源开发合同中提出更加明确的技术和产业投入条款、定期和不定期的合同审查等方式,与下游企业和投资者开展合作,促使下游企业将产业链上移,并加强负责任的矿业合作,从而使非洲国家获得更大利益。

第三,非洲资源治理的范围不再局限于非洲地域,而是扩大到全球层面。作为全球供应链的重要源头以及全球关注的重要地区,非洲的资源治理本身就包含着全球性的特点。然而,以往的非洲资源治理实践更多是聚焦于非洲地区和国家层面,强调的是国家治理,即焦点是推动东道国的治理能力建设。然而,随着非洲资源重要性的上升以及资源问题风险外溢的扩大,非洲资源治理的层次也随之发生变化,其突出表现是非洲的资源被纳入地区治理和全球治理的重要议题。这一转换推动着治理对象的扩大,不仅是非洲国家,跨国企业及其母国以及其背后包含的资源开发模式、理念和行为方式开始成为重要的对象。当前一个直接的表现是中国正在受到很大关注,中国企业和公民的行为往往被视为治理中的问题。这一现象也反映了非洲资源治理的目标正在经历的分层,即一方面是以 ESG 为核心的名义上的资源治理,但另一方面则是暗含的不断加剧的大国博弈和地缘竞争。

如果说上游治理更多体现了自由主义和国际规范,那么当前对供应链治理的重视则具有明显的现实主义色彩。其反映了非洲资源治理的重心正在向保障资源供应安全、应对大国地缘经济竞争的方向发展。这在现实中的具体表现是西方国家不仅重视非洲在关键资源上的生产和供应,更重视中游加工环节和下游消费市场的监管和风险管理。《经济合作与发展组织关于来自受冲突影响和高风险区域的矿石的负责任供应链尽职调查指南》(OECD DDG)是非洲资源治理扩大化的典型案例,其目的是推动与资源关联的全球利益攸关方接受共同的原则和标准。其提出的主要工作包括开展行业合作,进行尽职调查能力建设;参与负责任供应链管理倡议活动;共用供应商的行业成员之间进行协调;上游企业和下游企业间开展合作;与国际组织和民间社会组织建立伙伴关系(经济合作与发展组织,2016)。美国的供应链百日审查报告提出创建战略和关键矿产密集型产业的新可持续标准,通过对特定关键矿产和关键材料的开发、利用和消费建立新的规范和标准,利用可持续性标签塑造全球供应链。同时,强化与盟友和伙伴在全球关键资源供应链治理上的合作,尤其是将战略和关键矿产供应链的韧性和透明度建设作为核心目标,"应利用政府间论坛和相关合作网络,例如能源资源治理倡议(ERGI)或采掘业透明度倡议(EITI),以建设海外能力,以实施和监督战略和关键资源领域的可持续实践。能源部牵头的美国、日本和欧盟之间的三边协议,以及通过国务院与加拿大和澳大利亚的双边接触,都是战略和关键材料国际合作的典范"(White House,2021)。

(三)非洲资源治理的武器化

关键矿产资源具有稀缺性的特点,这导致关键矿产资源正在成为地缘竞争的重要源头。相对于传统化石燃料,许多关键资源只集中于少数国家,前三大生产方控制了全球75%的产出。全球近三分之二的稀土元素是在中国生产的,而且中国还主导着稀土供应链,世界上四分之三的铂金来自南非,全球钴产量的70%来自刚果(金)。"关键矿物的地理集中意味着供应不仅会受到当地地理和市场参数的影响,还会受到监管变化的影响。中国的稀土出口政策、印度尼西亚对镍的限制,以及刚果(金)对钴征收的溢价,都是地缘政治影响全球供应链和实现零碳目标的例子。"(Andrea Willige,2020)在大国全球竞争加剧的背景下,这一现实使资源治理和关键资源供应链管理逐渐偏离其本身应有之义,而开始出现明显的武器化倾向。

随着中非关系的不断深化,中国与非洲国家在矿产资源上的合作也取得重大成就。中非矿业资源合作的发展根源于中非共同的发展需求,也是全球资源市场和格局变化调整的产物。中国经济的快速发展尤其是作为全球产业链中心地位的确立,推动着中国从包括非洲在内的全球市场寻求资源。2008年后美国次贷危机引发的全球经济衰退加速了全球资源领域的并购重组,西方国家的撤出为中国加快与非洲的资源合作提供了契机。2013—2018年,中国企业在非洲的矿业活动获得较快增加,中国矿企的产量在非洲总产量的占比接近7%,在刚果(金)的产量占比达到24%,在赞比亚达到12%,中国公司控制了刚果(金)钴产量的41%,以及刚果(金)和赞比亚铜产量的28%,中国从美国自由港公司获得刚果(金)的世界最大储量钴矿TKM矿山正是在这一时期完成的。在其他非洲国家,中国贡献了加蓬25%的锰产量,贡献了几内亚和厄立特里亚40%的矿业生产(Antonio Andreoni & Simon Roberts,2022)。尽管中国在非洲的矿产份额有所增加,但中国企业远没有达到控制非洲矿产的地步,非洲的矿产事实上仍主要掌握在西方国家的跨国企业手中,仅嘉能可和英美资源就占总产量的三分之二,以铜生产为例,嘉能可、巴里科和第一量子的份额比中国企业多28%以上(Magnus Erisson et al.,2020)。

尽管中国在非洲的份额总体并不高,但在钴、锰、稀土等一些关键资源上中国正建立一定的优势,尤其是中国在全球矿产资源产业链中的优势地位加剧了西方国家对全球供应链安全的担心。西方炒作供应链安全威胁的惯常提法是，在许多方面，中国是世界重要矿产的冶炼厂，中国占世界铝精炼和冶炼产能的三分之二，占全球锂精炼产能的80%，占全球钴精炼产能的三分之二，占全球石墨生产和精炼产能的80%以上。美国进口依赖度超过50%的主要资源产品中，依赖从中国进口的有26种，接下来是加拿大（20种）、德国（14种）、巴西（11种）、南非（10种）、墨西哥（9种）（USGC，2023）。在中美竞争加剧的背景下，供应链多元化和发展炼油能力对美国的能源和国家安全至关重要，因此，降低对中国关键矿产资源供应链的高度依赖，甚至推动断链脱钩是美国当下的战略考量。发展非洲的能力被认为将服务于西方的地缘政治目的，美国一方面加大了对非洲国家的双边和多边投入，包括挑唆非洲国家如刚果（金）、赞比亚与中国的关系。西拉资源公司（Syrah Resources）是莫桑比克产量最高的石墨矿的母公司，从美国能源部获得了约1.02亿美元的贷款，用于在路易斯安那州维达利亚发挥额外的提炼能力。另一方面则加大了与加拿大、澳大利亚等盟友和伙伴在关键矿产供应链上的合作。2022年10月，"美国电池材料计划"启动，由白宫指导委员会牵头，美国能源部协调，美国内政部支持。该倡议将通过全球基础设施和投资伙伴关系开展工作，并利用美国国务院正在进行的工作，与合作伙伴和盟友合作，加强全球关键矿产供应链，以满足资源需求并加强能源安全。嘉能可等西方能源巨头正被视为对抗中国、保障美国供应链安全的重要武器。"嘉能可代表着一方，而中国企业则代表着另一方。"

非洲资源由此正在成为西方国家攻击和抹黑战略对手的新着力点，非洲资源治理则被视为矮化和攻击中国的工具。在美国看来，中国之所以在关键资源供应链的上游和中下游建立优势，主要是因为中国对矿业发展的ESG风险容忍度更高。因此，ESG标准将是中国模式和中国企业的突出短板，通过提高ESG标准、炒作ESG风险，尤其是鼓动资源治理的"社会许可"（social license），将会给中国企业带来重要影响。美国推动的"矿业安全伙伴关系"特意强调社会许可的作用，很大程度上是希望利用社会力量来影响中国在当地的经营。为了抵消中国在这些关键资源上的影响,西方国家不惜以生产安全、ESG风险、当地收益低等为名挑拨非洲国家与中国的关系,支持非洲国家加大对中国企业的合同审查,这在刚果(金)表现得尤为明显。美国副国务卿何塞·费尔南德斯表示,"我试图传达的信息是,我们将参加顶部竞争而非底线竞争,我们会确保采矿有利于当地社区,而不是外国寡头及其腐败的当地得利人。我们不要求合作伙伴在美国和任何其他国家包括中国之间做出选择,然而,我们为经济发展提供了另一种愿景,这是一个促进民主、民主治理、尊重人权和透明度的愿景,以更好地服务于世界各地公民的长期利益"(Julian Pecquet,2022)。

四、结　　语

资源禀赋为非洲发展提供了先天条件,如何将资源禀赋转化为国家发展一直是非洲国家资源发展进程中的重要问题。然而,在相当长时间内,资源虽然给一些国家带来了短暂繁荣和直接的经济贡献,但也带来了更广泛意义上的"资源诅咒"。在非洲,资源与政治腐败、机制低效、冲突和不稳定,以及大量的社会问题之间存在着更为明显的相关性。非洲资源发展的经验和教训促成的一个核心共识:非洲资源潜力的释放取决于非洲国家的资源治理水平。

非洲资源治理的理念、框架和现实是由非洲国家的需求与外部行为体的供给长期互动塑造的。从资源主权到资源红利,再到资源—发展转化,非洲国家对资源的认识和理念经历了不同的阶段,从议题治理到体系和过程治理,再到聚焦供应链安全,以及由此引发的大国博弈和地缘竞争,全球资源治理的理念、动机和范式也正在发生显著变化。这两条主线变化和互动的重要后果是非洲的资源尤其是关键资源正受到越来越多的关注和重视,非洲也正被认为有可能从绿色转型中获得更大收益,然而,与此同时,非洲资源治理的扩大化、武器化以及不同行为体对非洲资源竞争的加剧，对非洲的战略自主和风险管理能力提出严峻考验。这意味着非洲国家不仅需要克服资源发展中长期存在的内部问题，切实提升资源治理能力，而且也不得不投入更多资源提升其应对、整合和协调外部力量的能力。新内涵、新议题和新要求塑造了当前非洲资源治理的新现实。如何基于这一新现实促进非洲资源治理，真正发挥资源在促进非洲包容性发展上的作用，不仅是非洲国家的基本诉求，也是其他非洲资源治理的参与者必须正视的重要问题。

绿色转型以及全球对关键资源或转型资源的庞大需求正在为非洲发展带来重要机遇。是否能提升非洲资源治理能力决定了非洲能否把握这一机遇。为此，非洲国家只有以此为契机，从地区、国家、次地区和地方等各个层面全面提升资源治理能力，着力弥补"执行鸿沟"，将资源治理的规划、法律和规范落到实处，创建良好的资源开发和投资环境，才能真正发挥资源产业在促进包容性和整体性发展上的作用。非洲资源治理的其他行为体应该充分尊重非洲国家和地区组织的自主性和中心地位，支持非洲国家在资源规划、开发利用和资源—发展转化上的能力建设。在治理主体多元化的背景下，应该加强不同行为体之间的沟通对话，促进彼此理念、倡议和最佳实践的互鉴融合，从而发挥多元化治理体系的互补优势。最后，应坚决抵制任何将资源治理工具化、武器化和政治化的企图，偏离了资源治理的正常轨道，或者偏离了促进非洲发展的本心，假借名义上的资源治理不仅不能给非洲带来实质好处，而且会对非洲国家带来新的伤害。

参考文献

张忠祥：《试论当今非洲社会思潮及其对中非关系的影响》，《西亚非洲》2014 年第 6 期，第 35 页。

Abiodun Alao（2007）. *Natural Resources and Conflict in Africa：The Tragedy of Endowment*，Boydell & Brewer：University of Rochester Press.

AfDB(2007). Africa's Natural Resources：The Paradox of Plenty，in The African Development Bank，ed.，*African Development Report 2007*，Oxford

University Press.

Alex Cobham and Petr Jansky (2021). International Corporate Tax Avoidance, in Alex Cobham, Petr Jansky, eds., *Estimating Illicit Financial Flows: A Critical Guide to the Data, Methodologies, and Findings*, Oxford University Press.

Andrea Willige(September 7, 2020). What to Know About Critical Minerals—the Key to Our Clean Energy Future, World Economic Forum. https://www.weforum.org/agenda/2020/09/minerals-critical-to-clean-energy-face-shortage/?DAG = 3&gclid = CjwKCAjw_YShBhAiEiwAMomsELCiPbldY0f-W16ic fzIyfrHh6KAzcRqRRxnJ8ffm_4I_bnjgq40ERoC_zAQAvD_BwE.

Antonio Andreoni and Simon Roberts (2022). Geopolitics of Critical Minerals in Renewable Energy Supply Chains, The African Climate Foundation.

C. Reichl and M. Schatz(2022). World Mining Data 2022, Federal Ministry of Agriculture, Regions and Tourism, Australia.

Daniel Kaufmann (2015). Evidence-based Reflections on Natural Resource Governance and Corruption in Africa. in Ernesto Zedillo, Olivier Cattaneo and Haynie Wheeler, eds., *Africa at a Fork in the Road: Taking off or Disappointment once Again?* New Haven: Yale Center for the Study of Globalization eBook.

European Commission(2023). Study on the Critical Raw Materials for the EU 2023-Final Report, Brussel: European Union.

Giorgia Albertin, Boriana Yontcheva, Dan Devlin, Hilary Devine, Marc Gerard, Sebastian Beer, Irena Jankulov Suljagic and Vimal VI. Thakoor(2021). Tax Avoidance in Sub-Sharan Africa's Mining Sector, Departmental Paper No.2021/22, IMF.

IEA(2022). Africa Energy Outlook 2022, International Energy Agency.

IEA(May, 2021). The Role of Critical Minerals in Clean Energy Transitions, World Energy Outlook Special Report, International Energy Agency.

Julian Pecquet(May 12, 2022). US Urges "race to the top" for Critical Minerals at Africa Indaba Mining Conference, the Africa Report. https://

www. theafricareport. com/203129/us-urges-race-to-the-top-for-critical-minerals-at-africa-indaba-mining-conference.

Leonard Wantchekon(2022). Why Do Resource Abundant Countries have Authoritarian Governments. *Journal of African Development*. 5(2), pp.15—56.

Magnus Erisson, Olof Lof and Anton Lof(2020). Chinese Control Over African and Global Mining-Past, Present and Future. *Mineral Economics*, No.33, p.170.

Papa Daouda Diene, David Manley, Silas Olan'g and Thomas Scurfield (2022). Triple Win: How Ming can Benefit Africa's Citizens, Their Environment and the Energy Transition. Natural Resource Governance Institute.

Sharon Burke, Claire Doyle(February, 2023). U.S. Governance on Critical Minerals. Wilson Center, New Security Brief No.4. https://www.wilson-center.org/sites/default/files/media/uploads/documents/ECSP%20Brief%204_ Critical%20Minerals.pdf.

Tana High-Level Forum on Security in Africa(2017). Background Paper on Natural Resource Governance in Africa: Conflict, Politics and Power. Tana Forum.

Timothy M. Shaw(2017). Transnational initiatives towards natural resource governance in Africa post-2015. *Journal of Sustainable Development Law and Policy*, 8(1), pp.214—234.

Trump White house (September 30, 2020). Executive Order on Addressing the Threat to the Domestic Supply Chain form Reliance on Critical Minerals from Foreign Adversaries. https://trumpwhitehouse. archives. gov/presidential-actions/executive-order-addressing-threat-domestic-supply-chain-reliance-critical-minerals-foreign-adversaries.

U.S. Department of State(February 7, 2023). Minerals Security Partnership Governments Engage with African Countries and Issue a Statement on Principles for Environmental, Social and Governance Standards. U.S. Department of State. https://www.state.gov/minerals-security-partnership-govern-ments-engage-with-african-countries-and-issue-a-statement-on-principles-forenvironmental-social-and-governance-standards.

U.S. Department of State(February, 2023). Minerals Security Partnership (MSP) Principles for Responsible Critical Mineral Supply Chains. U.S. Department of State. https://www.state.gov/wp-content/uploads/2023/02/MSP-Principles-for-Responsible-Critical-Mineral-Supply-Chains-Accessible.pdf.

U.S. Geological Survey(2023). Mineral Commodity Summaries 2023: U.S. Geological Survey. https://doi.org/10.3133/mcs2023.

Ukertor Gabriel Moti(2019). Africa's Natural Resource Wealth: A Paradox of Plenty and Poverty. *Advance in Social Science Research Journal*, 6(7), pp.490—491.

UNECA(2018). African Governance Report V: Natural Resource Governance and Domestic Revenue Mobilization for Structural Transformation. Addis Ababa: Economic Commission for Africa.

UNECA(2011), Minerals and Africa's Development. Addis Ababa: UNECA.

UNECA(2018). Natural Resource Governance and Domestic Revenue Mobilization for Structural Transformation. Addis Ababa: Economic Commission for Africa.

White House(Feb.22, 2022). Fact Sheet: Securing a Made in America Supply Chain for Critical Minerals. White House. https://www.whitehouse.gov/briefing-room/statements-releases/2022/02/22/fact-sheet-securing-a-made-in-america-supply-chain-for-critical-minerals.

White House(June, 2021). Building Resilient Supply Chains, Revitalizing American Manufacturing, and Foster Broad-based Growth: 100-Day Reviews under Executive Order 14017. Washing D.C.: White House.

Woolcock J Isham, B. Gwen(2003). the Varieties of Resource Experience: How Natural Resource Export Structures Affects the Political Economy of Economic Growth. Middlebury College Discussion Paper.

World Bank(1992). Strategy for African Mining. World Bank Technical Paper No.181.

超越新自由主义:非洲债务治理的逻辑、障碍与发展

[内容提要]　本文探讨了管理非洲债务的挑战和范式,强调需要从新自由主义市场导向的债务治理模式向以发展为导向的债务治理模式转变。它批评了传统的新自由主义方法,这种方法优先考虑债权人的利益而非经济发展,突出显示这种框架如何加剧非洲的债务脆弱性。分析强调需要重构债务治理结构,使之与非洲国家的发展需求相符,强调国家能力建设和长期投资而非短期财务回报。本文讨论了中国作为新兴债权国的角色,指出其专注于基础设施和长期发展项目的借贷方式,与西方借贷实践形成对比。本文呼吁重新评估全球金融系统,创建一个更公平、可持续的债务管理框架,促进国际合作和针对发展中国家独特挑战的定制策略。

[关键词]　债务危机,非洲,新自由主义,中国式现代化,国际合作

[Abstract] This paper explores the challenges and paradigms in managing Africa's debt, advocating a shift from neoliberal policies to a development-oriented debt governance model. It critiques the traditional neoliberal approach that prioritizes creditor interests over economic development, highlighting how such frameworks exacerbate Africa's debt vulnerabilities. The analysis underscores the importance of restructuring debt governance to align with the developmental needs of African nations, emphasizing national capacity building and long-term investments rather than short-term financial returns. The role of China as an alternative creditor is discussed, noting its focus on infrastructure and developmental projects that offer a contrast to Western lending practices. The paper calls for a re-evaluation of global financial systems to create a more equitable and sustainable framework for debt management, promoting international cooperation and tailored strategies that support the unique challenges faced by developing nations.

[Key Words] Debt Crisis, Africa, Neo-liberalism, Chinese Modernisation, International Cooperation

---

* 殷之光,复旦大学国际关系与公共事务学院教授、博士生导师;王妃,复旦大学国际关系与公共事务学院博士研究生。

一、导言：两种视角下的"债务危机"

1985年3月12日，当时还担任坦桑尼亚总统的朱利叶斯·尼雷尔（Julius K. Nyerere）在伦敦皇家非洲协会与皇家英联邦协会共同主办的会议上发表了题为"非洲与债务危机"的讲话。讲话中他给出了一个非常简单的逻辑：全球经济秩序的根本状态是整体性的"世界市场"的出现。非洲作为西方发达国家的市场，其贫困与衰退直接影响了对西方产品的消费能力，进而也会对发达国家本国的就业率造成极大负面影响。同时，1973年与1979年西方世界遭遇的石油危机，同样对非洲发展中国家造成了巨大的冲击。西方国家为了缓解通货膨胀压力提高利率，这直接造成了严重依赖西方外债发展的非洲发展中国家面临严峻的债务危机。非洲国家名义利率从1971年的4.2%，飙升至1981年的10.1%，并持续快速上升（Nyerere，1985）。

与非洲借贷成本增高相对应的是持续增高的国际工业制成品价格与不断降低的原材料价格，以及当时在发达国家与发展中国家之间存在的生产能力严重不平等。根据1984年世界银行发布的发展报告，截至1980年，全世界所有的工业产出中有79%来自发达国家，生活在这些国家中的人口只占世界总人口的25%；而剩下21%的工业产出来自发展中国家。其中，人口占全世界47%的低收入国家，仅占据了5%的世界工业总产出。这些低收入国家包括孟加拉、中国、印度、巴基斯坦与大部分的热带非洲国家（The World Bank，1984）。

尼雷尔注意到，坦桑尼亚与所有"第三世界国家"一样，都处在一个令人无望的恐怖循环中。一方面，它们严重依赖单一货品出口，而这种单一性又使得这些国家的出口极容易受到由发达国家主导的国际市场价格波动的影响；另一方面，单一性又使得它们不得不通过进口或国际援助来解决各自国内的基本需求。由于这些国家缺乏发展自身经济的途径，因此不得不依靠向发达国家借贷以支付这些昂贵的进口物品。

而随着 20 世纪 70 年代全球性的经济危机的到来,第三世界国家发现偿还西方贷款的压力越来越大,甚至在日益增长的工业制成品价格面前,发展中国家还难以维持原有数量的进口。这种情况进一步造成第三世界国家本已弱小的国民经济进一步收缩(Nyerere,1985)。这便是尼雷尔指出的非洲"债务危机"(debt crisis)的基本状况。

随着 20 世纪 70 年代石油危机引发的西方发达国家经济衰退,"债务危机"开始成为发达国家关心的问题。1977 年,"国际发展问题独立委员会"(the Independent Commission on International Development Issues)在世界银行的推动下正式成立。维利·勃兰特(Willy Brandt)担任主席。1980 年年初,委员会以"南北:为了生存的计划"为题,对全球经济状况作出了分析并提出了走出危机的政策建议(Brandt W.,1980)。虽然报告并没有专门针对非洲问题,但在总体上传达了对"第三世界"整体状况的担忧。报告特别提出,如果第三世界无法偿还所欠的国际债务,便无法继续维持其进口政策,进而会造成全球贸易的混乱(Brandt W.,1980)。可以很清楚地看到,报告将流动性视为世界经济发展的根本支点。因此,所有政策建议也都围绕着促进贸易、增强流动性展开。报告建议必须扩大南北方贸易,而实现这个目标首先需要通过世界银行、国际货币基金组织等多边机构向发展中国家提供贷款;而后,应当进一步扩大全球多边自由贸易协定,并号召发展中国家进行制度改革,移除一切阻碍自由贸易的政策壁垒、降低市场准入条件,为跨国公司的全球流动尽可能地创造优厚条件。

不难发现,报告实际上给出的是一个新自由主义全球化的基本方案,报告将推动自由贸易视为南北合作的核心目的。事实上,面对 20世纪 80 年代全球性的经济危机,发达国家与发展中国家表现出了两种不同的认识。发达国家的国际多边合作、促进全球化与发展,对发展中国家来说,更像是一种新的制度性压迫。尼雷尔将世界银行、国际货币基金组织以自由贸易为中心的经济政策意见视为一种"国际威权主义"。在这种不平等的秩序结构中,"经济力量"被作为一种武器,代替"炮舰"在发展中国家推动"强者的单边意志"(Nyerere,1985)。尼雷尔强调,即便发展中国家如发达国家所愿,开放了本国市场,欢迎外国私人资本进入,那些遵循绝对市场逻辑的私人资本也不会对长期投资感兴趣。因为资本的兴趣在于"利润而非发展"(Nyerere,1985)。对于发展中国家而言,团结起来共同迫使债权方谈判,则是对抗这种不平等"国际经济秩序"的唯一办法。在这个视角下,发达国家眼中的"债务危机",对发展中国家来说,有可能转化为一种对抗发达国家经济霸权的工具。

对尼雷尔来说,发达国家的组织性是其得以持续保持霸权优势地位的重要因素之一。这种组织性使得它们能够有效利用其既有经济与政治资源,通过国际机构,兵不血刃地继续实行其霸权。然而,与之相比,"全球南方"(The South)则为一盘散沙,并对"全球北方"(The North)形成一种难以摆脱的依赖。发展中国家为了生存,不得不向发达国家借贷,以购买发达国家的工业制成品,并将自己的农业初级产品或矿产资源以低价卖给发达国家,以便发达国家能够进一步生产工业制成品并向全世界售卖。这种恶性循环的状态在尼雷尔眼中是发展中国家的"债务危机"。

在今天对债务问题的讨论中,很少有从全球南方视角出发进行的理论思考。对于居于全球不平等秩序优势地位的发达国家而言,现有秩序中的"不发达"部分,是需要被治理与规训的"危机"。这种"危机"是系统性的,并且可能会对西方主导的世界现有秩序形成挑战。在这种认识下,发展中国家不但在经济上需要接纳发达国家所制定的新自由主义秩序,在政治上也需要进一步推动制度改革。就在报告发布之后不久,世界银行在讨论非洲发展问题时,采用了"治理危机"(crisis of governance)的表述方法。其1989年的一份报告指出,治理危机的根源在于国家政治精英以权谋私且无需承担后果(The World Bank,1989)。为了应对这种情况,报告认为,需要引入议会民主制度以及媒体自由的政策,确保在非洲国家建立"善治"。这种极具西方中心主义色彩的认识强调,作为经济发展的制度前提,建立一个"好政府"是为个人赋能,确保社会能开启"自下而上"发展的唯一路径。

这种认识的霸权主义色彩在于,它将一个原本从西方发展实践中总结出的经验作为一种去政治化的、非历史性的、普遍的秩序原则(郑宇,2020),并将这种秩序原则向全球散播,装扮成了程序性、技术性的创新,而并没有考虑背后的不同国家发展程度、社会文化、国家能力的差异,以及在既有国际体系中权力势能的巨大落差。在这种认识下,债务危机被视为一种对债权方资金安全与收益的威胁,即违约风险。一般认为,导致主权债务违约的原因有多样,比如,自然灾害、地缘冲突、政治制度、经济危机、货币和汇率风险、财政困境、市场认知变化等,这些都会恶化债务国的偿债环境(Gaillard,2014)。债务危机造成的主要危害则是对国际贸易量以及全球经济秩序稳定的冲击。

在这种认识下,债务治理并不选择治理债务的"源头",也不会处理债务投资领域对债务方经济发展的影响。对债务方偿还能力的衡量,也建立在一系列静态的标准之上。这些标准往往都要求债务国已经具备了较强的国家基础能力。而制约发展中国家基础能力的重要因素之一便是现有国际经济秩序所造成的依附性结构。克瓦米·恩克鲁玛(Kwame Nkrumah)就曾反复强调,从英国殖民者治下获得政治独立的黄金海岸(即后来的加纳)面临的最大问题是政治碎片化、人才短缺、社会经济生产单一,以及对西方贸易、投资、援助的严重依赖(Nkrumah,1965)。这些都成为非洲经济发展、现代化的阻碍。而造成这些问题的资本主义殖民经济,并未因非洲国家的政治独立而消失。在这种资本主义殖民经济影响下的国家,从"理论上说是独立的,而且具有国际主权的一切外表",然而实际上,"它的经济制度"以及在此基础上形成的"政治政策","都是受外力支配的"(Nkrumah,1965)。在瓜分非洲时代渗透到非洲社会经济肌理中的西方工业、商业、金融垄断势力则从未离开。恩克鲁玛将这种状态定义为"新殖民主义",并乐观地称之为"帝国主义的最后阶段"(Nkrumah,1965)。

在这个基本背景下,本文认为,传统新自由主义秩序观以市场/消费为中心,在此基础上对债务治理的认识,忽视了"国家能力"是调节因素的关键变量。新自由主义模式下,这一因素始终被视为外生的,而加强这一调节因素,与新自由主义的逻辑是相悖的,这是导致治理失灵的根本问题。同时,这种以市场/消费为中心的债务治理观,除了会将发展中国家深度锁定在西方全球经济秩序的依附地位之外,其本末倒置的属性,更容易将全球的经济发展拖入危机循环的怪圈。因为主流的新自由主义治理模式,以违约治理为核心,它假设债务国"因为国家声誉、外部制裁、国内制度以及经济溢出成本等原因倾向于选择履约"(Bulow & Rogoff,1989;Tomz,2007;Borensztein & Panizza,2008),因此,违约便成为这种观念下的意外与危机状态。

为了避免全球秩序反复走入这种"危机"状态,我们需要一种充分应对主权债务危机的综合机制(联合国,2015),更需要一个重新思考为什么会出现危机的范式转型。这种新的范式需要我们真正从全球南方迫切希望发展国家能力的现实需求出发,以生产而非消费为中心,判断不同类型债务对发展中国家的价值。以长期的国家能力增长,而非短期的市场收益为标准,来综合衡量国家不同类型的债务。

二、新自由主义分析框架及其限制

学术界普遍关注到新自由主义治理范式失灵的问题。首先,一部分学者认为,非洲债务治理失灵的主要责任在债务国。债务国政府财政资源使用不当、资金没有满足市场需求是造成债务治理失灵的主要原因(IMF,2018)。具体来看,政府盲目借债、财政治理水平低、腐败等都被认为是债务国危机频发的重要原因(唐晓阳,2023)。遵循这一逻辑,学者们开出的治理药方是债务国更加遵循开放、透明的市场经济原则。在实践上,西方债权人则以债务国深度政治经济结构、税制改革作为进一步减免债务,进行债务救助的前提条件。这种"制度改革理论"(Abbott,Andersen,& Tarp,2010),以及强调非政府行为体参与的"道义论",以弱化政府职能、增强市场权力这种西方新自由主义思想为标准模型(瑞·达利欧,2019)。配套的国际货币基金组织(IMF)和世界银行提出了"结构调整计划",更将上述要求与贷款条件相结合,不顾发展中国家各自国情,强行要求债务国仿照西方模板,进行彻底的政治经济结构改革。实际上,"结构调整计划"实施多年,获得评估完成之后,非洲国家的债务危机还是反复发生,举债之后往往是更大规模的举债(Konadu-Agyemang,2018)。

其次,也有一部分研究者注意到,西方债权人遭遇的集体行动困境,对现有全球经济制度造成的负面影响。这些研究发现,在国际债权治理中,债权人多元结构内部存在着权力冲突与博弈。这种权力关系反映在债务救助、债务重组领域,则更形成了以诸如国际货币基金组织、世界银行为代表的多边债权人,以及以巴黎俱乐部集团为中心的结构性权力(王金强和黄梅波,2022;王雪莹,2023)。同时,这一方向的研究还注意到,诸如中国这样的新兴债权人以及新兴市场国家的经济崛起,对现有国际债权结构,乃至债务治理规则形成的挑战(周玉渊,2023)。在这种视角下,新兴债权国的兴起是对传统秩序的根本挑战。因此,作为回应,传统债权国家便开始刻意夸大中国借贷的危害,将"债务陷阱"等污名施加给中国(M. Himmer & Z. Rod,2022),并向中国等新兴债权人施压,试图迫使其遵从巴黎俱乐部规则(Cotterill,2023)。

然而,这类讨论完全未注意到中国以生产为中心的借贷与传统市场中心的金融借贷之间存在的根本差异。事实上,中国在非洲的直接投资与贷款项目,绝大多数流向了交通运输与制造业(National Bureau of Statistics of China,2022)。中国对非洲的投资,是为了产品生产的投资。相对于殖民经济的现代化,中国对非洲的投资有意地通过发展生产而缓解不平等。同时,2017 年麦肯锡公司的一份调研显示,在非洲运营的中国公司中,有 89% 的雇员直接来自非洲本土,这为非洲直接创造了 30 万个工作岗位。此外,在接受调研的 1000 余家中国企业中,超过三分之二的企业都为员工提供职业培训(Irene、Kartik、& Omid,2017)。中国的基建投资与职业培训无疑增强了非洲国家本土的造血能力。以生产为中心的中国经济发展模式与资源抽取式的殖民发展模式形成了鲜明对照,前者更受非洲国家欢迎(Brautigam,2009)。

中国在非洲的投资激活了非洲的经济活力和自我造血能力,转而为非洲国家通过国债向西方资本市场融资提供了基础条件。基础设施得到改善之后的非洲国家,很快再次成为国际金融资本集团的猎杀对象。在目前非洲国家的债务中,最大的债权方主要还是欧美的对冲基金。这些机构提供的贷款利率往往高达 7%—10%(Mihalyi & Trebesch,2022)。

最后,来自批判政治经济学脉络的研究也对新自由主义治理失灵作出了深刻的回应。这类研究直接质疑新自由主义范式的本体论,以及其赖以构建理论体系的新古典主义经济学以市场为中心的诸多理论假设。新自由主义治理方案本身就是造成非洲国家债务危机频发的罪魁祸首。批判政治经济学重新提出了对政治与经济问题的一体化分析模式,强调发展中国家经济具有很强的外部性,以及很强的顺周期性。当全球经济增长与流动性充裕时,这些国家经济结构的单一与大宗商品价格挂钩,产生了借债与融资成本的周期,信用评级就会顺周期上升,能够大量借债(León & Berndsen,2014)。而一旦全球经济停滞,由于非洲国家较小的经济体量、低水平的外汇储备,加之许多国家甚至缺乏货币独立自主性,这都使得逆周期政策工具能力很弱,更加难以应对债务危机。这种深度的绑定依附关系,造成了非洲的生产是为了发达国家的需求生产,而不是为本土需求生产。非洲债务危机的周期性,本质上是随着世界新自由主义经济危机周期起伏振荡的结果(Bieling,Jäger, & Ryner,2016)。

可以看到,债务周期问题是目前许多研究共同关心的话题。但是,在既有研究中,对处理债务危机的建设性讨论则较为有限。不少研究都集中在金融技术层面探索如何去杠杆问题。而很少有对债务类型、借贷目的、资金走向以及债务与国民经济整体健康长期发展之间的有机关系等政治性问题进行深入讨论。而要理解中国海外借贷,特别是这类金融走出去的工作对发展中国家本身经济发展以及国家自主能力的发展有何种作用,则需要我们跳出传统债务治理的框架,站在全球发展中国家需求的视角上,对全球债务问题进行整体性的政治经济学思考。

三、新自由主义式治理与
非洲的"周期错配"困境

　　新自由主义式治理的核心是一种市场驱动的(market-driven)治理逻辑。作为一种以市场自由化、私有化、减少国家干预和强调个体自由为特征的理念，这种治理模式认为市场机制是资源配置最有效的方式，主张限制政府在经济活动中的作用，推动贸易和资本的自由流动。在其范式影响下的国际经济秩序更让发达国家以一种强硬的姿态，以金融贷款为工具，要求希望借贷的国家按照新自由主义的制度模式，进行一揽子政治改革。在这种范式影响下的全球化，可以被视为是国际垄断资本的全球扩张，是不打干涉主义旗号的干涉主义。

　　新自由主义范式下的国际金融格局中市场债权人影响力显著增强。为了获得生存必需的资金，债务人必须依照债权人的意志，进行一系列经济社会改革，调整政治秩序以适应市场一体化，执行开放的地区主义政策(Söderbaum, 2004)。在新自由主义治理的框架下，善治被定义为"减少政府"的作用和保持"合理价格"。减少政府开支、治理被简化为经济增长，而不是提供公共服务。在这种治理方式中，需要公共部门主要是确保为私营部门创造有利环境(IMF，2001)。

　　然而，对发展中国家而言，自由的市场造成了资源一方面向国内优势地带的过度集中，而另一方面更造成了向世界市场中已经具有吸引力的地区集中。这种流动对全球南方而言，意味着无法真正有效地将发展生产所需的一系列人力、资本留在国内。通过基础生产而产生的价值，一方面被世界市场上的价格所限制，另一方面即便少量产生的剩余价值也面临着流向发达国家市场的可能。而发展国家能力所必须的长期、无直接金融化收益的投资，特别是那些发展基础设施建设、提高人民教育水平、改善医疗条件等改善市场环境所需的长期基本投资，则更是无从获得。在这种状况下，非洲发展中国家很多便深陷贷款—消费—还贷无奈循环中无法自拔。

从资本的流向来看,在新古典经济学的假设中,世界金融市场一体化后,由于资本边际收益递减规律,资本会由资本富裕国流向贫瘠国(NBER,2005)。但现实的实际情况是,资金匮乏的发展中国家向发达国家输出的资本多于其接收的资本。这种预期与实证结果之间的差异,被称为发展融资的一个"谜题"。又由于风险溢价,吸引资本流入主要是依靠高利率,后来演变为偿债压力。实际情况是,全球资金的流向依旧是从南方流向北方(SWI,2021)。

在这种背景下,非洲国家/发展中国家获得的资本净额,衡量外债质量的外债净转移(NT)指标,即债权人的贷款支出减去债务人偿还的过去债务的利息和本金,资本净额并没有账面上的那样可观。2019年,外债净转移为1050亿美元,这一规模与FDI净流量(1360亿美元)相当(FDL,2024)。2022年,总NT大幅下降。70%的国家NT接近于零或为负值。总体来看,来自多边开发银行和双边捐助方的正向净债务全部流向了私人来源(见图1)。同时,由于商业贸易逆差的存在与出口原材料价格波动巨大,为了防范风险的需求,发展中国家也不得不购买美元等强势货币。这也构成了实质上的资本外流(UNCTAD,2020)。

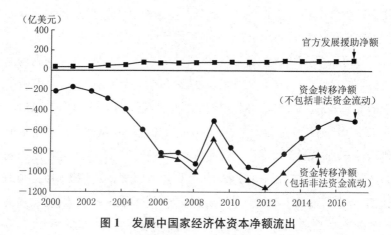

图1　发展中国家经济体资本净额流出

资料来源:联合国贸发会议(Global Financial Integrity,2019)

从 2000 年至 2017 年,在全球金融危机爆发之前的几年里,从发展中国家流向发达经济体的金融财富稳步增长,最终在 2012 年达到 9770 亿美元的峰值。如果包括非法资金流动,这些数字将更加惊人,远超过流向发展中国家的官方发展援助净额(UNCTAD,2020)。在此背景下,净资源流动的走向通常为从发展中国家流向发达国家,这也进一步导致许多发展中国家深陷债务困境,无力造血,无法自拔。

对于发展中国家来说,即便有机会获得国际贷款,也无法真正保障这类市场驱动的贷款能够真正投入发展生产。实际上,新自由主义程序治理并不会对生产性贷款有任何偏好,也不会与任何项目直接挂钩,其放贷基本原则是保护自身资产并谋求资本增值。相反,由于这类市场驱动的国际贷款还款周期较短,客观上更不利于资金投向生产与国家能力的发展。例如,国际货币基金组织在面向发展中国家提供中期信贷(ECF)时,其还款期通常为 3 年至 5 年。部分备用信贷(SCF)的期限甚至更短,为 1 年至 3 年(国际货币组织,2021)。同时,这类贷款基本都为融资性质,为正在遭受经济危机或是可能遭遇危机的部分国家提供资金支持,目的是要求债务国进行新自由主义式的政策调整(Boston University,2020)。在有些情况下,国际货币基金组织甚至还会以发贷为条件,要求贷款国先行改革。相比之下,中国对非洲无息贷款到期时间基本都在 10 年到 30 年之间。同时,这类贷款基本都与明确的基础设施建设工程绑定。这种与生产绑定的金融贷款能够最大限度保障资金为债务国的国家能力建设服务。

总的说来,非洲债务问题的关键是其对国际资本市场高度的依赖,以及自身金融体系的脆弱。这意味着非洲国家的经济发展周期与国际资本周期高度相关,无法自主制定货币和财政政策。苏珊·斯特兰奇(Susan Strange)认为,国际信贷是一种非常特殊的资源,控制国际信贷的国家拥有更多的结构性权力。这就是为什么当帝国主义进入高度金融化阶段之后,其霸权也越来越不需要依赖传统的战争或垄断贸易,而可以通过国际多边以及私营机构实现(王金强和黄梅波,2022)。

进一步讲,发展中国家这种金融从属地位,其根源又在于第二次世界大战之后形成的国际货币美元单极独大,配合西方货币主导的严格等级秩序。货币等级理论认为,中心货币的强势地位使非洲国家倾向于借入外汇,加剧了债务风险。外汇计价债务使非洲国家面临汇率贬值风险,当国际资本流出时,债务负担会进一步加剧。虽然边缘国家的利率较高,但是一旦美元加息、世界供应链出现问题,大宗商品的价格上涨,这些国家的出口就根本无法抵消进口的开支,偿债存在困难,非洲国家的偿债成本上升。西方国家为应对滞胀等自身问题不断加息和调升美元利率,导致非洲国家偿债成本加重。20世纪80年代末爆发的大规模债务危机便是这种机制造成的结果。

在"华盛顿共识"下推行的"结构调整计划",并试图以此建构保障上述霸权结构的规则体系,这种破坏全球经济多元结构、谋求垄断的尝试,形成了全球债务风暴的基础。国际货币基金组织谋求全球经济体彻底开放的政策,也客观上为金融风险的散播扫平了障碍(Stockhammer,2023)。魏斯曼对 IMF 发展中国家结构调整政策的解释如下:结构调整的核心目标是允许跨国公司的市场准入,以便其获得所需的劳动力和自然资源。缩减政府的规模和职能主要依靠市场力量分配资源和服务,使欠发达国家融入全球经济(Toussaint & Millet,2010)。这种霸权的、外来的激进金融自由化改革政策,彻底忽视了不同国家社会经济发展阶段的差异。同时,这类贷款还伴随着政策甚至制度改革的一揽子条款。然而,通过这种贷款催生的民主是肤浅的,因为本应对其选民负责的非洲政府最终却对西方债权人负有责任。善治议程未能建立稳定的多党民主国家,但"帮助北方在南方的持续权力和霸权合法化"(Gort & Brooks,2023),这种充满干涉主义性质的政策方案,瓦解了发展中国家有限的货币调整权,限制了发展中国家的进一步生产发展,进而整体性地阻碍了这些国家发展其国家能力。

四、"周期错配"下非洲债务治理的障碍

在市场驱动的治理逻辑下,发展周期与还贷周期不匹配对非洲的国家治理与经济发展造成了严重负面影响。在战后很长一段时间里,非洲

国家能否获得贷款并不取决于它们各自发展的切实需要,而取决于西方债权国经济发展周期,以及相应的美国货币政策的松紧程度。这种倒错的供需关系一方面令非洲背上了沉重的债务负担,挤占了发展资源,制约投资和生产力提升。另一方面,这种债务危机又引发非洲发展中国家贫困、失业等社会问题深化,威胁社会稳定并反过来制约生产发展。

值得注意的是,自 20 世纪 90 年代以来,非洲债务结构新自由主义化特点越发明显。其中一个重要特点,就是非洲私人债权人比例迅速上升,市场私人债权人影响力显著增强(见图 2)。这意味着,非洲借来的更多是利率更高的非优惠债券。同时,非洲的债务总额逐年递增,且增速加快。从 2011 年至 2021 年的十年中,非洲债务存量增长了250%,达到 6450 亿美元,而且越来越多的债务以市场债券的形式出现。从外债总额看,非洲国家自 2022 年起向外部债权人举债 6556亿美元。非洲国家在 2024 年需要还本付息 894 亿美元,相当于 2022年 GDP 总和的 22.8%(IDS,2023)。此外,非洲的债务可持续性并没有得到改善。非洲的外债负债率,即外债总额占国内生产总值的比重也在不断上升。截至 2023 年,15 个国家债务与 GDP 比率超过 60%。①在这种局面下,非洲在世界市场的波动下更加显得脆弱不堪。

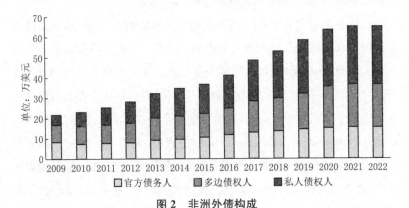

图 2 非洲外债构成

资料来源:International Debt Statistics(IDS,2023)

---

① 这些国家包括埃及、厄立特里亚、安哥拉、吉布提、冈比亚、马拉维、毛里塔尼亚、毛里求斯、摩洛哥、莫桑比克、圣多美和普林西比、塞舌尔、苏丹、突尼斯、赞比亚。

这种市场化的债务结构,造成非洲面临极高的偿债成本与不可持续的负债率。在这种情况下,非洲发展中国家一个普遍现象是借新债还旧债。大量的政府支出不是流向公共建设,而是偿还旧债。极高的偿债成本严重挤压了债务国政府对公共发展的资金投入。这类面向发展中国家的掠夺性贷款(predatory lending)利率或费用过高,且附加了一系列不利于借款人的条款,从根本上形成了一种新时代发达金融体对发展中国家的殖民性掠夺(Carr & Kolluri,2001)。诸如花旗银行、摩根士丹利等欧美商业银行是发放这类贷款的主要机构,国际债券是这类债务的主要形式。在中低收入国家中,这类债券已占担保外债比例一半以上。这类债券利息更高,2020 年中低收入国家支付的国际债券利息达到 696 亿美元,占其利息总支出的 63.2%(Carr & Kolluri,2001)。这种状况进一步让债务变得更加不可持续。如果债券平均利率增加 1%,利息成本就会增加 25 亿美元(One data analysis,2023)。这种结构性剥削体现在发达国家与非洲国家借贷成本的明显利差中,国际慈善机构"债务正义"(Debt Justice)的政策主管报称,直到最近美国和英国还能以不到 1% 的利率借款,而私人借贷机构向非洲国家收取的利息高达 7%—10%(Debt Justice,2022)。

这种新自由主义债务结构带来的另一个更致命的后果,就是使得债务国陷入一种无发展的增长陷阱中。随着这类债务增长的产业链基本都围绕着金融、法律、咨询等服务业展开。在此基础上产生的城市化进程,不但过早消解了发展中国家的工业化意愿,也从客观上将劳动力都集中到了非正规服务部门(联合国贸发会议,2020)。这种"过早去工业化"(Premature deindustrialization)的现象,使得非洲发展中国家的经济变得更加脆弱。发展中国家的"去工业化"意味着在现代化发展过程中,经济结构过早开始向服务业转型、制造业出现下滑,市场与国家都无法提供有效途径帮助农业人口获得这类城市化发展中所必需的诸如知识、人际关系网络等无法用货币化模式衡量的社会性资本。实际上,在没有外部强力干涉的条件下,国家驱动恰恰是实现自主发展、社会整合的重要途径。20 世纪中期之后,撒哈拉以南的非洲国家,包括加纳、毛里求斯、尼日利亚和南非等国,其制造业出现明显历史峰值均是国家强力推动与保障的结果(Andreoni & Tregenna,2021)。

虽然新自由主义的辩护者提出了"生产性服务业"的概念,用"现代部门"这个笼统的且以当代西方社会经济发展为中心的范畴淡化去工业化对发展中国家的毁灭性冲击,但不难发现,在全球范围内,发展中国家所提供的"生产性服务业",与发达国家以知识产权、金融服务、技术研发等"生产性服务业"之间,存在着巨大的、几乎无法逾越的财富、技术以及生产率鸿沟(Grabowski,2015)。这种新时代的不平等的"发展",本质上与19世纪开启的所谓"殖民现代化"本质上并无太大差异。对发展中国家而言,缺少了工业的支撑,城市化的劳动力只能投向低生产率的服务业(Kruse,Mensah,& Sen,2023)。这也更进一步破坏了非洲自身发展所必须的造血能力,加深了其对世界掠夺性金融市场的依附。

市场驱动的债务还款严重挤压了非洲政府对于公共服务的支出,造成发展倒退。在新自由主义的框架下,削减政府公共服务支出是一项关键的结构性改革措施。甚至在偿贷次序上,掠夺性贷款也将回收利润放在了债务人社会安全稳定发展的需求之上。例如2023年4月,肯尼亚选择推迟支付公务员工资,而不是拖欠欧洲债券。更令人发指的是,在疫情暴发之前,32个非洲国家的偿债支出甚至超过了医疗保健支出(One data analysis,2023)。这种在市场短期利益驱动下,迫使债务国在社会支出与转型投资之间抉择的贷款从根本上破坏了发展、生产的可能(IMF,2023)。

对发展中国家而言,为了实现健康的增长,国家需要有效地提高基础设施建设、社会安全稳定、人口全面素质等各方面水平,在今天的全球背景下,气候、粮食等安全也是发展中国家实现现代化所必须考虑的全局性问题。这些社会经济的基础投资均无法通过市场原则实现,也更不会产生市场所需的短时期经济效益。但是,它们却是发展中国家实现真正的现代化发展所必需的社会政治性投入。对市场驱动的掠夺性债权人而言,这类并无直接短期收益的投资根本不具备提供资金贷款的条件。

市场驱动的贷款限制国家能力自主发展的另一个机制,是其新自由主义方案制约了国家经济主权,使得债务国无法充分调动国家货币与财政政策的调控作用。由于不能充分调动货币政策服务国家发展,非洲债务产生了"货币错配"(Currency mismatches)的现象。货币错配是指一个经济主体所拥有的资产和负债的币种结构不同,导致其净值或净收入对汇率的变化非常敏感(IMF,2022)。简单来说,货币错配是指一些经济体存在大量外币计价的负债,导致这些经济体的资产和负债币种结构不匹配,并由此引发债务问题。例如,发展中国家政府以美元发行债券,但税收收入以本币计价,故一旦发生汇率变动,就会增加财政负担和偿债成本。这本身就是一种金融从属地位的体现。更严重的是,非洲部分地区货币甚至并未独立,西非法郎区采取的是与欧元挂钩的固定汇率,货币政策的使用空间被进一步压缩。所以基本不可能实行浮动汇率来管理通货膨胀的问题,无法通过调整货币来协调进出口。这些掣肘更加削弱了国家的偿债能力。债务越高,越难发展,越难发展,便越依赖贷款救助。在非洲撒哈拉以南国家中,债务占国家GDP比重持续上升,在未来 5 年至 10 年,甚至可能增加 10 个百分点以上(IMF,2022)。

在"结构调整计划"的压力下,发展中国家需要在短时间内进行政策改革,却缺少必要的本土人力资源支持这种转型。这也导致债务国不得不通过"外包"形式,以便能够在短时间内实现债务方所需财政政策改革。这种决策权的外包几乎是许多转型国家的共性。这对于财政自主权是一种极大侵蚀。

以赞比亚为例,赞比亚税务局(Zambia Revenue Authority, ZRA)成立于1994年,是 20 世纪 90 年代在非洲展开的结构调整方案浪潮的一部分,并为赞比亚公共部门带来了深远的改革。赞比亚的税收收入从 20 世纪 70 年代初高铜价和高度正规化经济的背景下每年约占国内生产总值30%的平均高点下降到 20 世纪 90 年代初每年仅占国内生产总值的 13%。议会随后于 1993 年颁布了《赞比亚税务局法》,1994 年赞比亚税务局作为一个半自治机构正式成立。国际货币基金组织和世界银行以及英国国际发展部(DIFD)开始对其进行捐赠。虽然名义上仍是财政部的事务部门,但是税务局一直处在外国捐助者控制之下,这种情况一直持续到2001年。赞比亚的税收治理由财政部指导,财政部保留政治责任和政策监督。而作为实际执行与决策的机构,赞比亚税务局具有极大的行政自主权力。同时,赞比亚税务局由总专员领导,总专员由总统任命,无需国民议会批准(Cheelo & Hinfelaar,2023)。这在制度上也确保了赞比亚税务局不受国家监督。

五、超越新自由主义:非洲债务治理的发展

非洲债务治理范式的转型主要是需要范式的转变,不能仅停留在程序性的治理。"债务可持续性"问题是需要深入分析的重点。但是新自由主义模式下,对可持续性的讨论始终聚焦在"违约治理"方面。目前,公共债务的全球共识是基于国际货币基金组织和世界银行在2002年提出的债务可持续性分析(Debt Sustainability Analysis, DSA)框架,旨在平衡借贷国的融资需求和现在及将来的偿还能力(World Bank,2023)。在这个框架下,"债务可持续性"主要强调,"如果一国政府能够在不需要额外财政援助或不违约的情况下履行其当前和未来的所有支付义务,那么该国的公共债务将被认为是可持续的"。这个定义本质上是关注债权人的收益问题。

而CPE视角下债务是一个中性的财政工具,关注的是与发展项目相连接,如何利用债务作为政府的财政支出手段,促进经济转型与社会福利的增加(Rankin,2021)。创造一个以生产发展为中心的债务评估体系,将发展中国家的确实需要与发展阶段差异纳入对"债务可持续性"问题的衡量中,这些都是范式转变需要考虑的制度性问题。

已有的一些讨论涉及债务的性质问题。这类讨论注意到了以生产为目的的借贷,在对这类生产债务的分析中,生产经济中的正常可控规

模下的债务被认为是可持续的。但是,在对"可控性"的分析中,其依据的基本逻辑仍旧是市场驱动的。因此,相应便有对债务过剩问题的担忧。这种担忧强调造成发展中国家债务危机的一个原因,是政策或人为造成的大规模债务变得愈发"不可控"。关于主权债务过剩的早期文献,探讨了由于债务过剩而出现的帕累托效率低下(Krugman,1988)。在这些模型中,债务被假定为外生的,债务减免被证明可以增加投资。而债务过剩出现在由于政府承诺能力有限而建立的内生债务动态模型。这均衡配置的"事后"约束效率意味着帕累托改进不能通过债务减免来实现(Hatchondo,Martinez,& Sosa-Padilla,2020),也就是说在内生经济发展不足时,是不可能通过债务减免来得到经济增长的。

真正的债务治理,需要考虑借贷与促进债务国内生经济发展之间的正向联系。真正重要的是确保通过借贷获得的资金能切实分配给创造增长和就业的生产活动。而要实现这一目的,不仅需要债权国的借贷模式创新,也需要债务国有意识地加强对资本的控制与监管。这种有监管的生产性债务,在原则上也符合联合国贸发会议的基本共识(UNCTAD,2020),即为了实现债务国的经济发展,首先债务国需要采取某种形式的保护主义,帮助新兴国家发展工业,并希望加强对资本的控制。这是由于联合国贸发会议认为,引入外部资源提高国内投资率是合理的,但是不认为可以通过自由市场和跨国公司自动产生,而需要协调一致的政策干预,包括金融监管政策。其次,需要提出新的标准,需要的资本不能是新自由主义标准下的投资,而是更加稳定、偿债周期更长的"耐心贷款"(林毅夫和王燕,2017),避免发展周期被偿债周期裹挟的困境发生。最后,增强债务国在贷款市场中的谈判能力也是推动债务治理范式转型的重要任务之一。在这个指导思想下,增强非洲国家的金融实践与监管能力,建设非洲多边组织,让债务国团结起来成立"借款国俱乐部",并以此为平台构成一个以债务国为核心的协调机制(African Development Bank,2023),都可能为当前债务协商对话机制注入一种不同的力量。

相比之下,中国向非洲的贷款有两个重要的、区别于新自由主义范式的原则，即在债务发放与治理上坚持的"不干涉"原则，以及以生产发展为中心的贷款项目选择偏向。一些学者将中国对非贷款的特点总结为注重非洲自主发展，各行业协同转型，助力非洲探索出符合自身情况的债务管理道路。在具体操作上，中国的对外贷款也并未坚持一个一刀切的固定标准，而采用更加灵活的、与债务国政府充分协商的指导方案推进。这也较符合一带一路沿线国家"多样性"的实际情况。此外，在评估债务国可能存在的债务风险时，中国与国际货币基金组织标准重要的差异之一在于中国的评估标准中并未将政府"公共开支"列为造成"隐性债务问题"的风险之一。这一系列重要的特点，也让不少研究者开始相信，中国的贷款方式呈现"后新自由主义"的特征（Gort & Brooks，2023）。

非洲从低收入国家迈向中等收入国家，不仅需要人均收入的增加，还需要经济结构转型。同时不可否认，经济结构转型依旧对融资具有强劲需求，确保融资为生产服务，真正进入非洲基础设施建设投资中。为提高非洲各国国家能力服务，并最终实现非洲各国的自主发展与非洲经济的健康结构转型，需要一种全新的、超越市场驱动逻辑的债务治理方案与衡量标准（Ndulu & O'Connell，2021）。在这个从非洲需求出发的框架基础上，我们才能进一步思考中国海外贷款的意义，并构想一个不同于新自由主义秩序方案的、真正的多样性世界发展格局。

参考文献

［加纳］克瓦米·恩克鲁玛：《恩克鲁玛自传》，世界知识出版社1960年版，第263页。

《全球发展伙伴关系处在面临抉择的重要关头——千年发展目标差距问题工作组2010年报告》，联合国，https://www.un.org/zh/mdg/gap2010/3_5.shtml，访问时间：2024年4月24日。

《2020年最不发达国家报告》，联合国贸易和发展会议，https://unctad.org/system/files/official-document/ldcr2020overview_ch.pdf，访问时间：2024年4月24日。

林毅夫、王燕:《新结构经济学:将"耐心资本"作为一种比较优势》,《开发性金融研究》2017年第1期,第3—15页。

[美]瑞·达利欧:《债务危机》,赵灿等译,中信出版社2019年版,第3—6页。

[美]苏珊·斯特兰奇:《国家与市场》,杨宇光译,上海人民出版社2006年版,第21页。

唐晓阳:《超越债务问题——非洲的开放性发展融资之路》,《文化纵横》2023年第5期,第33—42页。

王金强、黄梅波:《世界经济金融化与债务国主权债务责任的履行机制》,《外交评论(外交学院学报)》2022年第2期,第87—109页。

王雪莹:《主权债务偿债次序的政治经济学分析》,《太平洋学报》2023年第9期,第50—68页。

郑宇:《21世纪多边主义的危机与转型》,《世界经济与政治》2020年第8期,第126—160页。

周玉渊:《国际债务治理视野下的中国对非洲债务救助》,《国际经济合作》2023年第3期,第63—77页。

Abbott Philip, Andersen Barnebeck Thomas, & Tarp Finn. (2010). IMF and economic reform in developing countries. The Quarterly Review of Economics and Finance, 50(1), pp.17—26.

African Development Bank. (2023). African Development Bank champions home-grown solutions to Africa's debt challenges. https://www.afdb.org/en/news-and-events/press-releases/african-development-bank-champions-home-grown-solutions-africas-debt-challenges-67497.

Andreoni Antonio, & Tregenna Fiona. (2021). The middle-income trap and premature deindustrialization in South Africa. Structural transformation in South Africa: The challenges of inclusive industrial development in a middle-income country, pp.1—27.

Bieling Hans-Jürgen, Jäger Johannes, & Ryner Magnus. (2016). Regulation theory and the political economy of the European Union. JCMS: Journal of Common Market Studies, 54(1), pp.53—69.

Borensztein Eduardo, & Panizza Ugo. (2008). The Cost of Sovereign Default. IMF Working Paper(No.238), pp.2—19.

Brandt W. (1980). North-South: A Programme for Survival. Independent Commission on International Development Issues.

Brandt Willy. (1980). North South: a programme for survival. report of the independent commission on international development issues, pp.12—13.

Brautigam Deborah. (2009). The Dragon's Gift, the Real Story of China in Africa. Oxford: Oxford University Press.

Bulow Jeremy, & Rogoff Kenneth. (1989). Sovereign Debt: Is to Forgive to Forget. The American Economic Review, 79(1), pp.43—50.

Carr H. James, & Kolluri Lopa. (2001). Predatory lending: An overview. Fannie Mae Foundation, pp.1—17.

Cheelo Caesar, & Hinfelaar Marja. (2023). State Capacity-building in Zambia amidst Shifting Political Coalitions and Ideologies. Pockets of Effectiveness and the Politics of State-building and Development in Africa, p.122.

Cotterill Joseph. (2023). China is "barrier" to ending Zambian debt crisis, says Janet Yellen. Financial Times: https://www.ft.com/content/6c318284-cae0-4293-bbef-ac6805b19c06.

Debt Justice. (2022). African governments owe three times more debt to private lenders than China. Debt Justice: https://debtjustice.org.uk/press-release/african-governments-owe-three-times-more-debt-to-private-lenders-than-china.

FDL. (2024). The Collapse of external finance to developing to developed countries, https://findevlab.org/the-collapse-of-external-finance-to-developing-countries/.

Gaillard Norbert. (2014). When sovereigns go bankrupt: a study on sovereign risk. Cham: Springer.

Global Financial Integrity. (2019). Illicit financial flows to and from 148 developing countries: 2006—2015.

Gort Joris, & Brooks Andrew. (2023). Africa's Next Debt Crisis: A Relational Comparison of Chinese and Western Lending to Zambia. Antipode, 55(3), pp.830—852.

Grabowski Richard. (2015). Deindustrialization in Africa. International Journal of African Development, 3(1), p.5.

Hatchondo C. Juan, Martinez Leonardo & Sosa-Padilla César. (2020). Sovereign Debt Standstills. NBER Working Paper(No.28292).

IDS. (2023). International Debt Statistics(IDS) database. one data analysis: https://data.one.org/topics/african-debt/.

IMF. (2001). Macroeconomic Policy and Poverty Reduction. https://www.imf.org/external/pubs/ft/exrp/macropol/eng/.

IMF. (2018). The Debt Challenge to African Growth. https://www.imf.org/en/Blogs/Articles/2018/05/23/vc052318-the-debt-challenge-to-african-growth.

IMF. (2022). How Africa Can Navigate Growing Monetary Policy Challenges. https://www.imf.org/en/Blogs/Articles/2022/04/04/blog04042022-how-africa-can-navigate-growing-monetary-policy-challenges.

IMF. (2023). Navigating Fiscal Challenges in Sub-Saharan Africa Resilient Strategies and Credible Anchors in Turbulent Waters.

Irene Yuan Sun, Kartik Jayaram, & Omid Kassiri. (2017). Dance of the Lions and Dragons, How are Africa and China engaging, and How will the Partnership Evolve? https://www.mckinsey.com/~/media/mckinsey/featured%20insights/middle%.

Konadu-Agyemang Kwadwo. (2018). An Overview of Structural Adjustment Programs in Africa. IMF and World Bank Sponsored Structural Adjustment Programs in Africa, pp.1—15.

Krugman Paul. (1988). Financing vs. forgiving a debt overhang. Journal of development Economics, 29(3), pp.253—268.

Kruse H., Mensah E., & Sen K. (2023). A Manufacturing(Re)Naissance? Industrialization in the Developing World. IMF Econ Rev 71, pp.439—473.

León Carlos, & Berndsen.J Ron. (2014). Rethinking financial stability: challenges arising from financial networks' modular scale-free architecture.

Journal of Financial Stability，15，pp.241—256.

M. Himmer，& Z. Rod.（2022）. Chinese Debt Trap Diplomacy: Reality or Myth? Journal of the Indian Ocean Region，18(no.3)，pp.250—272.

Mihalyi David，& Trebesch Christoph.（2022）. Who Lends to Africa and How? Introducing the Africa Debt Database. Kiel Working Paper. Kiel Institute for the World Economy. https://www. ifw-kiel. de/publications/kiel-working-papers/2022/who-lends-to-afri.

National Bureau of Statistics of China.（2022）. Major sectors for China's outward FDI stock in Africa as of 2021（in billion U.S. dollars）. Statista. Statista Inc.: https://www.statista.com/statistics/730065/china-outward-fdi-stock-africa-by-sector/.

NBER.（2005）. Why doesn't capital flow from rich to poor countries? An empirical investigation. NBER Working Paper，No.11901.

Ndulu J. Benno，& O'Connell. A Stephen.（2021）. Africa's development debts. Journal of African Economies 30. Supplement，pp.133—173.

Nkrumah Kwame.（1965）. Neo-Colonialism，the Last Stage of Imperialism. New York: International Publishers.

Nyerere，J. K.（1985）. Africa and the debt crisis. African Affairs，84(337)，489—497.

One data analysis.（2023）. African Debt. https://data.one.org/topics/african-debt/.

Rankin，N.（2021）. Debt neutrality in disequilibrium. In Advances in Monetary Economics. Routledge. pp.17—40.

Söderbaum Fredrik.（2004）. Modes of regional governance in Africa: neoliberalism，sovereignty boosting，and shadow networks. Global Governance: A Review of Multilateralism and International Organizations，10(4)，pp.419—436.

Stockhammer Engelbert.（2023）. Macroeconomic ingredients for a growth model analysis for peripheral economies: a post-Keynesian-structuralist approach. New Political Economy，28(4)，pp.628—645.

SWI. (2021). Global capital flows: how poor countries finance the rich. https://www. swissinfo. ch/eng/politics/global-capital-flows-how-poor-countries-finance-the-rich/47007494.

The World Bank. (1984). World Development Report. New York: Oxford University Press.

The World Bank. (1989). Sub-Saharan Africa, from Crisis to Sustainable Growth, a Long-Term Perspective Study. p.60.

Tomz Michael. (2007). Reputation and International Cooperation: Sovereign Debt Across Three Centuries. Princeton University Press.

Toussaint Eric, & Millet Damien. (2010). Debt, the IMF, and the World Bank: Sixty questions, sixty answers. NYU Press.

UNCTAD. (2020). Topsy-turvy world: Net transfer of resources from poor to rich countries. https://unctad. org/system/files/official-document/presspb2020d2_en.pdf.

World Bank. (2023). Debt & Fiscal Risks Toolkit—Debt Sustainability Analysis(DSA). https://www.worldbank.org/en/programs/debt-toolkit/dsa.

临时性安全倡议的兴起与非洲安全治理体系转型

张　春　张紫彤[*]

[内容提要]　在非洲联盟进入其成立的第二个十年之后,临时性安全倡议逐渐兴起并成为非洲安全治理的重要角色。尽管主要集中于西部非洲地区,临时性安全倡议已成为非洲打击恐怖主义和极端主义的关键平台。临时性安全倡议的兴起,放大了非洲安全治理的既有缺陷,并推动非洲安全治理体系的转型。一方面,临时性安全倡议是相关国家应对跨境安全挑战的联合努力,往往得到非洲联盟认可,具备尊重国家自主性、合作灵活性和战略针对性等优势,为非洲安全治理体系转型提供了制度协同机遇;另一方面,临时性安全倡议的具体行动往往不受联合国和非洲联盟监督,并与既有治理机制形成资源竞争,对非洲安全治理体系的制度可信性和财政自主性构成挑战。非洲联盟合并政治事务部门与和平安全事务部门的改革举措,某种程度上是对临时性安全倡议兴起所带来的转型机遇与压力的制度性回应,将对非洲安全治理产生深远影响。

[关键词]　非洲安全治理,临时性安全倡议,制度协同,制度竞争,跨境安全治理

[Abstract] Ad-hoc security initiatives(ASIs) has been proliferating and playing a major role in African security governance since 2010s, becoming the key platform for combating terrorism and extremism in Africa in general and Western Africa in particular. The rise of ASIs brings significant momentum for transformation of African security governance system by highlighted its imperfections. On the one hand, ASIs bring institutional synergy opportunities for African security governance system in that ASIs are joint efforts of stakeholder countries to address cross-border security challenges, often approved by the AU, with advantages of respecting national ownership, improving cooperative flexibility and strategic targeting. On the other hand, ASIs pose institutional challenges to African security governance system in terms of institutional credibility and financial self-dependency, because ASIs, not supervised by UN and AU, always compete with existing institutions in terms of security mandates and financial resources. Combing political and peace and security affairs, AU's reform is an institutional response to the rising of ASIs and ensuing transformation pressures, which will profoundly impact the African security governance.

[Key Words] African Security Governance, Ad-hoc Security Initiatives, Institutional Synergy, Institutional Competition, Cross-Border Security Governance

---

＊　张春,云南大学非洲研究中心研究员;张紫彤,云南大学非洲研究中心博士研究生。

自 2001 年美国以"志愿者同盟"(coalition of the willing)作为打击恐怖主义的主要手段以来,临时性安全倡议(ad-hoc security initiatives,ASIs)——也常被称作临时联盟(ad-hoc coalitions)——逐渐发展为国际社会应对安全危机或暴力冲突的首选方式,因其可有效回避正式的军事同盟或国际制度的制度性束缚和操作性僵化(John Karlsrud & Yf Reykers,2019;Cedric de Coning,Linnea Gelot,& John Karlsrud,2016;Kathleen J. McInnis,2020)。随着非洲联盟(以下简称"非盟")于 2011 年 11 月授权建立消灭圣灵抵抗军的地区合作倡议(Regional Cooperation Initiative for the Elimination of the LRA,RCI-LRA),临时性安全倡议逐渐成为非洲特别是西部非洲地区应对恐怖主义和极端主义的核心平台,对非洲安全治理的转型产生了深远影响。一方面,临时性安全倡议主要是相关国家应对跨境地区恐怖主义和极端主义等安全挑战的联合努力,可能在成立前或成立后得到非盟甚至联合国安理会的授权或认可,具备尊重国家自主性、合作灵活性和目标针对性等优势,可为非洲安全治理转型提供制度协同的机遇;另一方面,由于并不从属于既有安全治理体系,临时性安全倡议的具体行动往往不受非盟及联合国安理会的监督,且可能与既有治理机制围绕财政资源展开激烈竞争,对非洲安全治理体系的制度可信度和财政自主性构成制度性挑战。非盟已充分认识到临时性安全倡议的兴起及其所带来的机遇与挑战①,自 2017 年启动的非盟机构改革将政治事务部门与和平安全事务部门予以合并,某种程度上是对临时性安全倡议兴起的制度性回应,但其具体成效仍有待观察。

---

① 非盟委员会曾于 2017 年 8 月围绕"临时性安全倡议对非洲和平安全架构的影响"主题组织了一次学术研讨会,这也是非盟首次官方将此类安排正式称作"临时性安全倡议"。参见 AU Commission(2017,August 13). AUC Holds Roundtable with Experts on the Implications of Ad-hoc Security Initiatives for the ASF and APSA, https://www.peaceau.org/en/article/auc-holds-roundtable-with-experts-on-the-implications-of-ad-hoc-security-initiatives-for-the-asf-and-apsa。

一、非洲临时性安全倡议的兴起

临时性安全倡议的兴起得益于冷战结束后的两大发展：一是大量安全挑战特别是暴力冲突的集中爆发凸显了快速军事响应的必要，二是传统军事同盟日渐不合时宜导致志愿者同盟迅速扩散。有学者依据快速响应、军事响应、部署时间等标准，将临时性安全倡议分为五类，即松散的成本分摊响应型（loose burden-sharing responses）、成熟的联盟响应型（fully-fledged coalition responses）、成熟的制度响应型（fully-fledged institutional responses）、首次组合的联盟响应型（first-entry coalition responses）及制度性快速响应型（institutional rapid responses）（John Karlsrud，2020）。依据这一标准，临时性安全倡议已成为21世纪针对冲突事件的惯常性而非例外性军事反应（Patrick A. Mello，2020）。但上述分类标准过于宽泛，如将类似非盟索马里特派团（AMISON）的制度性响应纳入其中便可能导致争议。笔者认为，临时性安全倡议至少具备五个基本特征：一是安全挑战的紧迫性和暴力性，二是治理响应的快速性和军事性，三是地理空间局限性及由此而来的合作伙伴的关联性与自愿性（Malte Brosig，2022），四是合作时间的临时性与不确定性（Konstantin V. Bogdanov，2019），五是由事急从权而来的军事行动授权的可追溯性（Cedric de Coning，Andrew E. Yaw Tchie，& Anab Ovidie Grand，2022）。因此，临时性安全倡议的更准确定义应当是缘于对特定地理空间内高度紧迫的特定安全挑战作出快速军事响应的需要，利益攸关的相关各国发起的时间框架不确定的合作努力，其合法性可通过事前授权或事后认可而获得。进入21世纪第二个十年后，为应对日益严峻的安全挑战，临时性安全倡议在非洲迅速兴起，其发起者包括域外和本土的组织和国家。从非洲安全治理转型的角度看，需要考察非洲自身发起的有相对较长实践的临时性安全倡议的影响，因此本文主要考察在非盟机构改革大致完成前的三项非洲发起的临时性安全倡议,即消灭圣灵抵抗军的地区合作倡议(RCI-LRA)、打击博科圣地的多国联合特遣部队(Multinational Joint Task Force,MNJTF)、萨赫勒五国集团联合部队(Joint Force of the Group of Five for the Sahel,FC-G5S)。①

(一) 消灭圣灵抵抗军的地区合作倡议(2011—2019 年)

2011 年 11 月 22 日,非盟和平与安全理事会(AU Peace and Security Council,PSC,以下简称"非盟和安会")通过决议,授权启动 RCI-LRA,标志着非洲第一个临时性安全倡议的诞生。该倡议创下非洲安全治理历史上的多个纪录:它是第一个由非盟授权但却不完全受其控制的临时性机制;它也是大湖地区的首支地区安全部队;它首次授权提升其成员国打击圣灵抵抗军(Lord's Resistance Army,LRA)的效率,为地区稳定创造有利条件并促进人道主义援助的分发(AU,2011:4)。由于美国于 2017 年 4 月取消对 RCI-LRA 倡议的绝大多数援助,此后乌干达退出、联刚稳定团(MONUSCO)关闭联合情报中心(Joint Intelligence Operation Center),导致该行动在非盟于 2018 年再度延长授权后于 2019 年无果而终。

第一,圣灵抵抗军所带来的暴力挑战的紧迫性及由此而来的快速军事响应的必要性是 RCI-LRA 得以启动的根本动力。圣灵抵抗军可能是非洲大陆上存在最久的叛军之一,根本上源于有着长期殖民历史根源的乌干达中央政府与北部阿乔利族(Acholi)的关系。居住在乌干达北部的阿乔利族自英国殖民统治时期便被边缘化,导致乌干达独立后的国家建构与民族建构相互冲突,加上阿乔利族部分地区历史性的军事化倾向,为圣灵抵抗军的发展奠定了基础(Tim Allen & Koen Vlassenroot,2010;Charles Amone & Okullu Muura,2014;Frank Van

① 这意味着,本文不仅排除了域外行为体启动的倡议(如欧盟)在非洲的塔库巴特别行动队(Takuba Task Force)、法国的薮猫行动(Opération Serval)和新月形沙丘行动(Opération Barkhane),还排除了新近启动的效果尚有待观察的非洲自身倡议,即南部非洲发展共同体(Southern African Development Community,SADC)于 2021 年 7 月部署的莫桑比克特派团(SADC Mission in Mozambique,SAMIM)和东非共同体(East African Community)于 2022 年 8 月批准部署的打击刚果(金)境内 M23 运动的军事行动。

Acker，2004；王涛和王猛，2015）。圣灵抵抗军自 1986 年起变得活跃，在此后的 30 余年中，逐渐发展成为中部非洲地区最为野蛮的武装力量。据不完全统计，在 1987—2017 年间，圣灵抵抗军共计绑架超过 6.7 万年轻人，其中超过 3 万名儿童被当作童子军、性奴和苦力（The Enough Project，2017）；圣灵抵抗军的暴力活动导致超过 10 万人死亡，超过 200 万人流离失所（Peter Fabricius，2016）。尽管上述数据均难以验证，但聚焦圣灵抵抗军活动的"危机追踪者"（LRA Crisis Tracker）的数据显示，在 2007—2022 年间，圣灵抵抗军共导致 3009 人死亡，8401 人被绑架（LRA Crisis Tracker，2023）。随着圣灵抵抗军变得日益残暴，国际社会对采取军事行动加以打击的呼声不断上升。

第二，圣灵抵抗军的地理空间属性即跨境性，使利益攸关的相关各国合作意愿明显上升。尽管源于乌干达北部，但圣灵抵抗军的威胁却波及苏丹南部地区（包括 2011 年独立后的南苏丹西部地区）、刚果（金）东部地区、中非东部地区。从空间属性上来说，圣灵抵抗军所带来的地区性威胁并非覆盖多国国土意义上的地区化，而是覆盖多国边境地区的跨境化。这一特征有着特殊根源：首先，该地区复杂的地形地貌，特别是浓密的热带雨林，有利于圣灵抵抗军在上述多国边境地区流窜；其次，地区各国的边境治理能力低下也有助于圣灵抵抗军活动；最后，该跨境地区既有的非法跨境贸易特别是象牙贸易，为圣灵抵抗军提供了重要的经济来源（Zachary Lomo & Lucy Hovil，2004）。上述有利条件被圣灵抵抗军领导人约瑟夫·科尼（Joseph Kony）运用到极致，并在南苏丹、苏丹和中非交界的卡菲拉—金吉（Kafia Kingi）地区建立了一个"安全避难所"；由于经济落后，交通基础设施匮乏，该地区某种程度上成为一个"三不管"地区（LRA Crisis Tracker，2016）。对圣灵抵抗军而言，这意味着从事象牙、钻石、黄金等非法贸易的便利性，以及免遭各国政府军打击的安全性。这一跨境性使得动员地区内所有国家参与打击变得不太可能，由此而来，快速军事反应的压力刺激了相关国家的紧密且志愿性合作。

第三,尽管相关国家的自愿合作意愿明显,但仍是非盟的事前授权使 RCI-LRA 的实施成为可能。作为非洲第一项临时性安全倡议,RCI-LRA 的合法性只能通过事前授权获得。事实上,非盟在 2009 年便呼吁相关国家开展合作以消灭圣灵抵抗军(AU,2009)。2010 年 10 月,非洲组织了第一次聚焦圣灵抵抗军的区域性部长级会议,邀请受影响的国家即乌干达、中非、刚果(金)及当时尚未独立的南部苏丹政府参会,呼吁采取行动以解决危机并任命一名特使(AU,2011:2)。2011 年 7 月,泛非议会授权组建地区特别部队;同月,联合国安理会对此授权加以批准,RCI-LRA 得以正式启动。

尽管面临情报不足、训练不充分、部队素质低、财政支持不够以及语言障碍等挑战,RCI-LRA 仍取得了重要成就,特别是显著地降低了圣灵抵抗军的暴力活动,并使其成员叛逃数量大增(Andrea Prah,2019)。到 2017 年前后,圣灵抵抗军的威胁性大大降低并被认为"难以重返战场"(U.S. Department of Defense,2017),导致 RCI-LRA 本身在缺乏正式退出机制的情况下事实上结束了。

（二）打击博科圣地的多国联合特遣部队(2015—2024 年)

非洲第二个临时性安全倡议是于 2015 年正式启动的 MNJTF。需要指出的是,MNJTF 事实上成立于 1994 年,是由尼日利亚、尼日尔、喀麦隆和乍得四国于 1964 年成立的乍得湖盆地委员会(Lake Chad Basin Commission,LCBC)的安全力量,旨在共同应对跨境安全挑战 (Matthew Brubacher,Erin K. Damman,& Christopher Day,2017;Cedric de Coning,Linnea Gelot,& John Karlsrud,2016)。根据 MNJTF 的官方自述,一开始只有尼日利亚部队,在乍得和尼日尔于 1998 年加入后正式成为多国部队;在 2009 年博科圣地(Boko Haram)变得活跃前,MNJTF 显著地改善了地区安全局势(MNJTF,2023)。尽管如此,MNJTF 被认为自成立后便一直处于休眠状态,直到因博科圣地威胁持续上升而逐渐复苏并于 2014 年 10 月由各国正式讨论其重启事宜 (William Assanovo,Jeannine E. Abatan,& Wendyam A. Sawadogo,2016)。2015 年 1 月,非盟和安会同意 MNJTF 打击博科圣地;该部队由乍得湖盆地委员会的 4 个成员国①即喀麦隆、乍得、尼日尔、尼日利亚和 1 个非成员国贝宁共同派兵组成。尽管自 2015 年 7 月正式开始行动后，MNJTF 的确显著地缓解了博科圣地所带来的威胁，但由于多方面原因，MNJTF 的授权仍在延续。

第一，博科圣地威胁的紧迫性和暴力性及对快速军事响应的要求，是 MNJTF 得以重启的基本动力。博科圣地的正式成立大致可追溯至 21 世纪初。到 MNJTF 重启前，博科圣地的发展大致经历了三个阶段（Omar Mahmoud，2018；Inioluwa Adeoluwa Nehmah Dele-Adedeji，2017）：在 2009 年之前的相对温和时期是第一阶段，尽管信仰略显极端却少有从事极端暴力；第二阶段是从 2009 年至 2013 年，随着其创始领导人穆罕默德·优素福（Mohammed Yusuf）于 2009 年死亡，该组织逐渐演变为一个从事恐怖主义的叛乱组织，直到 2013 年基本在尼日利亚境内活动；第三阶段是自 2014 年起，博科圣地迅速发展成为一个地区性威胁，其暴恐活动波及尼日利亚、喀麦隆、尼日尔和乍得等国（见表 1）。博科圣地发展的基本趋势之一是日渐残暴，在第二阶段初期，尽管可能摧毁世俗学校，但往往不会伤害学生；此后逐渐开始杀害教师、绑架学生，并在 2014 年绑架了近 250 名女学生；在 2009—2015 年间，共计杀害 611 名教师，摧毁 512 所小学、38 所中学和 2 所大学（Marc-Antoine Pérouse de Montclos，2018：865）。正是由于其暴力水平持续提升，快速军事响应变得日渐紧迫。

第二，博科圣地威胁的跨境化发展及相关国家的自愿合作意愿推动了 MNJTF 的重启。如表 1 所示，博科圣地自 2014 年起迅速上升为一个地区性威胁，尽管一开始主要集中于尼日利亚与喀麦隆的跨境地区，但迅速扩散至覆盖尼日利亚、喀麦隆、尼日尔和乍得四国跨境地区，部分博科圣地成员甚至流窜至马里活动。博科圣地在上述跨境地区的活动涉及暴恐、招募等活动，逐渐从一国性组织向多国性组织发展。博

---

① 在 4 个创始国的基础上，乍得湖盆地委员会于 1996 年接纳中非，2008 年接纳利比亚。因此，到 MNJTF 重启时，该组织事实上拥有 6 个成员国。

表1　2009—2021年博科圣地暴恐袭击数量与国别分布

单位:次

年份	总数	尼日利亚	喀麦隆	尼日尔	乍得
2009	4	4	0	0	0
2010	35	35	0	0	0
2011	117	117	0	0	0
2012	289	287	1	0	0
2013	126	123	2	1	0
2014	306	235	69	1	1
2015	369	212	91	44	21
2016	302	60	196	42	4
2017	360	132	213	11	4
2018	147	50	84	11	2
2019	116	112	0	3	1
2020	121	88	1	25	7
2021	54	16	9	28	1

资料来源:笔者根据武装冲突地点与事件数据项目数据制作

科圣地基本活动仍是跨境性的,这也决定了 MNJTF 的重启仍仅涉及部分乍得湖盆地成员国及贝宁。

第三,非盟在 MNJTF 重启之前通过决议"认可"(authorize)而非"授权"(mandate)采取军事行动(AU,2015),因此只是对相关国家合作意愿的再次确认。正是博科圣地在多国跨境地区的活动引发区域性反应,MNJTF 才得以于 2012 年左右逐渐复苏;2012 年 4 月,乍得湖盆地委员会授权将 MNJTF 的活动范围拓展至反恐,涵盖边界巡逻,阻止博科圣地人员、武器及资金的跨境流动,搜索和释放被绑架者,破坏地区内恐怖主义基础设施,等等(Babatunde F. Obamamoye,2017)。因此,在 2015 年 1 月非盟和安会正式认可前,相关国家已围绕共同打击博科圣地达成共识并实际复活了 MNJTF。

自重启以来,MNJTF 的确为打击博科圣地作出了重要贡献,其突出体现是后者在 2018 年后的暴恐活动呈明显下降态势。尽管如此,

MNJTF 因未触及极端主义和恐怖主义的深层根源，特别是经济落后、治理不善、边界漏洞、环境变化等诸多因素的复合性影响，从而使该行动仍在持续但却成败参半。

（三）萨赫勒五国集团联合部队（2017—2023 年）

FC-G5S 是成立于 2014 年的萨赫勒五国集团（G5 Sahel）的武装力量，是非洲第三个临时性安全倡议。萨赫勒五国集团由布基纳法索、乍得、马里、毛里塔尼亚和尼日尔等五国组成，得到法国和欧盟的重大支持，旨在通过协调萨赫勒地区的防务、安全、治理、基础设施政策和复原力战略，促进地区发展与和平。鉴于地区内严峻的安全挑战，萨赫勒五国集团于 2015 年 11 月的首次峰会上曾建议成立一支联合部队，但因资金有限和合作不深而被搁置。随着地区安全形势持续恶化，五国元首在 2017 年 2 月的第二次峰会上宣布成立 FC-G5S，并于同年 7 月正式组建，很快得到非盟及联合国安理会认可。

第一，相关国家跨境地区复合性的安全挑战是 FC-G5S 成立的直接根源（Richard Downie，2015）。其一，萨赫勒地区传统的农牧民冲突，主要集中在尼日利亚、马里中部和布基纳法索北部地区，往往因气候变化、人口迁移等而加剧（Tor A. Benjaminsen et al.，2019；Katie Smith et al.，2019）。例如，在马里中部，恐怖主义组织主要利用富拉尼牧民与多贡农民之间的紧张和不满情绪，推动二者冲突升级，造成大量人员伤亡（Pauline Le Roux，2019；Vanguardngr，2019）。其二，非法贸易特别是轻小武器走私、跨国犯罪等相互交织进一步助长了地区不安全因素。萨赫勒地区长期是香烟、汽油和毒品等的走私通道和非法贸易场所，由此而来的跨国犯罪集团不仅与当地政府和社区相互勾结，更为恐怖主义网络提供各种支持，特别是武器装备和资金支持（Morten Bøås，2017）。有研究显示，截至 2018 年 6 月，尼日尔估计有 11.7 万支民用枪支，其中只有 2000 支是合法的。而马里和布基纳法索的平民则拥有多达 20.6 万和 17.5 万支枪支（Aaron Karp，2018）。到 2020 年，萨赫勒地区流通的轻小武器约有 1200 万件，其中绝大部分是非法持有的（Malizine，2020）。

第二,萨赫勒地区安全挑战的跨境性质限制了正式性和制度性响应的空间。萨赫勒五国领土以沙漠为主,不仅导致其人口分布的地理性不均,更导致边境地区难以管理,为各种不安全因素留下发展空间。在萨赫勒地区,跨境安全挑战最为集中地体现在马里、布基纳法索、尼日尔三国交界的利普塔科—古尔马(Liptako-Gourma)地区,此地也被称作"三国边界区"(tri-border area)。该跨境地区不仅民族结构复杂,包括图阿雷格和富拉尼等游牧民族,从事农业生产的多贡人与从事工匠和渔业的其他民族,还充斥着各种安全威胁,包括非法贸易、毒品走私、人口贩卖及恐怖主义等,导致该地区日益成为萨赫勒安全挑战的焦点(Badreddine El Harti,2021)。极端主义与恐怖主义组织往往利用其军事力量接管金矿、掌控非法贸易、走私轻小武器等,成为地区秩序的事实主导者(William Assanvo et al.,2019)。这为地区安全带来严峻挑战,导致普通人民生活严重受损。例如,截至2020年,因该地区不安全导致的国内流离失所者(Internally Displaced Persions,IDPs)达到100万,到周边邻国寻求避难的难民超过9万(Rida Lyammouri,2020)。

第三,与前两个临时性安全倡议不同的是,FC-G5S是通过非盟和联合国安理会的事后认可而非事前授权/认可而获得合法性的。在萨赫勒五国集团宣布正式成立FC-G5S后,非盟和安会于两个月后(即2017年4月)正式授权该部队开展跨境联合军事行动,授权期限12个月(AU,2017)。随后,联合国安理会于2017年6月通过第2359号决议认可该部队的成立(United Nations,2017)。同年10月,联合国还提出了四种可能的支助方案,涉及各级后勤和医疗支助、信息共享和应用各种合规框架——最重要的是人权尽职调查政策(联合国,2017)。这意味着作为临时性安全倡议的FC-G5S不仅获得了非洲大陆层次的合法性,更获得了全球层次的合法性,虽然是通过事后认可的方式获得的。

尽管安全挑战高度复杂,FC-G5S更多针对更为紧迫的人身安全和政治秩序,难以真正聚焦不安全的结构性根源。因此尽管取得了一定成效,但极端主义和恐怖主义在萨赫勒地区的持续蔓延甚至外溢,以及马里、尼日尔政局变化及由此而来的与法国关系逆转,导致 FC-G5S 于 2023 年事实上解散了。

二、临时性安全倡议增生的制度协同机遇

自 2011 年授权以来,临时性安全倡议在非洲安全治理中的作用持续增长,其最新例证是南部非洲发展共同体于 2021 年 7 月部署的莫桑比克特派团(SAMIM)和东非共同体于 2022 年 8 月批准打击 M23 运动的军事部署。临时性安全倡议的增生,导致对正式的非洲安全治理体系即非洲和平安全架构(African Peace and Security Architecture,APSA)的效能质疑。依据于 2002 年 7 月通过并于 2003 年 12 月生效的《和平与安全理事会议定书》(*Peace and Security Council Protocol*),非洲和平安全架构或非洲安全治理体系主要有五个机构,即和安会、贤人小组(Panel of the Wise,PoW)、大陆早期预警体系(Continental Early Warning System,CEWS)、非洲常备军(African Standby Force,ASF)及非盟和平基金(Peace Fund,PF)(周玉渊,2020;Mulugeta G. Berhe,2017)。尽管非洲整体安全挑战在过去 20 年间并未明显缓解,但非洲和平安全架构在非洲安全治理中的角色发生了明显变化,正从第一个十年积极发起和平支持行动,转向第二个十年更多强调规范制定而将和平支持功能让渡给地区机制乃至临时性安全倡议(Ndubuisi Christian Ani,2021)。这在某种程度上与非洲和平安全架构本身对成员国自主性重视不够、和平支持行动灵活性不足及军事行动针对性不强等密切相关,临时性安全倡议显然是对上述缺陷的有效补充。因此,临时性安全倡议的兴起为非洲安全治理体系的转型提供了重要的制度协同机遇,主要体现在如下三个方面。

(一)成员国自主性

"冷战"结束后,尽管在性质、规模、热度等方面有明显变化,但非洲

安全挑战的地理空间广泛性和安全挑战全面性并未明显改变，这很大程度上凸显了非洲安全治理体系中垂直分工所面临的严峻挑战，特别是对成员国自主性的重视不够。

为提高国家、地区、大陆及全球等各层次相互协作的效率，非盟效仿欧盟强调结合辅助性原则和比较优势原则，以处理与联合国、与地区经济共同体/地区机制（Regional Economic Communities/Regional Mechanisms，RECs/RMs）及至成员国的相互关系。但需要强调的是，尽管自上而下与自下而上的方法均可采用，联合国或欧盟的辅助性原则仍有着较强的等级制特征，但在非洲的情况却并非如此。由于绝大多数地区经济共同体的安全功能事实上在非洲和平安全架构确立之前就已存在，因此非盟与 RECs/RMs 之间并不存在安全治理决策上的等级关系：非洲地区组织于 20 世纪 90 年代介入军事干预，而非盟 2002 年正式成立标志着非洲安全的地区化发展。为协调二者关系，非盟与 RECs/RMs 于 2008 年签署了和安领域合作的备忘录（AU，2008）。这一历史发展暗示着，非盟在非洲安全治理中仅拥有协调功能，与经济一体化不同，不可能向 RECs/RMs 强加任何决策。其重要后果之一是在非洲安全治理中，非盟与 RECs/RMS 围绕决策机制、劳动分工和成本分摊的具体落实均严重缺乏共识（AU，2012）。具体到辅助性原则，非盟的立场自相矛盾，由于该原则强调将治理置于可能的最低层次，即最接近受规则和决策影响的个体和团体，但这一层次到底是在地方、地区、国家或超国家层次，则是一个由实践而非权势所决定的经验性问题（Anne-Marie Slaughter，2009）。因此，非盟在与联合国的伙伴关系中强调自身更接近非洲，但在与 RECs/RMs 的伙伴关系中却往往强调自身应居于主导地位；最具挑战的是，非盟极少思考如何将辅助性原则应用于成员国层次（Laurie Nathan，2016）。因此，临时性安全倡议对成员国自主性的重视，显著地补充了非洲安全治理体系的短板，为非洲安全治理体系转型提供了重要的制度协同机遇。

第一，临时性安全倡议强调利益攸关国家的核心角色，重新找回了成员国自主性。非洲和平安全架构设定了非洲安全治理的六种场景及相应的反应模型,但成员国却在整体上消失了。非盟应在第 1 个与第 2 个场景中加以部署,联合国主要参与第 3 个和第 4 个场景部署,非洲常备军主要部署于第 5 个场景,仅第 6 个场景需要具备有能力的主导国家,即成员国角色得以强调的唯一场景。第 1 个至第 5 个场景均属于和平支持行动(peace support operations),而第 6 个场景则主要用于战争罪、种族清洗和反人类罪等场合(见表 2)。非盟的和平支持行动与联合国的维持和平行动也存在区别,前者主要是帮助稳定脆弱环境,可能涉及支持面临挑战的政府,在冲突与稳定之间没有明显区分(AU, 2012)。而联合国维和行动则基于各方共识、公正性和不使用武力原则。这意味着,非盟的所有场景想定中,成员国的角色近乎消失。也正是在这一意义上,非洲临时性安全倡议的具体实践强调相关国家必须发挥关键性作用,对成员国角色的重新发现,意味着临时性安全倡议对非洲安全治理转型的重要促进作用。

表 2　非洲安全治理的场景想定

场景	机　构	类　型	部署要求
1	非盟/地区军事顾问	政治任务	30 天
2	非盟/地区机制与联合国授权共同部署	观察员任务	30 天
3	非盟/地区机制独立部署	观察员任务	30 天
4	非盟维和部队	预防性部署及建设和平	30 天
5	非盟维和部队	复杂的多维度维和行动	90 天,其中军事力量可以 30 天内部署
6	非盟干预	应对如国际社会未及时采取行动的种族清洗	14 天,强大的军事力量

资料来源:AU(2003). Policy Framework for the Establishment of the African Standby Force and the Military Staff Committee—Part I, Adopted by the Third Meeting of African Chiefs of Defense Staff, Exp/ASF-MSC/2(1), Addis Ababa:African Union 3。

　　第二,临时性安全倡议无须确保非盟事前授权,赋予成员国以更大的决策自主性。辅助性原则首先强调决策机制及由此而来的制度合法性。例如,《联合国宪章》在第52条第2款和第3款鼓励成员国在将地方性争端提交联合国安理会之前依据地区性方法或由地区性制度力求和平解决,同时在第53条第1款强调,如需采取军事行动则需经安理会授权,如无安理会之授权则不得依地区性办法或由地区性制度采取任何行动。这意味着,在非洲安全治理过程中,RECs/RMs 需要向非盟和安会汇报以获授权,而非盟则需向联合国汇报以获授权。尽管如此,自1989年以来,非洲在获得非盟或安理会授权前启动了多项制度性干预,事后有三分之二左右得到了联合国安理会认可。因此,联合国不得不于2004年通过决议,在强调自身对全球和平安全事务负首要责任的同时,也允许在紧急情况下可先行动后授权/认可(United Nations,2004)。尽管如此,无论是在联合国与非盟,还是非盟与 RECs/RMs 之间,仍面临选择更为恰当的决策机制问题。

从 RCI-LRA、MNJTF 及 FC-G5S 的具体实践看,临时性安全倡议很大程度上超越了自辅助性原则而来的事前授权必要性。尽管 RCI-LRA 和 MNJTF 均属于事前授权/认可,但前者更多是非盟为了协调相关国家行动而产生,而后者更多是再次确认而非事前授权。由于非盟授权或认可本身对临时性安全倡议而言并非不可或缺,而更多是合法性补充,因此成员国的决策自主性得以凸显,特别是当考虑到相关倡议的联合部队的指挥结构时就更是如此。这也意味着,临时性安全倡议的创立基本上是通过利益攸关国家的政治合作而实现的。

第三,临时性安全倡议尊重成员国自主权的最明显体现是不要求成员国让渡军队指挥权,事实上使成员国决策自主性得以最大化。例如,RCI-LRA 由四个部分组成,即地区特遣队(Regional Task Force,RTF)、非盟特使、地区特遣队司令部及联合协调机制(Joint Coordination Mechanism,JCM)。尽管非盟有着重要存在,但地区特遣队才是 RCI-LRA 的关键要素,因其是一支由5000名来自相关国家的士兵所组成的军队——中非350名、乌干达2000名、南苏丹500名、刚果(金)500名,每个国家所派遣的军队均由自身的军官所领导(AU,2013)。与之类似,在 MNJTF 案例中,非盟允许相关国家组建一支7500人的军队,由相关国家自行授权指挥（AU，2015）。而在 FC-G5S 案例中，最初的军事行动授权集中于三个跨境地区，即毛里塔尼亚—马里边境区（西区）、马里—尼日尔—布基纳法索三国边界区（中区）、尼日尔—乍得边境地区（东区）。由此而来的军事行动必须是跨国协调性的，因此 FC-G5S 设置了一名负责协调的指挥官。尽管如此，各国派出的军队仍主要对本国国防部负责，因此最终的协调并不是由指挥官而是由各国国防部长实现的。临时性安全倡议中的军队指挥权仍隶属派兵国，且各国军队主要在本国领土开展军事行动，意味着成员国自主权得到了最大限度的尊重。

（二）行动灵活性

临时性安全倡议很大程度上属于非正式国际制度，拥有正式国际制度所不具备的行动灵活性（Gary Wilson，2003）。例如，无论是 1990 年海湾战争还是 1994 年美国对海地的军事行动，均是基于志愿者同盟的临时性安全倡议；志同道合的国家联合行动，既保证了军事行动的快速性，又提供了某种合法性，当然事后由联合国安理会或其他权威机构予以认可也同样重要（Sten Rynning，2013）。在非洲，临时性安全倡议的行动以《联合国宪章》第 51 条的集体自卫或应邀干预原则为基础，在征得东道国同意后采取军事行动，因此也符合非洲共同防御与安全政策（Common African Defense and Security Policy）。对非洲安全治理体系而言，临时性安全倡议带来了重大的行动灵活性，可有效改善非洲安全治理绩效，也为非洲安全治理体系转型提供了制度协同机遇。

第一，成员国自主性使相关国家可主动灵活地应对迫在眉睫的安全挑战，并使快速响应成为可能。首先，对国家主权的尊重使成员国无须担心合作对自身主权的侵犯。由于假设陷入安全危机或暴力冲突中的成员国极可能无法有效管理自身事务，非洲和平安全架构将成员国置于"被治理"地位，因此其所设想的 6 种场景均强调非洲甚至更大的国际社会的介入或"提供帮助"。对成员国主权及其行动灵活性而言，这一假设存在两大问题：一是对成员国自主能力的公然怀疑，二是对成员国主权的潜在侵犯。相比之下,临时性安全倡议将维护主权的任务留给成员国,即使涉及下述的跨境行动也会通过协商在征得同意的前提下开展,这使各成员国有意愿及时并灵活地开展各种合作。其次,由于临时性安全倡议允许各成员国近乎自主地控制自身军队,因此可更有效地在联合行动中追求自身国家利益;换句话说,临时性安全倡议为各国提供了"在追求国家利益的同时开展合作的框架"(Matthew Brubacher et al., 2017)。最后,由于是在本国领土上行动,临时安全倡议所涉及的国际法问题相对较少。除了有限的跨境追踪和联合指挥与协调等,临时性安全倡议不涉及诸如交战规则、部队地位等敏感问题,因此可更为灵活地采取各类行动。

第二,作为非正式国际制度,临时性安全倡议可突破制度性框架束缚而拥有重大的行动灵活性。任何联合军事行动,都必然首先面临决策程序问题。在正式的制度框架内,决策必须依据特定的程序展开,集体行动困境、官僚政治等往往是快速决策的障碍。在临时性安全倡议背景下,由于各国使用本国部队在本国领土上开展作战行动,因此无需讨论诸如联合国维和行动或组建和平支持行动部队所涉及的大量问题。尽管也存在超国家决策问题,但由于主要涉及联合司令部在跨境区域的协调,因此与联合国维持和平行动相比,临时性安全倡议的外交、财政及管理成本明显更低,进而也具有更大的灵活性。

第三,临时性安全倡议无需事前授权,不仅可提升自身的行动灵活性,也可为非盟及其他国际组织的介入提供更大的回旋空间,提升后者的行动灵活性。在本文所讨论的三个案例中,事实上仅 RCI-LRA 得到非盟的事前授权,而 MNJTF 和 FC-G5S 事实上均属于事后认可。更为重要的是,在联合国层面,RCI-LRA 和 MNJTF 均得到联合国主席声明的赞同(endorsement),仅 FC-G5S 是得到联合国安理会决议的一致批准(unanimous approval)。这很大程度上意味着,临时性安全倡议不会对非盟或联合国安理会产生任何具备约束力的法理授权、财政承诺及监督保障等要求,使其行动空间不因事前授权或事后认可而受到限制,从而赋予后者更大的回旋余地。

（三）战术针对性

进入 21 世纪第二个十年以来，非洲安全威胁的地理空间属性发生了重大变化，即从此前的国家间或国内冲突，转变为跨越静态地区和国家边界的跨境安全威胁（张春，2022），导致了新型"安全地区"（security region）（Andreas Østhagen，2021）的形成。打击跨境安全威胁面临的根本性困难在于，跨境地区往往不被既定的正式性国际制度所覆盖，因其只涉及相关国家的部分领土，更多属于两国或多国的边境事务。因此，对非洲安全治理体系的转型而言，临时性安全倡议所带来的制度协同机遇还在于其可有效提升应对跨境安全的战术针对性。

第一，非洲临时性安全倡议提供了应对安全挑战空间局限性的有效手段。尽管利益攸关国家的边境联合巡逻对于及时识别和发现安全挑战高度重要，但更重要的是，非洲临时性安全倡议往往有专门条款允许跨境追击。例如，在设置联合协调机制以确保军事打击有效性的同时，MNJTF 允许成员国军队在特殊情况下跨境追击，但不得深入邻国领土超过 20 公里（Olawale Ismail & Alagaw Ababu Kifle，2018）。与之类似，尽管要求各国特种部队仅在本国内采取行动，在特殊情况下FC-G5S 也可跨境追击；萨赫勒五国参谋长一开始同意紧追权限定在50 公里，后来同意扩大范围，最远可越境 100 公里（联合国安理会，2020）。需要强调的是，非洲临时性安全倡议事实上创造了迄今为止最为灵活和最具针对性的军事行动，因为无论是非盟的和平支持行动还是联合国维和行动，均不具备跨境追击的权限。

第二，临时性安全倡议也为非洲提供了超越既有地区划定的针对性方案。尽管得到非盟承认的地区经济共同体有 8 个，但因其成员国存在某种重叠，因此非洲和平安全架构事实上仅以其中的 5 个为基础。尽管这一安排避免了成员覆盖的重叠，进而减少了军事行动时潜在的管辖不明问题，但同时也带来另一个问题，即在非洲和平安全架构的6 个场景想定中，并不存在同一安全挑战的地理空间覆盖两个甚至多个地区的情况。事实上，MNJTF 和 FC-G5S 所面临的不仅是跨境性安全挑战，更是跨非盟静态地区划分的安全挑战：在两个案例中，受影响的相关国家都分布在西部非洲和中部非洲,导致任何单一的地区经济共同体都无法独立应对。临时性安全倡议事实上解决了非洲和平安全架构对地区的静态界定所产生的困难,可实现对出现在不同地区交叉地带的新型威胁的快速和灵活反应,在缓解制度赤字的同时不会诱发新的制度性拥堵。

第三,临时性安全倡议也弥补了非洲常备军的不足,使打击更具战术针对性。无论是本文所讨论的三个案例,还是 SAMIM 及东非共同体在刚果(金)的应急部署,都不符合非洲和平安全架构一开始的设想,特别是不符合非洲常备军的部署预期。事实上,由于非洲常备军长期未能拥有部署能力,南非等国曾于 2013 年建议建立非洲快速应急反应部队(African Capacity for Immediate Response to Crisis,ACIRC)以便在非洲常备军正式部署前发挥过渡性作用。ACIRC 建议得到非盟和安会批准但同样从未部署,最终于 2019 年被合并到非洲常备军之中。尽管如此,非洲常备军机制仍发挥了一定的作用,与临时性安全倡议相互促进,非洲和平安全架构的静态地区划分,使非盟对临时性安全倡议的认可事实上是以非洲常备军的规划协调能力为基础,在部分案例中甚至由地区常备旅负责提供支持。例如,在 MNJTF 案例中,非盟和安会要求地区常备旅为其提供指挥和技术性支持,但未部署非洲常备军(Cedric de Coning,2016)。又如,SAMIM 和东非共同体对刚果(金)的应急部署事实上都得到了地区常备旅的支持。这样,临时性安全倡议既解决了非洲常备军的跨地区协作问题,又解决了非洲常备军打击非常规威胁的困难。

三、临时性安全倡议增生的制度竞争压力

一方面,临时性安全倡议因其可超越地区和国界,从而有效填补了非洲安全治理体系的空间缝隙,为非洲安全治理体系转型提供了制度协同机遇;另一方面,临时性安全倡议整体上在非洲既有安全治理体系

之外运作,加上全新且动态性的安全地区持续浮现,意味着非洲既有的正式安全治理架构可能面临日益增强的制度竞争压力:临时性安全倡议既可能通过"制度剥削"(institutional exploration)机制冲击既有的非洲安全治理体系,又可能进一步加剧非洲安全治理的财政困难,产生资源竞争与财政依赖的恶性循环,使非洲安全治理体系面临更大的转型压力。

(一)制度剥削与制度可信性挑战

非洲临时性安全倡议存在一个明显的悖论,即它主要在非洲安全治理架构特别是非洲常备军想定场景之外运作,但都得到非盟乃至联合国安理会的事前授权或事后认可。由此导致了一种制度剥削效应,即相关国家出于实用主义乃至功利主义目的,在既有正式制度框架内开发临时性安全倡议,但不在既有正式制度框架内运作(John Karlsrud & Yf Reykers,2020)。换句话说,临时性安全倡议具有明显的机会主义和功利主义特征,对合法性的追求更多是方便其不受监管地自由行动,后果恰好是对正式制度的"剥削性利用"并可能加剧后者的可信性危机,进而使成员国对正式制度的信任降低,甚至可能消极影响成员国投资于正式制度的意愿。

第一,正因填补了非洲安全治理架构应对跨地区、跨边境安全挑战的能力空白,临时性安全倡议使非洲安全治理体系的能力赤字得以暴露。一方面,面临新型的、动态的安全地区持续增长的态势,非洲安全治理体系的协调能力赤字日益明显。非洲安全治理体系的一个内在逻辑矛盾在于,安全治理架构以经济治理架构即地区经济共同体为基础。尽管非洲安全挑战有着深刻的经济根源,但以单一地理空间逻辑应对决策逻辑和机会结构迥异的两大政策领域,不可避免地会遭遇重大困难,其中最为基础也是最为首要的便是以经济地区逻辑协调安全地区挑战。换句话说,非洲安全治理体系必须拥有独立的安全地区逻辑,而不是简单延用经济地区逻辑;非洲安全治理体系面临从安全上界定地区的严峻挑战(John Karlsrud & Yf Reykers,2019)。另一方面,面对跨地区、跨国界安全挑战的紧迫性和暴力性,非洲安全治理体系的应急能力也捉襟见肘。尽管 RCI-LRA 和 MNJTF 都是在非盟通过相关决议后才正式采取行动，但均是在事态即将失控时才介入，应急反应的最佳时机早已丧失。也正因如此，MNJTF 和 FC-G5S 的表现均呈现"高开低走"态势，即在非盟授权/认可前取得了积极进展，而在此后其有效性迅速降低，因为这一授权/认可本身恰好暗示了应急时机的消逝。

第二，作为对安全挑战的快速军事响应方法，临时性安全倡议事实上暴露了联合国维持和平行动的能力赤字。冷战结束后，利用联合国维和行动以缓解非洲所面临的严峻安全挑战特别是内战取得了明显的效果。在诸如刚果（金）、利比里亚、塞拉利昂等国，联合国维和行动提供了安全缓冲、政治支持、和平建设及军民合作等支持，使非洲大量紧迫的安全挑战得以缓解（Davis B. Bobrow & Mark A. Boyer，1997；Patrick M. Regan，2002）。联合国维和行动的整体成功，也为非洲和平支持行动提供了更大的合法性和可信性；特别是，这一方面证明了非盟与联合国基于辅助性原则的伙伴关系取得了重大进展，另一方面则表明非盟已具备执法、反恐等战略性能力（Cedric de Coning，2017）。但随着跨地区、跨边界的新型安全挑战蔓延，联合国维和行动的能力赤字日益显现，一是跨国维和部队的部署极其困难，二是维和部队缺乏应对非国家行为体的非对称战术的有效工具。正是在这一背景下，临时性安全倡议成为从传统的维和行动向自愿者联盟转型的重要产物，而这极可能导致临时性安全倡议与联合国维和行动间配合不佳的恶性循环而非良性互补。

第三，非洲临时性安全倡议均与相应的地区性努力相联系，其军事努力某种程度上得到政治、经济、社会等努力支持，从侧面暴露了非洲安全治理中的安全与非安全手段协调不足问题。无论是 MNJTF、FC-G5S、SAMIM 还是东非共同体在刚果（金）的努力，都有一定的 RECs/RMs 支撑，尽管并不能有效缓解其所面临的跨地区、跨边界挑战，但相应 RECs/RMs 的其他如警察、人道主义及社会发展等配套举措，很大程度上缓解了单纯的军事方法的不足。例如，萨赫勒五国集团认识到，社区既是 FC-G5S 军事行动有效性的保障，同时也是恐怖主义和极端主义得以滋生的"摇篮"(龙菲,2016)。因此,自2015年起,在联合国开发计划署(UNDP)的支持下,萨赫勒五国集团展开了多项社区参与和复原力建设项目,主要聚焦军事行动针对的三个跨境地区。此外,萨赫勒五国集团还重点针对最易被极端主义和恐怖主义所影响的青年和妇女开展行动,出台综合青年战略和妇女平台战略等。这在某种程度上意味着,临时性安全倡议反映了当前国际社会应对非洲及其他地区严峻安全挑战时的稳定化(stabilization)转向,不再单纯地依赖于军事努力,而是将政治与军事相结合以首先追求稳定而非和平(Andreas Wittkowsky & Sebastian Breuer,2020)。相比之下,非洲安全治理架构特别是非盟的机构设置中,明显缺乏相应的统筹或协调机制,特别是迄今尚未发展出完整的稳定化战略。可以认为,政治、经济、社会与安全的统筹协调,仍将是非洲安全治理体系转型的持续性挑战。

第四,临时性安全倡议不受非盟及联合国安理会监控的"自由裁量权",对正式制度的监督评估等可信性构成了重大消极影响。一方面,包括非盟和联合国安理会在内的正式制度对跨地区、跨边界安全挑战的应对能力赤字,是临时性安全倡议得以兴起的能力前提;另一方面,尽管面临制度剥削风险,正式制度并不甘于被排除在跨地区、跨边界安全挑战的治理努力之外,因此授权/认可但不掌控的治理模式得以显现,成为临时性安全倡议得以兴起的制度前提。但临时性安全倡议重新找回成员国自主性本身,暗示的却是"解铃还需系铃人"的恶性循环,正是相关国家自身的政治、经济、社会及安全问题为跨境安全挑战的滋生创造了条件,而跨境性安全威胁的上升及非洲安全治理体系的能力赤字,使问题解决最终重新回到相关国家手里。在此背景下,新创设的临时性安全倡议能否提供有效解决方案,本身就是严重存疑的;更大的可能是,临时性安全倡议本身可能陷入冲突漩涡而成为安全挑战复杂化发展的一部分。一方面,从打击极端主义与恐怖主义的角度来看,相关国家的军队能力低下是既定事实,不可能因得到非盟或联合国安理会授权/认可而变得更为专业,也不可能因为与其他相关国家军队配合而变得更为专业;另一方面,由于相关国家军队主要在本国领土内开展

行动,非盟和联合国安理会并不具备监控这些军队作战行动的能力和
授权。由此而来的后果是多重的:其一,军队滥用权力现象增加明显,
导致临时性安全倡议往往为普通民众带来更大伤害;其二,与前一点紧
密相关,普通公众对政府和军队的恐惧感被持续强化,转而更加同情极
端主义和恐怖主义,进一步助长严峻的跨境安全挑战;其三,临时性安
全倡议在非盟或联合国安理会授权/认可前后的表现差异,可能导致对
正式制度介入有效性的重大怀疑;其四,临时性安全倡议本身的地理空
间覆盖极为有限,这意味着军事打击下极端主义和恐怖主义分子整体
上不受控制的四散流窜,导致临时性安全倡议本身成为极端主义和恐
怖主义在空间上持续扩散的重要推手。MNJTF 和 FC-G5S 的部分后
果,恰好就是当前恐怖主义威胁在西部非洲地区的快速蔓延。

(二)资源竞争与财政自主性挑战

非洲安全挑战之严峻的重要原因之一是非洲自身缺乏充足的财政
资源以推动安全治理。这意味着,尽管临时性安全倡议可填补非洲安
全治理体系在跨地区、跨边界层次上的能力空白,但同样面临严峻的财
政资源限制,因此必须全力寻求来自非洲内部和域外伙伴的财政资助。
由此而来,临时性安全倡议为非洲安全治理的财政自主性带来双重竞
争压力,即内部和外部的双向财政资源竞争。

一方面,作为非洲解决自身安全挑战的重要努力,临时性安全倡
议首先寻求非洲内部的财政资助,由此导致临时性安全倡议与非洲
安全治理架构各组成要素产生竞争,即内部财政资源竞争。无论是
事前还是事后,非洲临时性安全倡议均因非盟授权/认可而拥有获得
非盟及 RECs/RMs 的各类潜在财政资助的资格。尽管如此,临时性
安全倡议的主要财政成本仍由相关国家自主解决。例如,受限于长
期性的财政困难,非盟仅为 RCI-LRA 提供了部分资助,覆盖联合协
调机制、地区特遣队司令部、非盟特使及其他后勤需求费用,而军事行
动费用、部队人员薪资等则由部队派出国自行负责(AU, 2011)。在其
他案例中,非盟仅提供资金筹措帮助。例如,非盟于 2016 年 2 月开始
为 MNJTF 调动资源,特别是组织捐助者会议,代表 MNJTF 收集财政

援助并提供管理帮助(AU，2016)。又如，于2018年2月在巴黎举行的FC-G5S捐助者会议为该部队带来了总计5.09亿美元的认捐(Lisa Bryant，2018)。

由临时性安全倡议增生而来的内部财政资源竞争，使非洲安全治理的财政自主性压力进一步增加，尽管非盟不断尝试创建可持续的筹资机制以提升财政自主性。在2017年机构改革启动前，非盟就在2016年出台了最新一轮财政自主性改革方案，要求各成员国征收0.2%的进口税以资助非盟整体预算，其中包括到2020年建立总额为4亿美元的非盟和平基金，资助重点是非洲常备军、贤人小组、大陆早期预警体系、能力建设及冲突预防(AU Assembly，2016)。尽管该方案比以往所有方案都更为合理，但其落实情况仍不容乐观。截至2022年8月，共计有22个成员国足额缴纳、5个成员国部分缴纳，收缴资金总额为2.79亿美元，加上自愿捐助及利息等收入共计3.2亿美元，距离4亿美元的目标仍有相当距离(Amani Africa，2022)。更为严峻的是，多达28个成员完全未缴纳相关费用，意味着非盟和平基金财政自主性努力进展缓慢，临时性安全倡议所带来的内部财政资源竞争压力将持续存在。

另一方面，非洲内部财政资源的有限性使临时性安全倡议更多寻求域外合作伙伴的支持，由此导致非洲各类安全行为体对外部财政资源展开竞争。事实上，临时性安全倡议的财政资源主要来自国际合作伙伴，主要通过两种方式获得。一是外部资助但由非盟或联合国负责管理和分发。例如，在欧洲和平基金(European Peace Facility，EPF)于2021年3月正式开始运转前，欧盟通过非洲和平基金(African Peace Facility，APF)资助RCI-LRA和FC-G5S。根据APF的规定，欧盟对非安全援助资助均交由非盟统一负责分发。截至2019年，欧盟通过APF为FC-G5S提供了1.47亿欧元运转经费，并为萨赫勒五国集团警察部门提供了1800万欧元资助(EEAS，2019)。又如，尽管联合国安理会不直接为FC-G5S提供资助，却授权联合国马里稳定团为其提供必要的后勤资助，并由欧盟负责向联合国偿还。二是直接的双边

资助。例如,美国为 RCI-LRA 的地区特遣队提供了军事顾问和 4000
万美元资助(Sylvester Bongani Maphosa,2013)。由于非盟并不提供
资助,MNJTF 的最大财政资助均来自双边渠道:在 2015—2017 年期
间,美国使用直接支付方式为该行动提供了 3.63 亿美元资助,包括欧
盟、英国和土耳其捐款在内的财政援助被用于采购直升机、运兵车和其
他作战车辆以及夜视镜等装备(Moda Dieng,2019)。与 MNJTF 不同
的是,由于得到欧盟及其成员国特别是法国和德国的大力支持,FC-
G5S 的资助主要通过萨赫勒联盟(Alliance for the Sahel)和萨赫勒和
平稳定新伙伴关系(New Partnership for the Peace and Stability in the
Sahel)等渠道获得,共计约 110 亿欧元(Rina Bassit,2019)。

临时性安全倡议所带来的财政资源竞争压力,尤其是外部竞争,不
仅恶化了非洲安全治理的财政自主性,更可能由非洲各类行为体的相
互竞争诱发外部资助结构的转变,这最为充分地体现在欧盟 EPF 的建
立上。长期以来,欧盟是非洲安全治理的重要资助方。在 2004—2020
年间,欧盟对非安全援助渠道相对单一,即通过 APF 向非盟提供资助
并由非盟负责落实。这意味着欧盟对非安全援助必须通过非盟官僚程
序,因此难以掌握其决策、分发和使用等具体情况。例如,在 MNJTF
重启后,欧盟决定为其捐助 5000 万欧元。由于非盟采购系统的原因,
这笔资金的支付被推迟了两年,导致 MNJTF 最初两年的费用事实上
由尼日利亚负责。这一推迟使 MNJTF 成员国尝试与欧盟直接接触以
获得资助,但由于 APF 的拨付限制及欧盟的人权标准等原因,MNJTF
成员尝试无果并不得不重新回到非盟轨道。于是,欧盟对 MNJTF 的
资助再次陷入非盟采购系统的拖延,使资金使用效率和有效性大打折
扣(Daniel E. Agbiboa,2017)。

正是由于 APF 渠道的局限性和非洲内部各类行为体对欧盟资金
的寻求,加上欧盟自身转变为地缘政治行为体的战略追求,欧盟于
2021 年全面改革其对非洲安全治理体系的资助机制。新的对非安全
援助机制即 EPF 确立了完全不同于 APF 的对非安全资助逻辑:其一,
EPF 使欧盟可与非洲各国政府和地区组织开展直接军事合作,而无需

经过非盟渠道；其二，与 APF 不同，EPF 授予欧盟对外提供致命武器的法律授权，这是欧盟对外安全援助历史上的首次；其三，EPF 是欧盟向全球提供安全援助的平台，尽管非洲被赋予高度优先级，但非洲不再拥有在欧盟框架内的专属安全援助平台；其四，EPF 内部缺乏非盟咨询渠道，使非盟无法影响欧盟在非洲冲突地区的敏感决策，特别是致命武器转让问题（International Crisis Group，2021：i；Volker Hauck & Lidet Tadesse Shiferaw，2021）。相对 APF，EPF 授予欧盟对外安全援助的更大法律授权，可直接用于改善伙伴方的危机预警、冲突解决及安全保障等能力。根据欧盟规划，EPF 将成为欧洲共同外交与安全政策（CFSP）的单一军事和防务工具，在 2021—2027 年间的总投入为 50 亿欧元（2018 年价格）。但由于乌克兰危机爆发，EPF 为非洲提供的安全资助事实上大幅缩水。截至 2023 年 1 月底，欧盟在 EPF 渠道下为非洲提供的安全资助共计 10 项，资助金额预期达 5.55 亿欧元，目前为包括 MNJTF、FC-G5S 和 SAMIM 在内的三项临时性安全倡议提供资助，分别为 2000 万、3500 万和 1500 万欧元；如果将为卢旺达在莫桑比克军队（可视作 SAMIM 的组成要素）的 2000 万欧元资助也计算进来，欧盟 EPF 共计为非洲临时性安全倡议提供 9000 万欧元资助（European Union External Action Service，2023）。

四、结　语

通过重新找回成员国自主性进而启动跨地区合作以灵活和精准地对抗跨境安全威胁，临时性安全倡议迅速成为非洲安全治理的关键性平台。对非洲安全治理体系而言，临时性安全倡议的兴起既意味着制度协同机遇，也带来了制度竞争压力。2017 年 1 月，泛非议会通过《非盟制度改革决议》（*Decision on the Institutional Reform of the African Union*）——又因由卢旺达总统保罗·卡加梅（Paul Kagame）提议而被称作《卡加梅报告》，启动了非盟成立以来的首次全面制度改革。《卡加

梅报告》提议的四个方面改革措施①,均与非洲安全治理体系的转型高
度相关,特别是将政治事务部与和平安全事务部合并为政治与和平安
全事务部更是对临时性安全倡议增生的制度性回应。尽管如此,就临
时性安全倡议所带来的制度协同机遇和制度竞争压力而言,非洲安全
治理体系的转型仍任重道远:一是仍明显缺乏应对新型动态安全地区
的理念和制度框架;二是更好地协调政治、经济、社会与安全的稳定化
战略并未浮现;三是辅助性原则和比较优势原则的具体适用共识仍有
待塑造;四是非洲安全治理所需的重大财政赤字尚未得到有效解决;五
是针对临时性安全倡议兴起而来的制度复合体效应尚未得到重视。因
此,临时性安全倡议因提供制度协同机遇特别是缓解既有治理体系能
力赤字而可能持续存在甚至进一步发展,但它带来的制度竞争压力特
别是其监督困难也呼吁非洲既有治理体系的持续转型,特别是围绕新
型且动态的跨境安全挑战实现治理理念创新。

参考文献

龙菲:《从边缘到中心:美国反恐体系中的社区》,《美国问题研究》2016 年
第 2 期。

王涛、王猛:《乌干达圣灵抵抗军产生背景的多维视角分析》,《非洲研究》
2015 年第 1 期。

张春:《化边缘为中心:非洲的跨境安全研究》,《国际政治研究》2022 年第
3 期。

周玉渊:《非洲集体安全机制的进展与挑战——从非洲和平安全框架到
"2020 年消弭枪声计划"》,《云大地区研究》2020 年第 1 期。

Andreas Østhagen(2021). The Arctic Security Region: Misconceptions
and Contradictions. Polar Geography,44(2),pp.3—6.

---

① 具体涵盖聚焦大陆性的关键优先事务,依据大陆性优先事务整合非盟机构,在
政治和操作层次上有效管理非盟,实现非盟财政自主性。参见 AU(2017, January 29).
The Imperative to Strengthen our Union: Report on the Proposed Recommendations for
the Institutional Reform of the African Union,Assembly/AU/Dec.606(XXVII),
Addis Ababa: AU Assembly,6—8, 11—27.

Andreas Wittkowsky & Sebastian Breuer(February 2020). Twenty-Five Years of Stabilisation Discourse: Between Realpolitik and Normativity. Zentrum für Internationale Friedenseinsätze(ZIF). https://www.zif-berlin.org/sites/zif-berlin.org/files/inline-files/ZIF_Study_Stabilisation_en_0_0.pdf.

Aaron Karp(June 2018). Estimating Global Civilian-Hand Held Firearms Numbers. Briefing Paper, Small Arms Survey. https://smallarmssurvey.org/sites/default/files/resources/SAS-BP-Civilian-Firearms-Numbers.pdf.

Abdelhak Bassou (April 2018). Violent Extremism in the Sahel: The Birth of a Third Generation of Terrorism? OCP Policy Center, Morocco.

AU(2008). Memorandum of Understanding on Cooperation in the area of Peace and Security between the African Union, the Regional Economic Communities and the Coordinating Mechanisms of The Regional Standby Brigades of Eastern Africa and Northern Africa. Addis Ababa: African Union.

AU(November 22, 2011). Report of the Chairperson of the Commission on the Operationalization of the AU Led Regional Cooperative Initiative against the Lord Resistance Army. Peace and Security Council 299th Meeting, Addis Ababa, Ethiopia.

AU(January 9, 2012). Report of the Chairperson of the Commission on the Partnership between the African Union and the United Nations on Peace and Security: Towards Greater Strategic and Political Coherence. AU PSC/PR/2(CCCVII).

AU(June 17, 2013). Report of the Chairperson of the Commission on the Implementation of the African Union-Led Regional Cooperation Initiative for the Elimination of the Lord's Resistance Army. AU PSC/PR/2 (CCCLXXX).

AU(March 3, 2015). Report of the Chairperson of the Commission on the Implementation of Cummunique PSC/AHG/Comm.2 (CDLXXXIV) on the Boko Haram Terrorist Group and on Other Related International Efforts. PSC/PR/2(CDLXXXIX).

AU(February 1, 2016). The African Union Commission Holds a Donors'

Conference in Support of the Multinational Joint Force Against Boko Haram. http://peaceau. org/en/article/the-african-union-commission-holds-a-donors-conference-in-support-of-the-multinational-joint-task-force-operations-against-boko-haram-terrorist-group.

AU(April 13, 2017). Communique of the 679th PSC Meeting on the Draft Strategic Concept of Operations(CONOPs) of the Joint Force of the G5 Sahel. PSC/PR/COMM(DCLXXIX).

AU(August 2009). Report of the Chairperson of the Commission—Enhancing Africa's Resolve and Effectiveness in Ending Conflict and Sustaining Peace. Special Session of the Assembly of the Union on the Consideration and Resolution of Conflicts in Africa, Tripoli.

AU Assembly(July 2016). Decision on the Outcome of the Retreat of the Assembly of the African Union. Assembly/AU/Dec. 605 (XXVII), Addis Ababa: African Union.

Amani Africa(September 16, 2022). Briefing on the AU Peace Fund. https://amaniafrica-et.org/briefing-on-the-au-peace-fund.

Andrea Prah(2019). Regional Security Cooperation in Africa: An Evaluation of the Regional Cooperation Initiative for the Elimination of the Lord's Resistance Army. *African Journal on Conflict Resolution*, 19(2), pp.45—50.

Anne-Marie Slaughter(2009). *A New World Order*. Princeton: Princeton University Press.

Babatunde F. Obamamoye (2017). Counter-terrorism, Multinational Joint Task Force and the Missing Components. *African Identities*, 15(4), pp.428—440.

Badreddine El Harti(2021). Human Security Challenges at the Tri-border Liptako-Gurma Area in the Sahel. Border Security Report.

Cedric de Coning, Linnea Gelot, & John Karlsrud(2016). *The Future of African Peace Operations: From the Janjaweed to Boko Haram*. London: Zed Books.

Cedric de Coning(2017). Peace Enforcement in Africa: Doctrinal distinction between the African Union and United Nations. *Contemporary Security Policy*, 38(1), pp.145—160.

Cedric de Coning, Andrew E. Yaw Tchie, & Anab Ovidie Grand(2022). Ad-hoc Security Initiatives, an African Response to Insecurity. *African Security Review*, 31(4), pp.383—398.

Charles Amone & Okullu Muura(2014). British Colonialism and the Creation of Acholi Ethnic Identity in Uganda, 1894 to 1962. *The Journal of Imperial and Commonwealth History*, 42(2), pp.239—257.

CRS Report(April 12, 2016). Nigeria's Boko Haram: Frequently Asked Questions. R43558.

Daniel E. Agbiboa(2017). Borders that Continue to Bother Us: The Politics of Cross-border Security Cooperation in Africa's Lake Chad Basin. *Commonwealth & Comparative Politics*, 55(4), pp.403—425.

Dario Cristiani(2017). Ten Years of al-Qaeda in the Islamic Maghreb: EVolution and Prospects. *Terrorism Monitor*, 15(9), pp.8—11.

Davis B. Bobrow & Mark A. Boyer(1997). Maintaining System Stability: Contributions to Peacekeeping Operations. *Journal of Conflict Resolution*, 41(6), pp.723—748.

EEAS(July 2019). The European Union's Partnership with G5 Sahel Countries. https://www.eeas.europa.eu/sites/default/files/factsheet_eu_g5_sahel_july-2019.pdf.

European Union External Action Service(February 3, 2023). The European Peace Facility. https://www. eeas. europa. eu/sites/default/files/documents/2023/EU-peace-facility_2023-02.pdf.

Frank Van Acker(2004). Uganda and the Lord's Resistance Army: The New Order No One Ordered. *African Affairs*, 103(412), pp.335—357.

Gary Wilson(2003). UN Authorized Enforcement: Regional Organizations versus Coalitions of the Willing. *International Peacekeeping*, 10(2), pp.89—106.

Inioluwa Adeoluwa Nehmah Dele-Adedeji(2017). Nigeria: The Adaptability of the Boko Haram Rebellion. in Morten Bøås and Kevin C. Dunn, eds., *Africa's Insurgents: Navigating an EVolving Landscape*. Boulder: Lynne Rienner Publishers.

International Crisis Group(January 14, 2021). How to Spend It: New EU Funding for African Peace and Security. Africa Report, No.297.

Jeremy Keenan(December 27, 2016). How Terror Came to the Sahel. New African Magazine. https://newafricanmagazine.com/13714.

John Karlsrud & Yf Reykers(2019). *Multinational Rapid Response Mechanisms: From Institutional Proliferation to Institutional Exploitation*, London: Routledge.

John Karlsrud & Yf Reykers(2020). Ad Hoc Coalitions and Institutional Exploitation in International Security: Towards a Typology. *Third World Quarterly*, 41(9), pp.1518—1536.

John Karlsrud and Yf Reykers (2019). *Multinational Rapid Response Mechanisms: From Institutional Proliferation to Institutional Exploitation*, London: Routledge.

Kathleen J. McInnis(2020). *How and Why States Defect from Contemporary Military Coalitons*, Cham: Palgrave MacMillan.

Katie Smith & Matthew Luizza(November 26, 2019). Herder-Farmer Conflict Undermines Resilient Pastoral Systems in Africa's Sudano-Sahel. AgriLinks. https://www.agrilinks.org/post/herder-farmer-conflict-undermines-resilient-pastoral-systems-africas-sudano-sahel.

Konstantin V. Bogdanov(2019). Flexible Coalitions: Origins and Prospects: Permanent Alliances vs Ad hoc Coalitions. *Russian in Global Affairs*, 17(3), pp.132—150.

Pamela Aall and Chester A. Crocker(2016). Minding the Gap: African Conflict Management in A Time of Change, Waterloo: Centre for International Governance Innovation.

Lisa Bryant(February 26, 2018). West Africa: Donors Pledge More than $500 Million for West Africa's Sahel. AllAfrica. https://allafrica.com/stories/201802260130.html.

LRA Crisis Tracker (March 2016). The State of the LRA in 2016. https://reliefweb.int/report/central-african-republic/lra-crisis-tracker-state-lra-2016-march-2016-update.

Malizine(April 9, 2020). Sahel: d'où viennent les armes et les munitions? https://malizine.com/2020/04/09/sahel-dou-viennent-les-armes-et-les-munitions.

Malte Brosig (2022). Ad hoc Coalitions in a Changing Global Order. GIGA Focus Global, No.4.

Marc-Antoine Pérouse de Montclos(2018). The Only Good Jihadist is A Dead Jihadist: Boko Haram and De-Radicalization around Lake Chad. *Small Wars & Insurgencies*, 29(5—6), pp.863—885.

Matthew Brubacher, Erin K. Damman, & Christopher Day(2017). The AU Task Forces: An African Response to Transnational Armed Groups. *Journal of Modern African Studies*, 55(2), pp.275—299.

Moda Dieng(2019). The Multi-National Joint Task Force and the G5 Sahel Joint Force: The Limits of Military Capacity-building Efforts. *Contemporary Security Policy*, 40(4), pp.481—501.

Morten Bøås(2017). Mali: Islam, Arms, and Money. in Morten Bøås and Kevin C. Dunn, eds., *Africa's Insurgents: Navigating an EVolving Landscape*, Boulder: Lynne Rienner Publishers, pp.135—156.

Mulugeta G. Berhe(2017). The Norms and Structures for African Peace Efforts: The African Peace and Security Architecture. *International Peacekeeping*, 24(4), pp.671—681.

Ndubuisi Christian Ani(2021). Politics of Intervention within the African Peace and Security Architecture: The Fluid Roles between the African Union and Sub-Regional Organizations. *Africa Amani Journal*, 8(1), pp.1—25.

Olawale Ismail & Alagaw Ababu Kifle(2018). New Collective Security Arrangements in the Sahel: A Comparative Study of the MNJTF and G-5 Sahel. Friedrich-Ebert-Stiftung, https://library.fes.de/pdf-files/bueros/fes-pscc/14346-20180606.pdf.

Omar Mahmoud(2018). Local, Global, or in Between? Boko Haram's

Messaging, Strategy, Membership, and Support Networks. in Jacob Zenn, ed., Boko Haram Beyond the Headlines: Analyses of Africa's Enduring Insurgency. New York: Combatting Terrorism Center at West Point, U.S. Military Academy.

Patrick A. Mello(2020). Paths towards Coalition Defection: Democracies and Withdrawal from the Iraq War. *European Journal of International Security*, 5(1), pp.45—76.

Patrick M. Regan(2002). Third-Party Interventions and the Duration of Intrastate Conflicts. *Journal of Conflict Resolution*, 46(1), pp.55—73.

Pauline Le Roux(February 22, 2019). Confronting Central Mali's Extremist Threat. Africa Center for Strategic Studies. https://africacenter.org/spotlight/confronting-central-malis-extremist-threat.

Peter Fabricius(July 2, 2016). The LRA Rising Again? ISS Today. https://issafrica.org/iss-today/the-lra-rising-again.

Richard Downie(2015). Collective Insecurity in the Sahel. *Georgetown Journal of International Affairs*, 16(1), pp.70—78.

Rida Lyammouri (March 2020). Mobility and Conflict in Liptako-Gourma. Clingdael Conflict Research Unit. https://globalinitiative.net/wp-content/uploads/2020/05/Liptako-Gourma-Study-March-2019-WEB.pdf.

Rina Bassit(2019). The G5 Sahel Joint Force: A Marriage of Security and Development. *Ifriqiya*, 4(13), pp.1—6.

Sergei Boeke(2016). Al Qaeda in the Islamic Maghreb: Terrorism, Insurgency, or Organized Crime? *Small Wars & Insurgencies*, 27(5), pp.914—936.

Sten Rynning(2013). Coalitions, Institutions and Big Tents: The New Strategic Reality of Armed Intervention. *International Affairs*, 89(1), pp.53—68.

Sylvester Bongani Maphosa (2013). Preparing for Peace: The AU Regional Cooperation Initiative for the Elimination of the LRA in Central Africa. AISA Briefing, No.85, Africa Institute of South Africa.

The Enough Project(2017). Lord's Resistance Army. https://enoughproject.org/conflicts/lra# : ~ : text = The%20Lord%E2%80%99s%20Resistance%

20Army%20%28LRA%29%20has%20been%20one, has%20brutalized%20communities%20since%20its%20inception%20in%201987.

Tim Allen & Koen Vlassenroot (2010). *The Lord's Resistance Army: Myth and Reality*, London: Zed Books.

Tor A. Benjaminsen & Boubacar Ba(2019). Why Do Pastoralists in Mali Join Jihadist Groups? A Political Ecological Explanation. *The Journal of Peasant Studies*, 46(1), pp.1—20.

U.S. Department of Defense(March 24, 2017). Department of Defense Press Briefing on U.S. Africa Command by General Thomas D. Waldhauser, Commander, U.S. Africa Command. https://www.defense.gov/News/Transcripts/Transcript/Article/1130131/department-of-defense-press-briefing-on-us-africa-command-by-general-thomas-d-w.

United Nations(2004). A More Secure World: Our Shared Responsibility: Report of the High-Level Panel on Threats, Challenges and Change, UNGA A/59/565, New York.

United Nations(June 21, 2017). Resolution 2359(2017), S/RES/2359 [on Deployment of the Group of Five for the Sahel Joint Force(FC-G5S)].

Vanguardngr(August 24, 2019). Mali in Crisis: The Fight Between the Dogon and Fulani. https://www.vanguardngr.com/2019/08/mali-in-crisis-the-fight-between-the-dogon-and-fulani.

Volker Hauck & Lidet Tadesse Shiferaw(March 24, 2021). Continuity and Change in European Union-Africa Relations on Peace and Security. Accord. https://www.accord.org.za/analysis/continuity-and-change-in-european-union-africa-relations-on-peace-and-security/.

William Assanovo, Jeannine E. Abatan, & Wendyam A. Sawadogo(2016). Assessing the Multinational Joint Task Force against Boko Haram. ISS West Africa Report, No.19. https://issafrica.s3.amazonaws.com/site/uploads/war19.pdf.

William Assanvo, Baba Dakono, Lori-Anne Théroux-Bénoni, & Ibrahim Maïga(2019). Violent Extremism, Organised Crime and Local Conflicts in

Liptako-Gourma. ISS West Africa Report，No.28. https：//issafrica.s3.ama-zonaws.com/site/uploads/war-26-eng.pdf.

　　Zachary Lomo & Lucy Hovil(2004). Behind the Violence：The War in Northern Uganda. Pretoria：Institute for Security Studies.

在悖论中失效:尼罗河流域倡议组织政治与技术双轨架构分析[*]

杨影淇　孙德刚[**]

[内容提要]　缓和尼罗河水资源争端有赖于流域组织作用的发挥,但尼罗河流域倡议组织发展多年却走向边缘化,主要原因在于其探索共同利益的技术轨道和签署公平用水法律框架的政治轨道相互掣肘。在启动阶段,技术合作的拖延和形式化与触及水权利的政治谈判无法进展息息相关,共同利益塑造失败又反过来制约政治谈判。面对信任和融资危机,该组织一方面以生存为目标而转型,削弱技术合作对政治合作的吸引力,另一方面又由于政治轨道停滞失去推进技术合作的机会与公平立场。在边缘化危机中,对接更大国际组织、抛弃存在争端的东尼罗河流域使尼罗河流域倡议组织进一步丧失了流域合作话语权与重构公平水权利结构的目标。

[关键词]　尼罗河流域倡议组织,双轨架构,失效,水权利结构

[Abstract] The mitigation of water disputes in the Nile basin depends on the effectiveness of river basin organizations, but the Nile Basin Initiative (NBI) has been marginalized. The conflicts between the technical track of exploring common interests and the political track of signing a legal framework for fair water use is main reason. In the start-up phase, the delay of technical cooperation were related to the stagnate in political negotiations involving water rights. And the failure to shape common interests hindered political negotiations. Faced with the crises of trust and financing, NBI transformed with the goal of survival, weakening the attractiveness of technical cooperation for political cooperation. Due to the standstill of the political track, NBI lost the fair position and the opportunity to promote technical cooperation. In the crisis of marginalization, connecting with larger International organizations and abandoning the disputed east Nile basin makes NBI lost the discourse power of basin cooperation and the goal of restructuring the fair structure of water rights.

[Key Words] Nile Basin Initiative, Dual Track Architecture, Losing Effectiveness, Water Rights Structure

---

　*　感谢云南大学王涛老师对本文选题和框架的指导意见,感谢浙江师范大学李鹏涛老师、上海外国语大学章远老师、中国社会科学院西亚非洲研究所沈晓雷老师、上海外国语大学顾嘉伟老师提出的修改意见。本文曾在第三届"复旦中东研究论坛"暨"长三角中东学论坛"宣读,感谢上海外国语大学王广大老师的点评意见。

　**　杨影淇,复旦大学国际关系与公共事务学院博士研究生;孙德刚,复旦大学中东研究中心主任、国际问题研究院研究员。

地表水资源短缺导致尼罗河流域(Nile Basin)水冲突频发,但上下游互动也同时建构起流域内国家的相互合作。从下游国家基于殖民时代遗产对水权利的极力维护,到上游国家对"公平合理利用"倡议的集体推进,尼罗河的流域组织在上下游权力变化及水资源竞争中得到发展,但也因激烈的水权利争夺走向失效(黄锡生等,2004)。

1999年成立的尼罗河流域倡议组织(Nile Basin Initiative)首次将绝大部分尼罗河流域国家纳入同一个合作机制,为维护流域整体利益、实现尼罗河公平合理开发提供包容平台(成员国包括布隆迪、刚果民主共和国、埃及、埃塞俄比亚、肯尼亚、卢旺达、南苏丹、苏丹、坦桑尼亚和乌干达,厄立特里亚作为观察员参与)。作为正式流域组织尼罗河流域委员会(Nile River Basin Commission)成立前的过渡机构,各成员国在该组织框架下继续对新流域法律框架《尼罗河流域合作框架协议》(Cooperative Framework Agreement,又称《恩德培协议》)进行协商,以重构尼罗河流域公平的水权利结构。这不仅是尼罗河流域水合作由下游国家主导转向全流域共同协商的重要标志,也意味着合作从单纯的技术性议题向涉及流域各国核心利益——水权利分配的复杂政治议题转变。因此,尼罗河流域倡议组织面临来自不同阵营的压力倍增,成员国在组织内的斗争与组织外的单边行动不断阻碍其发挥作用。以2010年后埃及"退群"和埃塞俄比亚"复兴大坝"(Grand Ethiopian Renaissance Dam)争端为拐点,尼罗河流域倡议组织在危机中话语权与影响力的缺失证明其已难以保证成员国遵循制度,更无法处理成员国核心利益争端。而经二十多年谈判,上下游国家仍无法达成《恩德培协议》的共识,这说明该组织在流域国家的尼罗河开发议题互动中被逐渐边缘化。失效的尼罗河流域倡议组织加剧了流域水资源争端复杂性,建立真正公平合理可持续的尼罗河水资源利用制度更遥遥无期。

关于尼罗河流域倡议组织为何难以重构尼罗河流域公平水权利结构,当前主要有管理模式不当(Paul L. Rau, 2011; Ashok Swain, 2002)、缺乏政治承诺(Tadesse Kassa Woldetsadik, 2017)、与第三方协调不当(Alebel Abebe Belay et al.,2010;Hanne Knaepen et al.,2017;Richard K. Paisley et al.,2013;Kimberly E. Foulds,2002;Youssef M. Hamada,2017)三类解释。随着尼罗河流域倡议组织的发展,其在第三方协调和次流域合作制度化上已经得到了较大改善,但政治承诺仍然难以推进,导致上述两方面都无法深化。缺乏政治承诺的解释虽指出该组织的致命缺陷,但并未发掘造成这一困境的内在逻辑。因此,需从该组织所倡导的政治与技术双轨合作路径分析,进一步理解其失效的主要原因,也可为我国开展更加广泛深入的跨界河流合作提供一定借鉴。

一、尼罗河流域倡议组织及其政治
与技术双轨架构

尼罗河流域倡议组织的建立是"尼罗河流域行动计划"(Nile River Basin Action Plan)实现过程中的突破性创举。在世界银行、联合国开发计划署和加拿大国际开发署的支持下,1995年尼罗河流域发展促进和环境保护技术合作委员会通过了这一旨在促进流域综合可持续开发、保障流域国家公平使用尼罗河水权利的计划。为实现目标,该计划中的 D-3 项目提出两条并行发展的路径,即建立过渡性合作机制的技术轨道和起草流域合作法律框架的政治轨道,意在对法律框架进行谈判的同时,通过合作机制拓展共同利益、提升各国的合作意识,最终签署法律框架并成立尼罗河流域委员会(Richard K. Paisley et al.,2013;Abdel Fattah Metawie,2004;Jutta Brunnée et al.,2003;Nile Basin Initiative,2019)。根据计划安排,1999 年 2 月 22 日,九个尼罗河流域国家签署了《尼罗河流域部长理事会特别会议商定纪要》,过渡机制尼罗河流域倡议组织正式成立,在承担规划、开发、融资等功能的同时也作为法律框架谈判的主要平台(Tadesse Kassa Woldetsadik,2017;Nile Basin Initiative,2019)。

（一）政治与技术双轨相互促进

借助 21 世纪初流域合作氛围融洽的"东风"，尼罗河流域倡议组织在政治轨道与技术轨道上都获得了稳步发展。2010 年不仅《恩德培协议》开放签署，组织在流域开发与管理上也取得一定成绩。在其成立以来的十多年中，技术轨道与政治轨道相辅相成、相互促进的良性循环治理模式已具雏形。

首先，政治轨道中引入与国际规范接轨的合作原则，促进流域国家的水政治互动模式向对话与合作转变。随着 D-3 项目于 1997 年正式启动，改变不平等水权利结构的《恩德培协议》也迈入起草阶段。该协议的起草工作由一个独立专家小组（Panel of Experts）负责，在联合国开发计划署的指导下参考了包括《联合国国际水道非航行使用法公约》在内的国际水法，将"公平合理利用""不造成重大损害"等原则纳入其中，试图平衡下游国家坚持的绝对领土完整理论、先占用主义理论与上游国家对绝对领土主权理论的倾向，促进双方审视各自立场并相互理解。除此之外，《恩德培协议》还规定了定期交换信息数据的义务，引导建立关于使用与开发尼罗河的相关规范（特斯珐业·塔菲斯，2005；Kassian Stroh，2003；Jutta Brunnée，2003；Nile Basin Initiative，2010）。这些原则的引入同时影响了尼罗河流域倡议组织的运行方式，1999 年通过的《尼罗河流域战略行动计划政策指南》仍采用这些规范作为管理流域的重要原则（Kassian Stroh，2003）。

其次，技术轨道上确立"流域—次流域—国家"立体治理网络来深化流域利益共享，以"共同利益促共识"的方式对接政治轨道。尼罗河流域倡议组织成立次年便启动了第一个"战略行动计划"，其主要由"共同愿景计划"与"辅助行动计划"组成，"通过公平利用共同的尼罗河水资源来实现可持续的社会经济发展"是其最终目标（Nile Basin Initiative，2023）。"共同愿景计划"从流域整体合作入手，侧重于通过贸易、灌溉和水资源管理等方面的流域联通网络提高各国对共同利益的认识，加深它们在经济上的相互依赖，从而提高政治互信（Nile Basin Initiative，2020）。"辅助行动计划"是对"共同愿景计划"的补充，在次流域治理上分别推出"东尼罗河辅助行动计划"和"尼罗河赤道湖泊辅助行动计划",以确保青尼罗河及尼罗河下游次流域与白尼罗河次流域根据各自特点实施河流开发项目,保证成员国从中实际获益(Nile Basin Initiative Secretariat,2015)。这两个计划分别由东尼罗河技术区域办事处(Eastern Nile Technical Regional Office)与尼罗河赤道湖泊辅助行动计划协调小组(Nile Equatorial Lakes Subsidiary Action Program Coordination Unit)负责执行,它们有自己的决策与咨询部门,并能根据自身需求推出次流域战略计划(Nile Basin Initiative,2019;Nile Basin Initiative,2023;Stockholm International Water Institute,2013)。而尼罗河流域倡议秘书处(Nile-SEC)、尼罗河技术咨询委员会(Nile-TAC)和尼罗河部长理事会(Nile-COM)则共同组成流域层次管理中心,负责统筹协调全流域计划安排(水利部国际经济技术合作交流中心,2018)。2007年至2008年,随着尼罗河流域倡议组织国家办事处(NBI National Offices)设立,尼罗河流域已能实现"流域—次流域—国家"三级联动管理(Stockholm International Water Institute,2013)。

到2009年时,"共同愿景计划"大部分项目完成,不仅促进了决策支持系统的开发,还通过培训、建立宣传网络、举办研讨会和论坛等方式加强了多主体对保护环境、高效用水、利益分享等流域合作的广泛参与(Nile Basin Initiative,2009;Nile Basin Initiative,2020)。而"辅助行动计划"也在尼罗河赤道湖泊次流域较为成功地实施了渔业资源开发管理和电力贸易项目,在东尼罗河次流域开展了合作区域评估并建立了解决泥沙淤积、流域退化问题的可持续框架(Nile Basin Initiative,2019)。基于"共同愿景计划"的成功,技术轨道的成果对政治轨道产生了积极影响。2007年《恩德培协议》草案修订案被提交到尼罗河部长理事会讨论后,除"水安全"以外的所有条款都得到了全部成员国的认可,并且直到2010年该协议开放签署也未引起争议(Nile Basin Initiative,2023)。

世界银行通过引领资助方讨论、促进民间社会参与、调整制度发展模式等加强技术轨道对政治轨道的促进作用。自尼罗河流域倡议组织成立起,世界银行就作为其重要的融资方和发展伙伴参与到建设进程中。21 世纪初,为了防止众多发展伙伴资助尼罗河流域倡议组织的目标冲突、工作重复,世界银行作为发展伙伴的主要协调者领导成立了尼罗河流域信托基金(Nile Basin Trust Fund),以统合运作来自各方的捐助资金,增强其项目实施能力(Nile Basin Initiative,2019)。加之世界银行对尼罗河流域倡议组织的资助一直占其所获融资将近一半,该组织的发展规划受世界银行影响颇深(Nile Basin Initiative,2016)。2001年,世界银行在尼罗河国际合作财团(International Consortium for Cooperation on the Nile)会议上协调各资助方讨论该组织的战略计划和项目,为其拉入更多力量支持技术轨道,同时也引进了先进的合作观念。(Henrike Peichert,2003;Hanne Knaepen et al.,2017;Kimberly E. Foulds,2002;Stockholm International Water Institute,2013)。

自此以后,尼罗河流域倡议组织又在多个发展伙伴的支持下于2006 年成立尼罗河流域发展论坛(Nile Basin Development Forum),以凝合成员国政府、发展伙伴、学者、社会组织与媒体等利益相关者的观点,推动科学政策之间的对话(Nile Basin Initiative,2023)。此外,非政府组织尼罗河流域对话(Nile Basin Discourse)也在世界银行和其他发展伙伴的指导下建立,旨在加强民间社会参与流域开发进程、理解与支持尼罗河流域倡议组织政策,以积极影响各国政府关系(Nile Basin Discourse,2023)。随着“共同愿景计划”迎来尾声,为了更好地落实合作项目,推动《恩德培协议》谈判取得进展,世界银行于 2008 年启动了“制度加强计划”(Institutional Strengthening Project)。它从加强组织内部整合、协调区域组织的角度对尼罗河流域倡议组织进行调整,旨在提升流域管理中心的协调能力以及次流域一级的项目执行力,“以利益促共识”的发展路径被进一步深化(World Bank,2008)。

(二)双轨架构的症结:技术合作形式化与非对称水权利结构

尼罗河流域倡议组织在发展建设过程中仍未能解决许多固有问题,其技术轨道逐步形式化,政治轨道上虽然形成最终文件并结束谈判,但依旧没有缓解水资源争端这一主要矛盾,甚至加剧了上下游国家的集团对立。

技术轨道方面存在周期长、见效慢的缺陷,实施项目未能在河流开发等上游国家关注的主要领域取得进展。从时间上看,第一个"战略行动计划"期限之长,出台十年以来仍未进入产品交付阶段。"共享愿景计划"不仅启动缓慢,实施过程也称不上高效,其大部分项目进行了 4 年至 7 年,直到 2012 年所有项目才最终完成(Nile Basin Initiative, 2020)。而"辅助行动计划"也存在明显拖延,东尼罗河所谓的快速轨道(fast track)项目直到 2007 年才制定出实施计划,尼罗河赤道湖泊次流域在 2010 年以前也只完成了渔业管理和区域电力贸易项目,其他水资源管理开发、电力互联等大部分项目仍在评估与初步实施当中(Eastern Nile Technical Regional Office, 2023; Nile Basin Initiative, 2019)。从成效上看,尼罗河流域倡议组织仅促进了流域信息沟通,在基础设施建设、开发利益共享等方面难以取得实质性突破。相较于针对次流域具体需求而运行项目的"辅助行动计划",促进流域宏观问题发展的"共享愿景计划"完成过程更加顺畅。而在该计划内部,涉及经济利益共享的区域电力贸易、高效农业用水、社会经济发展以及区域农业贸易项目所获资金也不到计划全部资金的 20%(Nile Basin Initiative, 2020)。除此之外,东尼罗河次流域原本准备实现水资源一体化开发雄心的"多用途联合计划"(Joint Multipurpose Program)也在埃及的阻挠下一再推迟(Ana Elisa Cascão et al., 2016)。

因此,在尼罗河流域倡议组织实际成效不能跟上大部分上游国家国内发展需求的情况下,单边行动也在同步发生。不仅乌干达于 2001 年决定建设布贾加利瀑布水电站,经济得到快速发展的埃塞俄比亚更是接连建设了塔纳—贝莱斯水电站、特克泽水电站和吉贝 III 水电站等河流工程,而下游的埃及也在加快实施托什卡新河谷引水项目(Ashok Swain, 2002; N.福特等,2007; M.德比贝等,2004; Power Technology, 2021)。尼罗河流域倡议组织虽然为尼罗河流域的水政治互动披上了综合治理、共享合作的外衣,但其并不充分的技术轨道表层下仍隐藏着各国单边主义的斗争。

在政治轨道方面,上下游国家对既有水权利结构的争议仍主导着多边合作走向。《恩德培协议》的提出使"公平合理利用"这一国际水法核心原则成为流域多边合作的主要依据,但上下游国家对水资源开发权利的争夺自始至终暗藏在协议谈判过程中。2001年8月,《恩德培协议》基础文件在转化为协议草案后并没有得到各国的认可,原因是上游国家提出新协议应替代既有的旧尼罗河条约,成为尼罗河水资源开发利用的新规范,但下游国家埃及和苏丹则认为新协议应作为对既有条约的补充,其在尼罗河上的历史权利不容改变。对此,尼罗河部长理事会专门成立了谈判委员会修订协议草案,将"水安全"引入《恩德培协议》,希望用这一模糊概念淡化各方针对既有条约的矛盾,但代表不同立场的替代文本仍然存在。经过一年多的部长级谈判,协议草案除了第14条"水安全"以外,其余条款都得到了流域国家的一致认可。埃及和苏丹仍主张修改"水安全"中的(b)条款为"不对水安全和当前使用权利造成不利影响",埃塞俄比亚则相对应提出公平合理利用与无害使用尼罗河水的原则(Philine Wehling,2020;Zeleke A. Mekonnen,2010;Nile Basin Initiative,2023;Nile Basin Initiative,2010)。

对于下游国家特别是埃及来说,1929年与1959年的尼罗河协定赋予了其使用尼罗河水资源的大部分权利,放弃它等于放弃对国家安全的掌控。而对于以埃塞俄比亚为代表的上游国家来说,强调"公平权利"的《恩德培协议》是一次补救历史缺憾、获取行动合法性的机会,支持它等于获得了国家发展的大量资源。因此,上下游国家虽然在其他条款上达成共识,但在"水安全"问题上针锋相对,互不妥协,即使是技术轨道上取得的一系列成果也未能凝合意见,《恩德培协议》谈判止步不前。

在1995年到2010年的启动阶段当中,尼罗河流域倡议组织"技术促进共识—共识带动合作"的路径初具规模,但技术合作拖延并形式化,政治合作也受制于既有水权利结构的争议。尽管政治与技术相互促进的方案一开始由于涵盖上下游利益而吸引了全流域合作,但也不可避免地导致了无论哪一方都难以从制度中获得满意成效。上游国家无法利用该组织促进河流开发，下游国家也无法用制度约束上游国家开发尼罗河水。技术合作阻碍在于成员国对水权利的相互争夺，在该问题难以取得实质性进展的情况下，技术轨道更无法促进政治共识达成。尼罗河流域倡议组织引入的双轨架构理念不仅逻辑相悖，且将政治轨道这一目的混淆为方法，为制度失灵埋下伏笔。

二、尼罗河流域倡议组织的危机
与双轨架构的推进

21世纪前十年，尼罗河流域倡议组织在成员国和国际社会支持下为流域多边水合作带来了崭新管理模式与理念。然而，技术轨道的低效使上游达成新水权利协议并获取更多河流开发投资的希望落空，上游在政治轨道上对水权利的争取又让下游国家管控水资源开发的计划几近幻灭。上下游集团矛盾随着组织的发展逐步加深，最终在2010年爆发，打破了政治与技术轨道相互促进的设想。

（一）"退群"和单边行动危机

其一，政治轨道上形成上游国家孤立下游国家的局面，最终造成埃及和苏丹"退群"。尼罗河流域倡议组织倡导的"公平开发尼罗河水资源"是吸引广大上游国家参与的重要原因之一。自相继独立以来，上游国家逐渐对埃及和苏丹霸占尼罗河水权利的行为不满。坦桑尼亚和肯尼亚曾援引"尼雷尔主义"否认殖民时代签署的《尼罗河水灌溉协定》对自身的约束力，肯尼亚还指出1959年苏丹和埃及签订的《充分利用尼罗河协定》无权要求非成员国遵守，并倡议建立公正公平的分水制度（Zeleke A. Mekonnen，2010；水利部国际经济技术合作交流中心，2018）。埃塞俄比亚也在联合国呼吁在尼罗河上达成平等公正的合作，以保障其国内的粮食安全（安杜，2007）。因此，上游国家在加入尼罗河流域倡议组织之后一直以"公平合理利用"原则为重点扩大影响力，经济高速增长并对粮食和能源有巨大需求的埃塞俄比亚更是对《恩德培协议》抱有极大热忱。

然而,《恩德培协议》草案在 2007 年提交给各国元首后未获批准,重新退回到部长级别谈判(Nile Basin Initiative,2023)。在谈判因"水安全"问题僵持不下时,作为多数的上游国家忽视埃及和苏丹重新谈判的主张,支持以"将'水安全'设附件并由尼罗河流域委员会在成立 6 个月内作出决定"的结果通过协议草案。面对排挤,下游两国强烈抗议并要求以协商一致而不是多数通过作为决策原则,坚持将河流工程提前通知程序列入《恩德培协议》(Philine Wehling,2020)。但埃塞俄比亚、卢旺达、坦桑尼亚、乌干达、肯尼亚和布隆迪仍在 2010 年至 2011 年相继签署了《恩德培协议》(Nile Basin Initiative,2023)。作为反制,2010年埃及和苏丹宣布暂停全面参与尼罗河流域倡议组织。虽然苏丹在2012 年重新加入该组织,但埃及一直游离其外。下游大国埃及的缺失对于《恩德培协议》而言无疑意味着一种性质改变,本是作为凝聚共识、推进全流域合作发展的法律框架,如今却成为上游同下游对抗和加深上下游裂隙的工具。

其二,技术轨道上形成下游国家对开发议题的主导,迫使埃塞俄比亚在制度外修建"复兴大坝"。在尼罗河流域倡议组织成立前,埃及就作为流域最具实力的国家与苏丹一起调查水文气象数据、水资源利用潜力等情况,并致力于加强技术与信息数据共享的流域合作(Jutta Brunnée et al.,2002)。因此,较上游国家而言,埃及在信息与技术议题上具有更大优势,并在加入尼罗河流域倡议组织后也倾向以此影响议程。一方面,埃及作为最先加入尼罗河赤道湖泊辅助行动计划协调小组的下游国家之一,积极通过技术指导、资金支持促进该次流域保护水资源、改善环境退化、节约农业用水(Nile Basin Initiative,2016)。但另一方面,在提供尼罗河 85% 年径流量的东尼罗河流域,埃及却尽可能钳制埃塞俄比亚利用河水(Nader Noureldeen Mohamed,2017)。在青尼罗河上规划梯级大坝的"多用途联合计划"就因埃及对研究结果的频频质疑难以推进(Ana Elisa Cascão et al.,2016)。埃塞俄比亚依赖此计划开发青尼罗河的愿景在埃及阻挠下逐渐前途渺茫,2010年埃及和苏丹撤资更是彻底失去了实施该项目的可能性。在国内发展需求难以满足的情况下,埃塞俄比亚于2011年宣布建造"复兴大坝"。埃及担心,这一蓄水量为740亿立方米的水坝将使埃及减少160亿立方米尼罗河水,失去至少200万英亩(1英亩≈6亩)农业用地,阿斯旺高坝的发电量也会减少20%—40%,因此强烈反对(Amira Mohamed Abdel-Halim, 2018)。苏丹则一方面担忧水资源减少,另一方面还关注大坝决堤带来的安全问题,也谴责埃塞俄比亚的行为(Salman M. A. Salman, 2016)。埃塞俄比亚与埃及、苏丹的水资源争端被点燃,单边行动超越多边合作再次成为尼罗河流域水政治互动焦点。

(二)风险规避与双轨改进

下游国家"退群"和"复兴大坝"问题无疑暴露出尼罗河流域倡议组织长期拖延和低效问题,更重要的是为其带来信任危机和融资危机。一方面,建设"复兴大坝"的单边行动对合作承诺带来负面示范,它不仅体现了制度无力管理水资源,还打击了多边合作的积极性。若不有效回应这一问题,则会使得他国无视合作规范并在必要时候采取单边行动。另一方面,"复兴大坝"使原就岌岌可危的东尼罗河国家关系雪上加霜,除埃及这一流域大国将长期暂停资助该组织外,其他域外资助方也会因争端爆发可能性加剧而减少或撤销资金支持。若不能继续展示良好的合作前景,组织连基本运行都难以为继。因此,尼罗河流域倡议组织分别在政治轨道上加强与埃及沟通,在技术轨道上转变职能定位、议题焦点和融资结构,开启危机下的转型。

为推进政治轨道,尼罗河流域倡议组织首先试图通过非正式多边协商将埃及和苏丹再度纳入全流域合作。埃及与苏丹政府虽然从2010年起暂停参与大部分活动,但仍与该组织保持非政府层面的交流。基于此,尼罗河流域倡议组织首先在战略计划上进一步强调多主体参与流域合作的重要性。面对《恩德培协议》生效的暗淡前景,尼罗河流域倡议组织于2011年出台《尼罗河流域可持续框架》,以在协议正式生效前为水资源可持续发展提供指南。该框架仍将埃及和苏丹列为参与对象,且十分重视流域社会团体沟通对加强组织透明性、公平性和包容性等方面的作用(Nile Basin Initiative,2011)。而"2012—2016总体战略计划"也将战略宣传、紧密联系社会机构、联络发展伙伴作为流域合作计划的重要部分(Nile Basin Initiative,2012)。这对回应埃及加强合作透明度的诉求具有一定意义(Nile Basin Initiative,2016)。

其次,完善与埃及和苏丹的非正式协商路径。尼罗河流域倡议组织自2006年起就设立了尼罗河日、尼罗河流域发展论坛等多主体参与平台,它们在埃及和苏丹暂停全面参与后仍帮助两国获取合作进展信息(Nile Basin Initiative,2020)。借助这些非正式协商平台,各国政府官员和利益相关者可对热点问题、主要矛盾进行讨论,共享科学知识和调查信息。尼罗河流域倡议组织也借此机会呼吁埃及和苏丹重回《恩德培协议》谈判(Nile Basin Initiative,2023;Nile Basin Initiative,2014)。此外,通过与埃及国家对话论坛合作,尼罗河流域倡议组织还能依托该平台引导埃及民间研究流域合作方式、探讨埃及新宪法中有关尼罗河的条款与《恩德培协议》的优缺点,使埃及政府提高对协议的关注度(Nile Basin Discourse,2023)。

最后,促进东尼罗河次流域和解。为了克服《恩德培协议》谈判僵局,东尼罗河技术区域办事处不仅为埃及、埃塞俄比亚和苏丹互访提供便利,促使苏丹组织考察团访问埃塞俄比亚,还邀请埃及学术机构的工作人员和专业人士参加东尼罗河规划模型的研讨会,向其展示流域共同合作的益处(Eastern Nile Technical Regional Office,2011;Eastern Nile Technical Regional Office,2012)。经各方不懈努力,三国于2012年11月举行了关于恢复埃及与苏丹参与东尼罗河技术区域办事处的会议。然而,尽管已达成在不改变对《恩德培协议》立场的情况下合作的共识,埃及却仍拒绝回归尼罗河流域倡议组织(Nile Basin Initiative,2019)。对此,东尼罗河技术区域办事处邀请东尼罗河的政府官员、议员、学者、媒体和民间机构等参加水外交研讨会,并提出了《关于东尼罗河合作的喀土穆声明》。与会者共同承诺鼓励并支持深化合作,再次呼吁埃及重新加入该进程(Eastern Nile Technical Regional Office,2015)。

为了推进技术轨道，尼罗河流域倡议组织为降低运营成本而改革，并一定程度回应河流安全开发的需求。其一，变"项目管理者"为"方案供给者"。面对融资危机，尼罗河流域倡议组织考虑到直接为成员国管理投资项目的资金需求大，且可能因直面争端而失去外部资助，因此决定向为国家决策者提供战略指导的机构演变（Nile Basin Initiative，2019）。2011 年后，世界银行修订了对该组织的"制度加强计划"，重点提升其在促进流域合作、基于知识的水管理与水资源开发等方面的能力（Independent Evaluation Group，2015）。尼罗河流域倡议组织"2012—2016 总体战略计划"还进一步明确了通过提供战略信息、识别与研究项目、引进投资等加强流域合作、水资源管理和水资源开发的方法。其秘书处职能精简为支持流域对话并致力于成为知识中心，辅助行动计划中心也向提供投资方案和信息分析的方向改革，投资组合的决定与项目实施则由国家一级的机构负责（Nile Basin Initiative，2012；Nile Basin Initiative，2019）。

其二，聚焦水资源分布、大坝安全等议题。面对信任危机，加速项目生效并回应成员国需求成为尼罗河流域倡议组织战略规划的主要方向。在流域层面，该组织实施了一系列完善水资源信息网络的措施。随着尼罗河决策支持系统在 2012 年开发完成，流域的项目规划、状况监测和基础设施运行都可通过该系统管理，各国信息互通程度显著提升（Nile Basin Initiative，2015；Nile Basin Initiative，2019）。在此基础上，新编制的《尼罗河流域状况报告》与《尼罗河流域水资源地图集》详细介绍了水资源时空分布、用水需求、主要水利设施，并预测了关键部门用水量，突出合作增长点的同时也有助于减缓各国对水量供给的担忧（Nile Basin Initiative，2016）。在次流域层面，东尼罗河技术区域办事处推出《东尼罗河国家大坝安全参考指南》和《东尼罗河跨界梯级大坝协调运营路线图》作为调解争端的参考文件，并设立国家大坝安全小组监测东尼罗河各国大坝安全管理计划的实施，指导大坝运营方修订有缺陷的法律法规和政策（Nile Basin Initiative，2023；Eastern Nile Technical Regional Office，2015）。

其三,增强融资自主权和多样化。由于尼罗河流域信托基金按原计划于 2012 年到期后将不再对尼罗河流域倡议组织供资,而"复兴大坝"争端又使国际资助前景暗淡,大部分成员国因此十分支持加强融资自主性,减少域外供资态度变化对投资项目的负面影响(World Bank,2012;Stockholm International Water Institute,2013)。一方面,提高成员国出资比例。2012 年尼罗河部长理事会宣布计划在 2017 年底前实现由成员国支付 380 万美元基础运作成本的目标(Nile Basin Initiative,2019;Nile Basin Initiative,2017)。尽管布隆迪、刚果民主共和国、坦桑尼亚和埃及由于经济状况或政治因素出资情况较差,但埃塞俄比亚、苏丹及一些上游国家的积极支持使成员国出资比例获得了一定程度的提高(Nile Basin Initiative,2015;Nile Basin Initiative,2016;Nile Basin Initiative Secretariat,2018)。2017 年,成员国出资金额从 2012 年的 50 多万美元增加至 116.6 万美元(Nile Basin Initiative,2017;Nile Basin Initiative Secretariat,2018)。另一方面,进一步提高资金来源多样性。尼罗河流域倡议组织于 2012 年呼吁召开第二届尼罗河合作国际财团会议,争取更多尼罗河新项目的供资方。经磋商,非洲国际水合作信托基金被选为下一阶段主要融资机制(Nile Basin Initiative,2015;Stockholm International Water Institute,2013)。与此同时,德国、法国等开发银行等的支持也不断增加,到 2016 年时除非洲国际水合作外的各项渠道已成为该组织的主要资金来源。

（三）目标与性质变质下的双轨互绊

尼罗河流域倡议组织虽针对政治与技术轨道上的障碍分别施展应对措施,但这并未成功实现双轨互促。2016 年利益共享链条建设并不理想,尼罗河赤道湖泊次流域仅完成区域农业贸易与流域管理的相关研究、水资源开发项目的筹备。东尼罗河次流域完成较好的项目仅涉及埃塞俄比亚境内或其与苏丹双边,埃及只参与水文气象信息共享,大多数投资项目还在可行性研究中(Nile Basin Initiative,2019;Nile Basin Initiative,2020;Eastern Nile Technical Regional Office,2023)。这意味着该组织仍难以管理流域并塑造合作信心。而政治轨道不仅未获技术轨道支持,其谈判也推进有限。公平利用尼罗河的政治共识没有实质达成,埃及仍拒绝承认《恩德培协议》。双轨难以衔接的根本原因在于尼罗河流域倡议组织的目标和性质出现偏移,即关注点集中在维持组织运转而不是解决水资源矛盾,其自身也逐渐成为上游代言者,无法代表下游利益。

其一,对外部资金依赖使组织不得不迎合资助方的议题,无力回应争端。若说 2011 年前该组织的融资机制是以问题为中心,目标是建立公平合理使用尼罗河的制度,那么 2011 年后,随着实现目标前景渺茫,该组织的融资机制便转而以生存为中心,以满足运行资金需求为融资目的。对于基础运行成本自行担负的计划,许多国家都完不成任务,到 2016—2017 财年时成员国拖欠会费达 590 万美元(Nile Basin Initiative Secretariat, 2018)。除了成员国缴费艰难,组织获取流域外资助也十分被动。其不仅要在非洲国际水合作中与其他流域组织竞争有限融资,还必须极力争取其他发展伙伴支持以维持运转(Stockholm International Water Institute, 2013)。

正如东尼罗河技术区域办事处在年报中写道:"如果制定出与适应或缓解气候变化、实现可持续发展、保护生物多样性等全球优先事项同步的提案,就有可能动员更多的资源(Eastern Nile Technical Regional Office, 2016)。"尼罗河流域倡议组织注重"流行"议题,于 2011 年把适应气候变化与生态环境保护列入《尼罗河流域可持续性框架》战略方向(Nile Basin Initiative, 2011; Nile Basin Initiative, 2023)。2012 年和 2013 年相继出台《"尼罗河赤道湖泊辅助行动计划"气候变化指南》以及在气候变化、性别主流化、湿地管理等方面的战略计划。为了减少资助方对合作进程的担忧,该组织回避直接接触流域争端,仅以提供信息、制定相应标准的方法侧面回应"复兴大坝"问题。再加之为缩减成本而卸去项目管理职能,尼罗河流域倡议组织既无意愿也无能力解决技术轨道上的信任危机,更无法以此促进政治轨道发展。

其二,上游国家的主导使组织无法中立调解上下游水权利矛盾。2010 年前,尼罗河流域倡议组织基本呈现下游国家影响技术轨道,上游国家主导政治轨道的局面。但在埃及"退群"后,技术轨道话语权也逐渐由上游国家把控。埃塞俄比亚虽实施单边行动,但仍通过供资加强对组织的影响力。在东尼罗河次流域,共享"复兴大坝"水电利益的埃塞俄比亚和苏丹每年包揽埃及的份额足额缴纳东尼罗河技术区域办事处会费(Nile Basin Initiative,2015;Nile Basin Initiative,2016;Nile Basin Initiative,2017)。在另一次流域,埃塞俄比亚于2015年加入尼罗河赤道湖泊辅助行动计划,并作为部长理事会成员拥有共同管理执行中心及审阅报告的权利(Nile Equatorial Lakes Subsidiary Action Program Coordination Unit,2014;World Bank,2015)。对尼罗河流域倡议秘书处所需费用,埃塞俄比亚、苏丹和乌干达也从不拖欠,甚至提前支付。

另外,埃及的话语缺失也为上游国家创造了加速建设河流工程的机会。以尼罗河赤道湖泊辅助行动计划旗舰项目鲁苏莫水电站为例,该项目计划由布隆迪、卢旺达和坦桑尼亚在卡盖拉河(Kagera River)上共建装机容量为80兆瓦的水电站。这一设想始于20世纪70年代,在2006年重启后一直未取得实质进展。而在埃及暂停对组织的全面参与后,三国随即于2013年签署了关键的实施协议和股权协议并获得世界银行和非洲开发银行融资,于2016年签署了施工合同(Nile Equatorial Lakes Subsidiary Action Program Coordination Unit,2019)。上游势力膨胀使尼罗河流域倡议组织势必难以公平协调上下游利益,《恩德培协议》也可能被埃及视为上游利益代表而无法获其认可,从而加剧埃及在政治轨道上的孤立,形成双轨对埃及的围堵。

2010—2016年的尼罗河流域倡议组织无力有效应对政治和技术轨道双重危机,甚至因此濒临停摆。其首要目标悄然从重构公平水权利结构变为维持运行,因此迎合资助方议题,回避东尼罗河争端以获融资,精简职能以缩减成本,削弱了技术轨道对政治轨道的吸引力。本应作为目标的政治轨道被作为路径与技术轨道捆绑,进一步限制组织的发展。埃及"退群"不仅阻碍政治轨道,导致组织无法获得更多权限管控单边行为、孵化合作成果,同时还分裂技术轨道,致使组织在上游把控下难以包容下游国家。政治技术相互掣肘,成了自缚之"茧"。双轨架构的逻辑悖论和危机下的目标转变体现了尼罗河流域倡议组织对水资源争端的回避态度,更使其无法保障"公平可持续利用尼罗河水"。

三、尼罗河流域倡议组织边缘化
与双轨架构的残缺

尽管尼罗河流域倡议组织未能成功跨越政治和技术轨道上的障碍,但2017年后组织发展似乎迎来转机。2017年6月,尼罗河流域倡议组织举行成立后首届流域首脑峰会,埃及总统和埃塞俄比亚总理都出席会议,各国就《恩德培协议》分歧和埃及回归问题的磋商到了关键时期(Salman M.A. Salman,2017)。而"复兴大坝"危机看似也未对组织运转造成严重阻碍,随着突出水安全与能源安全重点、与非盟和联合国进行政策对接的《尼罗河流域倡议组织2017—2027战略》于2017年10月出台,流域合作信心也得到提升(Nile Basin Initiative,2017)。尼罗河流域倡议组织为何在没有解决双轨互绊的情况下还能提振合作氛围? 这主要与埃及在组织外的外交活动有关。

(一)成员国"另起炉灶"争夺塑造水权利结构的主导权

随着水资源争端在尼罗河愈演愈烈,非洲国家对埃及的敌意也不断发酵(Aya Nader,2015)。长期相互对抗只能加剧矛盾而不能解决问题,若"复兴大坝"在没有任何协议的情况下建成,埃及的损失会更大。因此,跳出尼罗河流域倡议组织的限制与孤立后,埃及积极寻求解决水分配问题的其他方式。在2014年阿卜杜勒·法塔赫·塞西(Abdel Fattah al Sisi)就任总统后,政局逐步稳定的埃及发起了与上游国家的和解潮(State Information Service,2017)。

其一,缓和与尼罗河流域国家的关系,争取对《恩德培协议》再谈判。2014年6月埃及重返非盟,同年主持非洲部长级环境会议,致力于提高在非洲的影响力(郝诗羽等,2020)。塞西在2017年8月之前的

69 次出访中有 21 次都在非洲,并注重加强与苏丹、布隆迪、乌干达、卢旺达等国的政治经济关系(Amira Mohamed Abdel-Halim,2018)。在缓和战略基调上,埃及以修改《恩德培协议》为条件,开启重返尼罗河流域倡议组织的谈判。2015 年,埃及继停止全面参与后首次出席尼罗河部长理事会会议,并强调将对修改《恩德培协议》的倡议持开放态度,不会让这一分歧影响双方关系(Aya Nader,2015)。几天后,塞西又出席非盟峰会,成为首位访问卢旺达的埃及总统(Toqa Ezzidin,2016)。在一系列外交举措下,埃及以发展对非关系反推尼罗河水政治谈判的外交路线逐步形成。

其二,在组织外建立磋商机制,以解决"复兴大坝"危机。"复兴大坝"计划提出后,东尼罗河三国随即成立国际专家小组调查大坝影响,并开启三方部长级会议谈判,但埃塞俄比亚并未暂停更改河道、修建大坝,这引起埃及强烈抗议。时任埃及总统穆罕默德·穆尔西(Mo-hamed Morsi)甚至称"如果我们的尼罗河水份额减少,我们的血液将成为替代品"(Nouran El-Behairy,2013)。战争威胁无疑恶化了埃及与埃塞俄比亚的关系,2013 年年末苏丹因其与埃塞俄比亚的输电线路架设完成而倒戈上游更让谈判雪上加霜。面对紧张局势和马不停蹄的大坝建设,塞西选择了更加柔和的处理方式。借助 2014 年非盟峰会带来的合作契机,埃及不再要求暂停施工,三国部长级会议得以恢复,并成立三方国家委员会研究大坝的影响(Salman M.A. Salma,2016)。埃及甚至称会在《恩德培协议》框架下讨论"复兴大坝"问题。2015 年 3 月,三国签署《关于"复兴大坝"的原则宣言协议》(Agreement on Declaration of Principles between Egypt,Ethiopia and Sudan on the GERDP,以下简称《原则宣言》),同《恩德培协议》一样强调不造成重大损害、公平合理利用原则与损害赔偿责任,并规定埃塞俄比亚就大坝情况通知下游的义务(State Information Service,2017)。这意味着埃及接受了"复兴大坝",暂时放弃坚持 1959 年《充分利用尼罗河协定》的分水额度,将尼罗河水政治由对抗转向协调(Rawia Tawfik,2016)。

埃及的水外交缓和了上下游紧张关系,为召开尼罗河流域峰会奠定了基础,但双轨的障碍并未因此扫除。一方面,《恩德培协议》谈判在峰会上没有取得进展。在《原则宣言》的前提下,埃及也希望通过《恩德培协议》巩固国际水法原则。因此,埃及在 2017 年尼罗河流域峰会上提出回归条件,即对尼罗河上建设的项目实行提前通知和共同决策程序。但一些上游代表认为,一国无权替超过 2 亿人的上游做决定,谈判又回到起点(Abubaker Mayemba et al.,2017)。另一方面,"复兴大坝"谈判弃尼罗河流域倡议组织不顾。在《原则宣言》得到《喀土穆文件》确认后,三方又对蓄水时长与释放水量产生争议(Salman M.A. Salman,2017)。埃塞俄比亚一边拖延审批调查报告一边继续建坝,坚持在 6 年内蓄满水发电(Shaul Shay,2018)。埃及则认为 10—15 年的蓄水时长才能保证其每年从青尼罗河得到 400 亿立方米河水(Yunus Turhan,2021)。在谈判僵持之时,埃及向沙特阿拉伯、俄罗斯、美国和世界银行发出调解请求,使"复兴大坝"问题上升到全球层面。可见作为唯一的全流域合作机制,尼罗河流域倡议组织已不能发挥其应当具备的争端调解作用(Ahmed Rashed,2017;Shaul Sha,2018)。

（二）双轨互绊下的议程依附与成员割舍

埃及水外交使尼罗河流域倡议组织逐渐丧失对重构水权利结构这一流域主要矛盾的主导权。政治轨道的谈判前路已被上下游的互不相让截断,缺失法律授权又让组织难以推进技术合作。技术合作争端仍在持续,但遏制单边行动已超出组织的框架和能力范围,被边缘化的技术轨道无法对政治轨道产生吸引力。为了避免在成员国选择和多制度竞争中淘汰,尼罗河流域倡议组织被迫进一步回应成员国需求。

在技术轨道方面,组织通过拓展议程改善项目供给与需求的错位,却因依附宽泛的区域议程进一步丧失协调流域集体合作的话语权。组织对项目执行一直低效的情况反思道:"识别确定的项目并不总是与国家规划的优先事项契合,因此国家资金预算也没有优先考虑组织的项目。"为了使项目主流化,缺乏法律框架的尼罗河流域倡议组织将关注点拓展至与其他区域和全球性国际组织对接,希望通过议程融合加强成员国对流域合作项目的重视。在国际组织对接上,《尼罗河流域倡议组织战略 2017—2027》致力于与《2025 年非洲水远景》、非洲联盟的《2063 年议程》和联合国可持续发展目标相适应,并强调该战略将为 8 个可持续发展目标以及 11 个指导 2015 年后全球发展议程的目标作出直接贡献(Nile Basin Initiative,2017)。2018 年,组织同伊加特气候预测和应用中心签署谅解备忘录,加强双方气候数据对接。同时,二者在达瓦河(Daua River)联合利用与埃塞俄比亚、乌干达和肯尼亚的区域畜牧业生计恢复项目上也有合作(Nile Basin Initiative,2020)。组织还与东非电力联营成为合作伙伴,共同开发规划东非基础设施与资源系统的工具和模型(Eastern Africa Power Pool,2021)。

在成员国对接上,尼罗河流域倡议组织认为若缺少能源、农业和环境等部门的互相沟通以及外交、财政部门的支持,成员国只能在未充分了解流域共同利益的情况下参与组织,组织也难以掌握成员国偏好,导致项目执行困难(Nile Basin Initiative,2017)。因此,尼罗河流域倡议组织一方面强调国家决策高层的参与,第 26 届尼罗河部长理事会开启了正规化和制度化尼罗河流域峰会的进程(Nile Basin Initiative,2018),另一方面促进成员国政府部门相互协调,2019 年举行了跨部门规划和协调会议,将国家优先事项纳入尼罗河流域秘书处工作计划(Nile Basin Initiative,2019)。为进一步契合成员国的河流开发需求,组织在既有三个流域管理中心外,增加区域专家工作组和项目指导委员会作为传递意见、指导和协调国家政府实施项目的平台。此外,尼罗河流域倡议组织还计划协调组织外成员国间合作制度,通过呼吁提交政策简报、白皮书或定期报告至组织审议等方式实现"总—分"式治理尼罗河(Nile Basin Initiative,2017;Nile Basin Initiative,2018)。

2017 年后尼罗河流域倡议组织的新一轮改革是其面对边缘化危机的被动反应,主要目的是通过向更大国际组织靠拢目标、与周边区域组织融合议程、与成员国拓展沟通渠道等方式提高项目实施效率,避免被成员国抛弃。重视成员国需求本可提升组织的流域合作话语权,但其在"复兴大坝"谈判中却一直缺席,反而域外国家、非洲联盟等国际组织频繁介入(Yunus Turhan,2021),主要原因还是在于双轨架构逻辑悖论导致的战略与目标冲突。由于缺乏法律授权，组织想要在流域合作上积极作为只能通过将议程融入其他成员国所属制度来实现。这样虽可使其进入成员国的主流决策，却让其依附、"埋没"在众多议程里，流域合作话语权也会被其他制度所把握。多制度竞合也可能会使水权利重构问题复杂化，依附不同议程的尼罗河流域倡议组织对此也将无力协调。

组织回应成员国管理和开发河流的需求，却偏倚尼罗河赤道湖泊次流域以回避水权利争端。《尼罗河流域倡议组织战略2017—2027》重划重点，将水安全、能源安全和粮食安全作为首要关注事项（Nile Basin Initiative，2017）。不同于《恩德培协议》为"水安全"赋予"公平使用"含义，新战略中的"水安全"强调各国充足水资源的需求，更倾向下游国家立场。在具体实践中，该组织启动了第二阶段战略水资源分析，预测供水需求，评估海水淡化和水资源再利用范围，研究地下水和地表水联合使用，加强水坝协调管理。而能源安全则重点考虑供电不足的上游国家，并相应开展多国电网联通和水电站建设计划。除此之外，还优先考虑全流域共同关注的粮食安全，估算了灌溉需求，开展渔业联合管理项目，推出多个扩大灌溉面积的开发方案。三个重心的确定体现了尼罗河流域倡议组织在战略定位上对成员国需求的重视（Nile Basin Initiative，2018；Nile Basin Initiative，2019；Nile Basin Initiative，2020）。

然而，组织的战略落实有所偏废。未涉及水争端的尼罗河赤道湖泊次流域不仅更具发展稳定性，还因东非共同体、东非电力联营等支持更具合作便利性。因此，组织的项目资源都向其靠拢。在水电贸易方面，耗资3.4亿美元的鲁苏莫水电站项目到2020年6月已建设65%，并向布隆迪、卢旺达和坦桑尼亚铺设输电线。乌干达—卢旺达、卢旺达—刚果民主共和国电网互联也得以实现。肯尼亚和卢旺达的电力贸易则于2018年4月开始。在水资源管理方面，肯尼亚和乌干达的安格洛洛多用途水资源开发项目于2019年7月开始可行性研究，该项目在非洲开发银行资助下计划建设蓄水量为4300万立方米的大坝以满足灌溉需求。卢旺达和布隆迪的阿坎亚鲁项目、南苏丹和乌干达的尼穆尔项目等也吸引了大量发展伙伴资金。开发和管理项目的增加拓展了该流域议程。2019 年后，原属东尼罗河次流域旗舰项目的大坝安全培训也被加入其议程。水外交培训也得到除埃及外所有成员国的参与（Nile Basin Initiative，2017；Nile Basin Initiative，2019；Nile Basin Initiative，2020）。

而成为水冲突中心的东尼罗河次流域可能会因局势动荡和埃及从中作梗而难获资金技术支持，因此未得到组织重视（Eastern Nile Technical Regional Office，2017）。新战略实施以来，东尼罗河技术区域办事处能落实的开发管理项目有限，仅能开展项目计划和可行性研究，如巴罗—阿科博—索巴特多用途水资源开发研究项目、东尼罗河多部门投资机会分析研究等。2017 年至 2020 年间，东尼罗河技术区域办事处预算与尼罗河赤道湖泊辅助行动计划协调小组预算的差距不断拉大，前者不到后者十分之一。2020 年时，东尼罗河次流域运行的总投资项目不足尼罗河赤道湖泊次流域三分之一（Nile Basin Initiative，2017；Nile Basin Initiative，2018；Nile Basin Initiative，2019；Nile Basin Initiative，2020）。二者的融资差别是水政治斗争的后果，但也是尼罗河流域倡议组织无意干涉争端的体现。与其他制度融合议程只能将资源投入合作议题聚集地区，对于缺乏合作的争端地区自然愈发"视而不见"。而要维系运作，又势必要向合作多、资金多的地区靠拢，进一步加剧争端地区与非争端地区投资资源的两极分化。如此一来，尼罗河流域倡议组织的议程、议题独立性下降，更无法介入东尼罗河次流域矛盾、使全流域公平利用尼罗河水。

在政治轨道方面，舍弃下游国家而加强上游国家之间的政治合作成为维持尼罗河流域倡议组织运行的深层逻辑。由于上下游对《恩德培协议》各不相让，谈判余地微乎其微，组织与埃及的非正式多边协商无疑难从根本上改变埃及立场（Elizabeth Agiro，2018；Nile Basin Initiative，2021）。技术合作虽仍在进行，但无论是从提升水资源使用效率、增加水资源供给量角度再次强调"水安全"内涵，还是在粮食安全等成员国关注的优先领域开展合作,都未对埃及产生显著吸引力。另外,下游对流域合作的态度很大程度被"复兴大坝"局势影响。若埃塞俄比亚突破制度继续单边行动,步步威胁埃及要求的水权利,埃及就不可能认可《恩德培协议》。大坝谈判僵持也使苏丹减少了对组织的支持,2019—2020财年只有埃塞俄比亚向东尼罗河技术区域办事处足额缴纳会费。

在此情况下,尼罗河流域倡议组织若要维持运行并成为合法流域管理者,只能摆脱下游国家的制约,仅在有意愿签署和批准《恩德培协议》的上游继续促进流域合作。一方面,尼罗河流域倡议组织在其20周年纪念出版物《长河之旅》中主张,《恩德培协议》的签署不应成为该组织合作的先决条件及其履行任务的制约因素,以减轻政治轨道僵局对组织发展的负面影响。另一方面,尼罗河流域倡议组织又积极在上游地区,特别是尼罗河赤道湖泊次流域加强成员国的合作。随着埃及暂停参与和埃塞俄比亚的加入,尼罗河赤道湖泊辅助行动计划协调小组在2017年后成为负责全流域项目的执行中心,意味着下游国家的合作议程被逐渐排除在外围(Nile Basin Initiative,2017;Nile Basin Initiative,2020)。此外,不顾埃及提出的谈判条件,乌干达于2019年8月也批准了《恩德培协议》,使该协议获6国签署、4国批准,距6国批准的生效条件又近一步。"无法解决问题,就在问题之外行动",尼罗河流域倡议组织放弃下游国家不仅无助于解决尼罗河水争端,还将进一步加深上下游隔阂。即使《恩德培协议》最后生效,也只能成为一个代表上游国家利益的法律文件,"公平利用尼罗河"只属于上游而不适用于下游。

2017年之后的尼罗河流域倡议组织虽看似重塑了流域合作氛围,却在上下游对立关系固化的暗藏危机中被逐渐边缘化。随着埃及和埃塞俄比亚在组织外不断寻求提升水政治谈判主导权,埃及"退群"对政治和技术轨道的双重制约与"复兴大坝"争议发酵体现了双轨架构的失败。组织一方面苦于没有法律授权而通过对接更多、更大的国际组织促进项目主流化,却因此进一步丧失流域合作话语权;另一方面则囿于水资源争端和下游对双轨的阻碍,抛弃东尼罗河次流域。放弃下游国家虽打开双轨互斥之结,但也意味着该组织舍弃了"公平利用尼罗河水"的目标。当前尼罗河流域倡议组织仅能维持生存,甚至一定程度成为上游实现利益的工具,无力解决尼罗河水权利矛盾。

四、结　语

作为囊括所有尼罗河国家的流域组织,尼罗河流域倡议组织在重构公平水权利结构的目标中被提出,并精心设计了建设理念、管理框架。然而,良好开局并未使其解决水权利争夺困局、顺利实现"公平合理可持续利用尼罗河水资源"的目标,反而一步步走向边缘化。其中一个重要原因在于该组织的发展路径——政治与技术双轨架构相互掣肘。

随着20世纪90年代上下游不对称权力差距缩小,上游国家决定突破下游国家从历史条约中获取的水权利优势,而下游国家也希望建立制度约束上游的河流开发行为。因此,达成"公平合理利用尼罗河水"的法律框架成为尼罗河流域倡议组织赖以存续的政治轨道。但支持政治轨道的技术轨道却被下游主导,上游难以如愿依赖制度开发河流资源。在启动阶段,技术合作拖延和形式化与触及水权利的政治谈判受阻息息相关,未塑造共同利益又进而制约谈判。无法从制度获益使单边行动成为成员国的优先选择。缺少法律框架的尼罗河流域倡议组织在信任和融资危机中难以自保,一方面为降低成本而改革,却因迎合资助方、回避争端而削弱技术轨道对政治轨道的吸引力;另一方面无法通过非正式多边协商推进上下游政治谈判,不仅未获更多技术合作权限,还逐渐失去调解冲突的公平立场。面对边缘化危机,尼罗河流域倡议组织通过对接更高级别的国际组织争取项目主流化,抛弃东尼罗河流域以摆脱其对双轨的阻碍,但也因此进一步丧失流域合作话语权和重构公平水权利结构的目标。

尽管水资源综合管理已能证明流域开发的"非零和博弈"属性,但由于下游水霸权国埃及率先通过历史条约攫取最大利益,尼罗河的流域组织建设先天以争夺规则为心照不宣的前提。随着上游国家经济实力和议价能力提升,上下游权力结构变动进一步制约尼罗河流域倡议组织有效性,使其沦为水权斗争的工具。该组织的失败体现了"互助互信、发展优先"的重要性,观念理解差异下的规则争论只会导致无休止的相互指责和权力倾轧。同时也可发现,对接级别更高的国际组织不一定是流域组织获得政治认同的有效手段(王涛等,2022)。在本就缺乏合法性或法律绑定权责的条件下对接将进一步导致流域组织边缘化。如今,"不是无能的机制就是单边行动"成为尼罗河流域水政治现状,突破这一困境也许需要借助埃及和埃塞俄比亚的力量创建"中间道路"。通过开展系统有效的多边外交、改善流域组织的合作模式以实现"公平利用尼罗河水资源"还有很长一段路要走。

参考文献

安杜:《国际法视角下的尼罗河流域水资源争端》,对外经济贸易大学 2007 年硕士学位论文,第 14 页。

郝诗羽、段九州:《塞西执政以来埃及的非洲政策取向与变化》,《西亚非洲》2020 年第 3 期。

黄锡生、张雒:《论国际水域利用和保护的原则》,《西南政法大学学报》2004 年第 1 期。

M. 德比贝、朱晓红:《埃塞俄比亚的水电开发》,《水利水电快报》2004 年第 9 期。

N. 福特、丁晶菁:《埃塞俄比亚水电开发近况》,《水利水电快报》2007 年第 18 期。

水利部国际经济技术合作交流中心:《跨界水合作与发展》,社会科学文献出版社 2018 年版,第 231、234、235 页。

特斯珐业·塔菲斯:《尼罗河流域分水争议解决机制评价》,《人民黄河》2005 年第 11 期。

王涛、杨影淇:《跨界河流合作机制有效性的解释范式》,《太平洋学报》

2022 年第 5 期。

Abdel Fattah Metawie(2004). History of Co-operation in the Nile Basin. International Journal of Water Resources Development, 20(1), pp.47—63.

Abubaker Mayemba and Johnson Taremwa (2017). Why Summit on River Nile Ended with No Deal. https://www.observer.ug/special-editions/53551-why-summit-on-river-nile-ended-with-no-deal.html.

Ahmed Rashed(2017). Have Egypt's Negotiations with Ethiopia on Renaissance Dam Come to a Deadlock? https://www.middleeastobserver.org/2017/11/18/have-egypts-negotiations-with-ethiopia-on-renaissance-dam-come-to-a-deadlock.

Alebel Abebe Belay, Henry Musoke Semakula, George James Wambura and Labohy Jan(2010). SWOT Analysis and Challenges of Nile Basin Initiative: An Integrated Water Resource Management Perspective. *Chinese Journal of Population, Resources and Environment*, 8(1), pp.8—17.

Amira Mohamed Abdel-Halim(2018). New Departures in Egypt's Relations with Sub-Saharan Africa. https://ecdpm.org/work/north-africa-hope-in-troubled-times-volume-7-issue-4-autumn-2018/new-departures-in-egypts-relations-with-sub-saharan-africa.

Ana Elisa Cascão and Alan Nicol(2016). GERD: New Norms of Cooperation in the Nile Basin? *Water International*, 41(4), pp.550—573.

Ashok Swain(2002). The Nile River Basin Initiative: Too Many Cooks, Too Little Broth. *SAIS Review*, 22(2), pp.293—308.

Aya Nader(2015). Egypt Participates in Nile Basin Initiative for First Time in 5 Years. https://dailynewsegypt.com/2015/02/22/egypt-participates-nile-basin-initiative-first-time-5-years.

Aya Nader(2015). Egypt Unearths Long-lost African Ties. https://dailynewsegypt.com/2015/03/13/egypt-unearths-long-lost-african-ties.

Eastern Africa Power Pool (2021). Our Partners and Stalkeholders. https://eappool.org.

Eastern Nile Technical Regional Office(2011). ENSAP Annual Report

July 2010—June 2011. Addis Ababa: Eastern Nile Technical Regional Office.

Eastern Nile Technical Regional Office(2012). ENSAP Annual Report July 2011—June 2012. Addis Ababa: Eastern Nile Technical Regional Office.

Eastern Nile Technical Regional Office(2015). ENSAP Annual Report July 2014—June 2015. Addis Ababa: Eastern Nile Technical Regional Office.

Eastern Nile Technical Regional Office(2016). ENSAP Annual Report July 2015—June 2016. Addis Ababa: Eastern Nile Technical Regional Office.

Eastern Nile Technical Regional Office(2017). ENSAP Annual Report July 2016—June 2017. Addis Ababa: Eastern Nile Technical Regional Office.

Eastern Nile Technical Regional Office (2023). Fast Track Projects. http://ikp.nilebasin.org/centercontent?type = extrapage&nid = 4385&cid = 183.

Eastern Nile Technical Regional Office (2023). Our Projects. http://entro.nilebasin.org/our-projects.

Elizabeth Agiro (2018). Embed Nile Cooperation within Broader Regional Integration, Urge Nile Day 2018 Participants. *Nile News*, 15(1), pp.1—18.

Hanne Knaepen and Bruce Byiers(2017). Understanding the Nile Basin Initiative: Balancing Historical Rights, National Needs and Regional Interests. https://docslib. org/doc/1874766/understanding-the-nile-basin-initiative-balancing-historical-rights-national-needs-and-regional-interests?

Henrike Peichert(2003). The Nile Basin Initiative: A Catalyst for Cooperation, in Hans Günter Brauch, Peter H. Liotta, Antonio Marquina, Paul F. Rogers, and Mohammad El-Sayed Selim, eds., *Security and Environment in the Mediterranean*, Berlin: Springer-Verlag Berlin Heidelberg.

Independent Evaluation Group(2015). *Africa-Nile Basin Initiative Institutional Strengthening Project*, *report of ICR Review*. Washington, D.C.: World Bank.

Jutta Brunnée and Stephen J. Toope(2002). The Changing Nile Basin Regime: Does Law Matter? *Harvard International Law Journal*, 43(1), pp.105—159.

Jutta Brunnée and Stephen J. Toope(2003). The Nile Basin Regime: A Role for Law? *Developments in Water Science*, 50, pp.93—117.

Kassian Stroh(2003). Water: An Advocate for Reason. *Internationale Politik und Gesellschaft*, 4, pp.95—109.

Kimberly E. Foulds(2002). The Nile Basin Initiative: Challenges to Implementation. https://www.academia.edu/426603/The_Nile_Basin_Initiative_Challenges_to_Implementation.

Nader Noureldeen Mohamed (2017). Nile River Biography and Its Journey from Origin to End, in Abdelazim M. Negm, ed., *The Nile River*, Cham: Springer International Publishing AG.

Nile Basin Discourse(2023). Egypt National Discourse Forum(ENDF). https://www.nilebasindiscourse.org/ndf-windows/egypt-national-discourse-forum.html.

Nile Basin Discourse(2023). Our Identity. https://nilebasindiscourse.org/about-nbd/our-identity.html.

Nile Basin Initiative (2009). Bridging the Nile: Unity and Growth through the Shared Vision Program. Entebbe: Nile Basin Initiative.

Nile Basin Initiative(2010). Agreement on the Nile River Basin Cooperative Framework. Entebbe: Nile Basin Initiative.

Nile Basin Initiative(2011). The Nile Basin Sustainability Framework. Entebbe: Nile Basin Initiative.

Nile Basin Initiative(2012). NBI Overarching Strategic Plan 2012—2016. Entebbe: Nile Basin Initiative.

Nile Basin Initiative (2014). 4th Nile Basin Development Forum. Entebbe: Nile Basin Initiative.

Nile Basin Initiative(2015). Corporate Report 2015. Entebbe: Nile Basin Initiative.

Nile Basin Initiative(2015). Nile Basin Decision Support System. http://nbdss.nilebasin.org/support/solutions/articles/4000039715-what-is-the-nile-basin-dss.

Nile Basin Initiative(2016). Annual Corporate Report 2016. Entebbe: Nile Basin Initiative.

Nile Basin Initiative(2016). Annual Corporate Report 2016. Entebbe: Nile Basin Initiative, 2016.

Nile Basin Initiative(2016). Building on Shared Benefits: Transforming Lives in the Nile Basin. Entebbe: Nile Basin Initiative.

Nile Basin Initiative(2016). Nile Equatorial Lakes Subsidiary Action Program(NELSAP). Entebbe: Nile Basin Initiative.

Nile Basin Initiative(2017). Corporate Report 2017. Entebbe: Nile Basin Initiative.

Nile Basin Initiative(2017). NBI Strategy 2017—2027. Entebbe: Nile Basin Initiative.

Nile Basin Initiative(2018). Corporate Report 2018. Entebbe: Nile Basin Initiative.

Nile Basin Initiative(2019). A Long River Journey: 20 Years of Cooperation under the NBI. Entebbe: Nile Basin Initiative.

Nile Basin Initiative(2019). Corporate Report 2019. Entebbe: Nile Basin Initiative.

Nile Basin Initiative(2019). NBI@20: Nile Cooperation Milestones. Entebbe: Nile Basin Initiative.

Nile Basin Initiative(2020). Corporate Report 2020. Entebbe: Nile Basin Initiative.

Nile Basin Initiative(2020). Our Nile-Our Benefits. Entebbe: Nile Basin Initiative.

Nile Basin Initiative(2020). State of the River Nile Basin: Water Security in the Nile Basin 2021. Entebbe: Nile Basin Initiative.

Nile Basin Initiative(2021). Nile Council of Ministers Call on Nile Basin Countries to Increase Coordination in Planning of Water Use. https://www .nilebasin.org/index.php/new-and-events/347-nile-council-of-ministers-call-on-nile-basin-countries-to-increase-coordination-in-planning-of-water-use.

Nile Basin Initiative（2023）. Cooperative Framework Agreement. https：//www.nilebasin.org/index.php/nbi/cooperative-framework-agreement.

Nile Basin Initiative(2023). Dam Safety and Operation. http：//ikp.nilebasin.org/en/content/dam-safety-and-operation.

Nile Basin Initiative(2023). ENTRO Governance. http：//ikp.nilebasin.org/content/entro-governance.

Nile Basin Initiative（2023）. NBDF Archive. http：//ikp.nilebasin.org/en/content/nbdf-archive.

Nile Basin Initiative(2023). What is Nile Day? Why Nile Day? https：//nilebasin.org/nileday/nile-day/.

Nile Basin Initiative（2023）. Who We Are. https：//www.nilebasin.org/index.php/nbi/who-we-are.

Nile Basin Initiative Secretariat（2015）. Current Status and Future Prospects. Entebbe：Nile Basin Initiative Secretariat.

Nile Basin Initiative Secretariat（2018）. NBI Financing Strategy 2017—2022. Entebbe：Nile Basin Initiative Secretariat.

Nile Equatorial Lakes Subsidiary Action Program Coordination Unit （2014）. Gender Mainstreaming Guidelines and Checklists in NELSAP Programs and Projects. Kigali：Nile Equatorial Lakes Subsidiary Action Program Coordination Unit.

Nile Equatorial Lakes Subsidiary Action Program Coordination Unit （2019）. Regional Rusumo Falls Hydroelectric Project. Kigali：Nile Equatorial Lakes Subsidiary Action Program Coordination Unit.

Nouran El-Behairy（2013）. Ethiopia "Frustrated" by Egyptian Statements on GERD. https：//dailynewsegypt. com/2013/06/12/ethiopia-frustrated-by-egyptian-statements-on-gerd.

Paul L. Rau（2011）. Cooperation in the Eastern Nile Basin. Master Dissertation，Cairo：American University in Cairo.

Philine Wehling（2020）. *Nile Water Rights：An International Law Perspective*. Berlin：Springer-Verlag GmbH Germany.

Power Technology(2021). Gilgel Gibe III Hydroelectric Power Project. https://www.power-technology.com/projects/gilgel-gibe-iii-hydroelectric-power-project.

Rawia Tawfik(2016). The Grand Ethiopian Renaissance Dam: A Benefit-sharing Project in the Eastern Nile? *Water International*, 41(4), pp.574—592.

Richard K. Paisley and Taylor W. Henshaw(2013). Transboundary Governance of the Nile River Basin: Past, Present and Future. *Environmental Development*, 7, pp.59—71.

Salman M. A. Salman(2016). The Grand Ethiopian Renaissance Dam: The Road to the Declaration of Principles and the Khartoum Document. *Water International*, 41(4), pp.512—527.

Salman M. A. Salman(2017). The Nile Basin Cooperative Framework Agreement: The Impasse is Breakable. https://www.internationalwaterlaw.org/blog/2017/06/19/the-nile-basin-cooperative-framework-agreement-the-impasse-is-breakable.

Shaul Shay(2018). The "Renaissance Dam" Crisis. https://www.runi.ac.il/media/ju4lkbo3/shaulshayrenaissance-damen22-4-2018a.pdf.

State Information Service(2017). Agreement on Declaration of Principles between Egypt, Ethiopia and Sudan on the GERDP. https://sis.gov.eg/Story/121609/Agreement-on-Declaration-of-Principles-between-Egypt%2c-Ethiopia-and-Sudan-on-the-GERDP?lang=en-us.

State Information Service(2017). First Nile Basin Countries Presidential Summit. https://www.sis.gov.eg/Story/113496?lang=en-us.

Stockholm International Water Institute(2013). Independent Evaluation of The Nile Basin Trust Fund(NBTF): Final Report. Stockholm: Stockholm International Water Institute.

Tadesse Kassa Woldetsadik(2017). The Nile Basin Initiative and the Co-operative Framework Agreement: Failing Institutional Enterprises? A Script in Legal History of the Diplomatic Confront(1993—2016). *Mizan Law Review*, 11(1), pp.196—228.

Toqa Ezzidin(2016). Al-Sisi Participates in Closed Session Talks as AU Summit Launches. https://dailynewsegypt.com/2016/07/17/al-sisi-participates-closed-session-talks-au-summit-launches.

World Bank(2008). Nile Basin Initiative Institutional Strengthening Project, report of Project Information Document(PID) Concept Stage. Washington, D.C.: World Bank.

World Bank(2012). Project Appraisal Document on Nile Cooperation for Results Project. Washington, D.C.: World Bank.

World Bank(2015). 15 Years of Nile Cooperation: Making an Impact. Washington, D.C.: World Bank.

Youssef M. Hamada(2017). *The Grand Ethiopian Renaissance Dam, Its Impact on Egyptian Agriculture and the Potential for Alleviating Water Scarcity*. Cham: Springer International Publishing AG.

Yunus Turhan(2021). The Hydro-political Dilemma in Africa Water Geopolitics: The Case of the Nile River Basin. *African Security Review*, 30(1), pp.66—85.

Zeleke A. Mekonnen (2010). The Nile Basin Cooperative Framework Agreement Negotiations and the Adoption of a "Water Security" Paradigm: Flight into Obscurity or a Logical Cul-de-sac? *European Journal of International Law*, 21(2), pp.421—440.

专题二 非洲国家治理

非洲国家的土地分权与经济发展

[内容提要] 进行土地分权是非洲国家在国家建设与发展中的一项重要的制度改革。传统对分权与发展的研究大体上聚焦在财政分权领域,土地分权和经济发展间的关系尚缺乏系统的实证分析。事实上,土地分权是非洲国家20世纪80年代中后期开始经历的重要政治经济改革现象,此项改革是否有助于非洲的经济发展有待深入分析。通过整合现有的分权理论,本文构建了一个土地分权改革和经济发展的初步理论框架。土地分权改革可以通过增强地方信息优势、地方政府责任性和农民生产激励三条主要路径增加对土地投入,最终有利于国家经济发展。为了对土地分权改革和经济发展的关系进行检验,本文整理了一个关于非洲国家土地分权改革的新数据集。实证分析表明,土地分权改革显著促进了非洲国家的经济发展:进行土地分权国家的经济增长显著高于未进行土地分权改革的国家,同时一个国家在土地分权改革之后的经济增长要显著高于改革之前。本文通过实证分析检验了土地分权和经济发展的关系,拓展了分权改革和经济发展理论,对发展中国家特别是非洲国家制定合理的土地政策有一定政策启示。

[关键词] 非洲国家,土地分权,经济发展,经济增长,国际发展

[Abstract] Land decentralization is a key institutional reform in African countries that pertains to state-building and development. While research on decentralization and development typically focuses on fiscal decentralization, an empirical analysis of the link between land decentralization and economic development is still lacking. Since the mid-to-late 1980s, African countries have undergone a critical political and economic change in the form of land decentralization reform. However, determining whether this reform will contribute to Africa's economic development requires a thorough analysis. This article offers a preliminary theoretical framework for land decentralization reform and economic development. By promoting local information advantages, local government responsibility, and farmers' production incentives, land decentralization reform can encourage investment in land, which ultimately benefits economic development. To examine the relationship between land decentralization and economic development, this article compiles a new data set on land decentralization reforms in African countries and conducts empirical analysis. The results demonstrate that land decentralization has significantly advanced the economic development of African countries. The economic growth of the countries that have undergone land decentralization is substantially higher than that of countries that have not. Additionally, the economic growth of a country after land decentralization reform is notably higher than before the reform. This article expands the theory of decentralization reform and economic development and has specific policy implications for developing countries, especially African countries.

[Key Words] African countries, land decentralization, economic development, economic growth, international development

* 黄振乾,中国农业大学人文与发展学院副教授。笔者感谢唐世平、郑宇、皮帕·摩根(Pippa Morgan)、方俊、唐睿和王凯对本文的建设性意见和建议。文稿初稿为英文,我的硕士研究生鞠文韬和王宝莎完成了英译中的工作,笔者感谢他们的付出。

一、问题的提出

过去几十年,许多发展中国家出现了分权改革浪潮,这引发了关于分权改革与经济发展之间关系的激烈讨论。然而,分权改革对经济发展起到积极作用还是消极作用,目前似乎尚无一致意见。一些研究发现分权改革有利于经济增长(Oates,1972,1993;Davoodi et al.,1998;Montinola et al.,1995;Jin et al.,2005;Weingast,2014);其他人则认为权力下放可能会抑制经济发展(Brennan,Buchanan,1977,1978;Prud'homme,1995;Faguet et al.,2008)。这些关于分权改革的实证研究大多集中在财政分权的少数案例(如美国、中国和印度)。发展中国家土地分权作为另一种常见的分权改革策略却一直没有引起足够的重视。本文旨在对土地分权和经济发展的关系进行考察来增进我们对分权改革的理解。对土地权及其对经济发展影响的研究对研究者来说并不陌生,但它们对经济增长的影响的机制并不容易确定(Bhattacharya et al.,2019)。同时,对研究者来说,收集有关土地分权的数据也是一项挑战,因为发展中国家的许多土地改革并没有被很好记录下来。现有的大多数文献都使用定性方法(往往是单个或是几个案例)来研究土地分权与经济发展之间的关系(Lipton,2009;FAO,1999;Bruce et al.,2009;Place,2009)。这些定性研究有助于促进我们对土地分权改革的机制性认识,但依然需要大规模的定量实证才能验证土地分权和经济发展之间的一般性关系和规律。

本文的核心研究问题是土地分权能否促进经济发展。理论上,土地分权可能通过三种因果机制(但不限于三种)促进经济发展:地方性信息优势机制、地方政府责任机制以及地方农民的激励机制。为了考察土地分权和经济发展的关系,本文构建了一个非洲 53 个国家独立至2017 年土地分权的原创面板数据。研究发现,非洲国家的土地分权与非洲经济增长之间呈正相关,而且两者的关系通过多种稳健性检验后依然成立。本文的研究可能带来几点学术贡献或政策启示。第一,本文首次对整个非洲的土地分权改革进行了大样本实证分析,通过评估土地分权对经济增长影响,为分权改革和经济发展的研究提供更丰富的证据(Oates,1972,1993;Montinola et al.,1995;Jin et al.,2005);第二,本文结论与土地改革及其社会经济效应的现有定性研究发现是一致的,这为土地分权对国家发展的积极意义提供更稳健的支持(Bruce et al.,2009;Place,2009;Benjamin,2008;Berry,2009;Lessmann et al.,2016);第三,本文展示了土地改革对促进发展中国家特别是非洲国家发展的重要性,土地制度是经济发展制度基础必不可少的一环(Tang,2022)。

二、研究背景和相关文献

(一)分权改革与经济发展

本文中,分权改革指的是权力从中央政府转移到较低层级的政府、机构或部门(Poteete et al.,2011)。在过去 30 年中,许多国家都实施过分权改革。例如,Oates(1972)研究了美国财政分权制度;Jin,Qian 和 Weingast(2005)评估了中国的财政分权;Kalirajan and Otsuka(2012)分析了印度财政分权及其影响;Bruce and Knox(2009)探讨了九个非洲国家的分权改革;Huang et al.(2017)考察了中国国有企业分权改革对经济发展的影响。

总体来看,学术界在分权改革与经济发展方面已经积累了丰富的文献。现有研究可以根据分权改革的效果分为两个方向。一个方向认为分权改革能带来积极影响,特别是认为分权改革与更好的经济发展正相关。这一文献的理论基础可以追溯到哈耶克(Hayek,1945),他认为,"我们需要分权,因为只有这样我们才能确保对特定时间和地点的知识将被及时使用"。与哈耶克一致,"分权定理"(decentralization theorem)认为,中央政府的政策缺乏灵活性,一方面因为它对地方情况的了解少于地方政府;另一方面,中央政府出于政治原因,进行政策变革的代价高昂(Oates,1972)。许多实证研究为分权提供了依据,尽管这些研究对中间因果机制的认识各有不同。分权改革促进经济增长的主要因果机制有三个:一是分权带来的权力下放提高了地方公共部门的效率,培养了良好的治理能力(Oates,1993,1999;Faguet,2014);二是分权改革保护了市场,促进了地方政府之间的竞争(Montinola et al.,1995;Jin et al.,2005);三是分权改革比权力集中能更好地利用地方信息,这对实现经济发展至关重要(Huang et al.,2017)。

另一个方向则对分权效果持悲观态度,认为分权改革可能会抑制经济发展。美国财政分权的早期研究者警告说,分权约束了国家能力,这将限制国家向公共部门输送资源的能力,从而损害经济发展(Brennan et al.,1977,1978)。Prud'homme(1995)通过考察分权的负面影响,指出分权对发展的危害。分权改革可能损害经济增长至少有三个理由:一是分权限制了国家的公共税收收入,加重了地方政府之间的恶性竞争(Brennan et al.,1977,1978);二是分权可能引发行政问题和体制失败(Prud'homme,1995;Davoodi et al.,1998);三是分权可能会削弱下级政府的能力,因为不同国家机构之间的管辖权不明确(Faguet et al.,2008)。

除了上述两个方向,还有学者认为分权对经济发展的影响因不同的政治体制而异。民主和发达国家的分权比非民主的发展中国家分权更有利于经济发展(Weingast,2014)。Caldeira,Foucault,and Rota-Graziosi(2012)则表明发展中国家面临一些发达国家中不存在的行政能力的限制。Bardhan and Mookherjee(2005)发现扶贫项目权力从中央政府下放到地方政府降低了发展中国家的腐败程度。这个主题的研究还涉及分权改革与发展问题的其他因素的联系,如外国援助(Lessmann et al.,2016)、自然资源管理、环境保护(Sigman,2008)、腐败(Birney,2014)以及社会冲突(Verbrugge,2015;Boone 2017;Berry 2017)。

这些相异甚至相反结果的研究表明,现有关于分权改革和经济发展的研究还有改进空间。第一,分权改革是否有利于经济发展依然是一个悬而未决的研究问题,既往研究中对此并未达成共识。第二,现有研究主要关注财政分权领域,到目前为止,土地分权并不是分权研究的焦点。第三,对分权改革与经济发展而言,何种机制更为重要仍然未知。结束这场争论的一种方法是继续寻找财政分权之外的证据(这也是本文努力的方向)。本文认为,土地分权对非洲较为重要,但被现有的实证文献所忽略。事实上,在发展中国家土地权力下放是分权改革中不可缺少的部分(甚至可能是更重要的部分),因为发展中国家并没有雄厚的财政基础。

(二)非洲土地分权与经济发展

许多发展中国家特别是非洲国家发起的分权改革实际上由世界银行在 20 世纪 80 年代诱导和资助。当年,为了应对"国家失败",分权改革被视为是改善问责制、提高政策效率和促进经济发展的一种有效方式。但是非洲国家感受到的分权改革带来的社会经济影响却往往令人困惑,这些实践效果往往相互矛盾,并且证据也主要来自财政分权改革而不是其他种类的分权改革(Caldeira et al.,2012)。

虽然目前还没有系统的实证研究来检验土地分权与经济发展之间的关系,但一些定性研究学者已经提出了一些方法来评估土地改革(政策)对经济发展的影响。Dorner(1972)从总体上探讨了土地改革与经济发展的关系;Feder(1988)研究了泰国的土地所有权政策对农业生产力的影响;Barrows and Roth(1990)发现在肯尼亚、乌干达和津巴布韦,有地权和无地权的农民之间的农业产量并不存在显著差异。Alesina and Rodrik(1994)发现 1960—1980 年世界范围内土地不平等和经济增长之间存在统计上显著的负相关。Besley(1995)通过使用加纳的证据,认为土地安全与投资之间存在正相关。Fenske(2011)研究了西非的土地所有权和农业投资,发现土地所有权对休耕更重要,但对劳动力使用并不那么重要。Place(2009)对撒哈拉以南非洲国家有关土地再分配(土地保有权、权属保障及其对土地投资和农业生产力的影响)的各种研究进行了全面梳理。所有这些研究都表明,土地改革(政策)对经济发展至关重要。与此相关,一些政治学家也探讨了非洲土地分权的原因、过程或特征。例如,Boone(2003)认为非洲独立后的分权改革应被理解为一种国家建设的政治战略。同样,Baldwin(2014)表明,在非洲民主国家,土地权力下放是政客们拉动选票的一种政治默契。Bruce and Knox(2009)全面回顾了塞内加尔、马里和乌干达等9个非洲国家不同类型的土地分权。

从理论方面来看,土地分权可以理解为一种制度变迁过程,从根本上改变激励结构,进而影响经济活动(North,1983,2005;Tang,2011)。权力下放到较低层次的国家机构也改变了政治结构。至于土地分权,则可能带来三个方面的变化。首先,权力下放使地方政府能够更有效地利用土地信息,从而增加对农田的投资,如 Basurto 等人指出,"地方领导人大部分情况下比中央集权的官僚机构更了解本村人民的相对需求"。其次,分权土地管理,将权力分配给地方官员,可以培养官员的责任意识(Grindle,2009)。与国家直接控制土地相反,有权管理土地问题的地方政府必须承担地方发展的责任(Faguet et al.,2015)。最后,土地分权可以激励当地农民在他们的土地上增加投入,他们获得了很大的自由裁量权来管理自己的土地。因此,本文认为通过将土地权力从中央政府下放到下级政府,能够改变中央和本地之间的信息结构、加强地方政府责任性和增加农民对土地的投入,这三种渠道都增加了土地和农业的平均投入,最终有利于经济发展(见图1)。

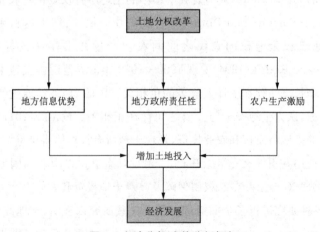

图1 土地分权改革分析框架

资料来源:作者自制

接下来,本文用非洲国家土地分权的原始数据来检验分权对经济增长的影响。值得注意的是,本文并没有提供直接检验上述三种机制的实证证据。本文的主要焦点是土地分权和经济发展本身之间的关系。

在开始实证分析之前,我们可以从部分描述性内容窥探土地分权改革和经济发展之间的关系。本文构建完成的非洲土地分权改革数据集表明,土地分权和经济发展(以经济增长作为测量)之间确实存在正向相关性。博茨瓦纳是非洲第一个进行土地分权改革的国家。博茨瓦纳1970年的《部落土地法》(1968年颁布)建立了一个制度分权的土地管理系统。本次改革在地方政府中设立了部落土地委员会,该委员会与国家政府地方政府土地和住房部(Ministry of Local Government, Land and Housing)直接相关,有权管理分配当地土地资源。截至2017年,在非洲54个国家中,有19个国家进行了土地分权改革,占53个非洲国家的35%(见图2)。

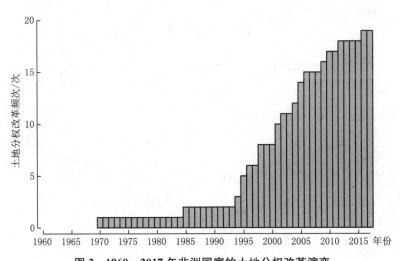

图2 1960—2017年非洲国家的土地分权改革演变

资料来源:作者自制

其中大多数分权改革都发生在1985年之后,进行土地分权的国家和没有进行土地分权的国家人均GDP增长平均值存在显著差异。进行过土地改革的国家的人均 GDP 增长均值为 2.83%,而未进行土地改革的非洲国家的人均 GDP 增长率均值为 1.03%,两者差值达到 1.8%。尽管这种差异看起来细微,却产生了实质性的意义,考虑到非洲大陆作为一个整体在过去几十年里实现了比其他地区更低的经济增长。从这里引出本文的第一个假设:

假设 1:在其他条件相同的情况下,进行土地分权改革的国家比未进行土地分权的国家的经济增长率更高。

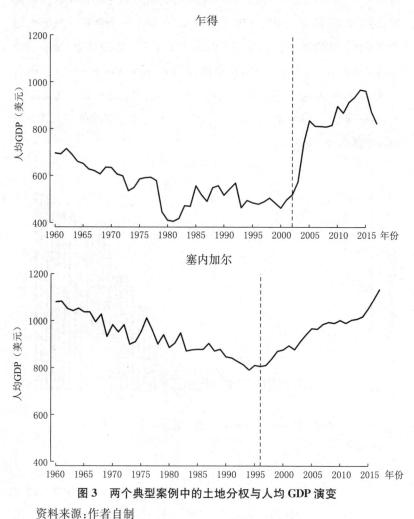

图3 两个典型案例中的土地分权与人均 GDP 演变

资料来源:作者自制

　　此外,进行过土地分权的典型国家的经济增长演变也为我们的研究提供了有用线索。乍得和塞内加尔两个案例展现了土地分权改革与经济增长之间的关系,这两个国家在土地分权改革后都实现了显著的经济增长(见图3)。乍得是非洲中部的一个内陆国家,根据联合国人类发展指数被列为世界上最贫穷的国家之一。然而,与乍得自身对照,在2003年土地分权之后,乍得的人均GDP却实现了迅速增长。与乍得相比,塞内加尔"更富"一些,拥有经济发展的地理优势——靠近海岸。同样,在土地分权后,塞内加尔的人均GDP也比前几年大幅提高。初步证据表明,权力下放对"贫穷"和"富裕"的非洲国家的经济增长都能产生作用。这就产生了第二个假设:

　　假设2:在其他条件相同的情况下,一个国家在土地分权后的经济增长率比改革前更高。

三、数据和方法

(一)数据和方法

　　为了检验上述关于土地分权和经济增长的两种假设,本文构建了一个非洲国家建国至今土地分权改革和经济发展的数据集。选择非洲作为研究对象有一定代表性,因为过去几十年中土地改革最为集中的地方在非洲地区。选择非洲在实证上也有好处,非洲国家在相似的时间段获得独立,空间的同质性较高,更容易控制外生变量的干扰。也就是说,非洲国家施行土地分权的最初背景是相似的。在开始实证分析之前,本文对相关变量进行简要说明。

1. 经济发展

　　经济发展是本文研究的因变量。根据经济发展的相关文献,本文使用人均GDP增长率指标作为非洲国家经济发展的主要衡量标准。在后续的稳健性检验中,本文也使用国家的GDP增长率作为经济增长的替代指标。因变量数据来自被其他社会科学家广泛使用的世界银行的

"世界发展指数"(World Development Indicator)。编码说明请详见附录。

2. 土地分权

土地分权改革是本文的自变量。虽然土地分权是土地改革的一种特殊形式,但土地改革的定量实证研究具有很大挑战性(Dorner,1972)。既有文献中可以找到一些关于土地改革的实证研究,但这些论文大多集中在土地再分配问题上(Besley et al.,2000；Keswell et al.,2014；Bhattacharya et al.,2019)。现有的定量研究很少将土地分权作为解释经济发展的自变量。土地分权改革指在某一年土地管理权是否从中央政府(国家层级)下放到次级政府(地方层级)。土地分权改革发生及之后的年份,记为1,反之记为0。基于这一编码法则,本文构建了1960—2017年53个非洲国家土地分权改革的面板数据。表1列出了进行过土地分权改革的19个非洲国家及改革开始的年份。关于土地分权改革的相关信息来自Bruce(1998)、Rae(1970)、美国国际开发署(USAID)及其他相关文献。其中,Bruce(1998)整理出版的《非洲国家土地改革概况》(*Country Profiles of Land Reform：Africa*)记录了迄今为止非洲国家土地改革最全面和详细的信息。此外,本文也使用了官方档案(如土地法/法典/法案)作为参照。需要说明的是,每个国家的记录年份

表1 非洲国家土地分权改革年表

国　家	年份	国　家	年份
安哥拉	2004	肯尼亚	2016
贝宁	2006	莱索托	2010
博茨瓦纳	1970	马达加斯加	2005
布基纳法索	2009	马里	1995
喀麦隆	1994	圣多美和普林西比	1985
中非	2012	塞内加尔	1996
乍得	2002	塞拉利昂	2005
科特迪瓦	1998	坦桑尼亚	2001
埃塞俄比亚	1995	乌干达	1998
几内亚	2001		

资料来源:作者自制

是其获得独立的时间点。使用这种分界方法的主要理由是,只有当一个国家获得了主权,政府主导的土地改革才是有意义的(或者说是可能的)。独立之前(如殖民时期)的土地改革则不记入其中(见表1)。

3. 控制变量

本文根据此前关于经济发展的相关研究对常见的控制变量进行了控制。本文的基准控制变量包括经济开放度、外国直接投资、政治稳定

表 2　数据来源和编码

变　量	说　　明	来　源
土地分权	中央政府将土地管理权力下放到次级政府,是为1,否为0。自一个国家获得独立年份开始编码(埃塞俄比亚从1960年开始编码)。时间段为独立年份至2017年。	Bruce (1998)等
人均GDP增长率	测量经济增长的主要指标。每个国家的人均GDP增长率。1960—2017年。	世界发展指数
GDP增长率	经济发展的替代性测量。每个国家的年GDP增长率。1960—2017年。	世界发展指数
人均GDP(对数)	当土地分权发生时,某些年份的人均GDP对数(以2010年美元为基准)。1960—2017年。	世界发展指数
人口规模	每个国家的总人口。1960—2017年。	世界发展指数
通货膨胀	年通货膨胀指数。1960—2017年。	世界发展指数
经济开放度	贸易占年GDP的百分比。1960—2017年。	世界发展指数
政治稳定性	当一个国家在某时期发生战争时,编码为1,否则为0。1960—2007年。	COW
外国直接投资	外商直接投资,净流入占年GDP的百分比。1960—2017年。	世界发展指数
政体类型	国家的民主水平,值范围从－10到10(数值越大越民主)。1960—2017年。	Polity IV
北非地区	如果一个国家属于北非地区,则编码为1,否则为0。	Nunn和Puga(2012)
撒哈拉以南地区	如果一个国家属于撒哈拉以南地区,则编码1,否则为0。	Nunn和Puga(2012)

资料来源:作者自制

性、初始 GDP、通货膨胀、政体类型和人口规模等（见表 2）。这些变量也被财政分权的实证研究人员使用（如 Davoodi et al., 1998）。在基准控制中增加了政体类型，政体类型已经广泛地与经济发展联系起来（Barro, 1996；Tavares et al., 2001；Tang et al., 2018），因此此变量也被越来越多的社会科学家作为基准控制变量处理（如 Liu et al., 2018）。

（二）模型设定

本文以新构建的跨国面板数据为基础考察了土地分权对经济增长的影响。基准模型如下：

$$经济增长_{it} = \beta_0 + \beta_1 土地分权_{it} + \gamma X_{it} + \alpha_i + \delta_t + \varepsilon_{it}$$

本文分别使用了最小二乘法（OLS）、固定效应模型（FE）和随机效应模型（RE）三个模型分析土地分权改革对经济增长的影响。β_1 是本文考察的核心自变量，它表示土地分权改革的回归系数，用来捕捉一个国家 i 在第 t 年的土地分权情况（1 或 0）。X_{it} 为国家层面的控制变量。为了控制平均增长率随时间和国别变动，模型加入了国家固定效应 α_i 和年份固定效应 δ_t。标准误聚类在国家层次 ε_{it}。本文列出了主要变量描述性统计情况（见表 3）。

表 3　描述性统计

变　　量	样本量	均值	标准差	最小值	最大值
人均 GDP 增长率	2275	1.293	6.939	− 62.225	122.968
土地分权	2563	0.133	0.339	0	1
人均 GDP	2275	1.293	6.940	− 62.23	123.0
GDP 增长率	2278	3.949	7.212	− 62.08	123.1
政体类型	2321	− 2.358	5.890	− 9	10
外国直接投资	1845	2.962	7.239	− 82.89	89.48
经济开放度	2142	63.72	29.46	6.320	311.4
通货膨胀	1242	51.31	791.4	− 29.69	26766
人口规模	2557	14.55	20.96	0.0826	190
政治稳定性	2563	0.903	0.296	0	1
北非地区	2563	0.112	0.316	0	1
撒哈拉以南地区	2563	0.871	0.335	0	1

资料来源：作者自制

四、主要研究发现

基准结果在下文列出(见表4)。表4的前三列(模型1—3)报告了未纳入控制变量的简洁回归结果。分析表明,对于所有的最小二乘法(OLS)、随机效应模型(RE)和固定效应模型(FE),人均GDP增长率在1%的水平上达到统计学显著意义,三个系数值值分别为1.797、1.691和1.478。接下来的三列回归(模型4—6)分别采用基准控制、分别纳入时间固定效应、非洲地区固定效应并包括对时间趋势的控制。在OLS模型、随机效应模型和固定效应模型中,尽管经济增长系数的值略有变化,但依然达到了至少10%的统计显著性水平。模型6为基准模型加时间固定效应和地区固定效应,依然达到10%的显著性水平,这表明土地分权改革对经济增长的影响在非洲国家之间和国家内部都具有显著意义。因此,基准结果证实了本文的两个主要假设:土地分权改革促进非洲国家间和国家内的经济增长。本文采用模型6来考察土地分权改革对经济增长的边际效应,从平均水平看,当一个非洲国家的土地分权取值从0变化到1时,该国的人均GDP增长率约提升1.52%。这个数值依然是可观的,在本文的分析样本中,非洲人均国内生产总值年平均增长率仅为1.28%。相较于平均值而言,进行土地分权改革将使得一个国家的人均GDP增长率提升18.75%。

表4 基准回归结果

因变量:人均GDP增长率(年)						
变量名	(1) OLS	(2) RE	(3) FE	(4) OLS	(5) RE	(6) FE
土地分权	1.797***	1.691***	1.478***	0.939*	1.074**	1.525*
	(0.524)	(0.388)	(0.390)	(0.489)	(0.501)	(0.840)
人均GDP (对数)				0.307	0.370	1.463
				(0.282)	(0.286)	(1.947)

因变量:人均 GDP 增长率(年)

变量名	(1) OLS	(2) RE	(3) FE	(4) OLS	(5) RE	(6) FE
人口规模				0.0101 (0.00665)	0.00920 (0.00672)	−0.00366 (0.0462)
通货膨胀				0.00191 (0.0122)	−0.000231 (0.0123)	−0.00407 (0.0139)
经济开放度				−0.0141 (0.0166)	−0.0162 (0.0172)	−0.0314 (0.0193)
外国直接投资				0.225*** (0.0802)	0.217*** (0.0828)	0.201** (0.0860)
政治稳定性				2.289*** (0.742)	2.509*** (0.835)	2.917*** (0.995)
政体类型				0.0664 (0.0489)	0.0734 (0.0462)	0.111 (0.0690)
时间趋势				0.0151* (0.00794)	0.0188** (0.00779)	−0.0423 (0.0420)
常数项	1.039*** (0.197)	1.087*** (0.200)	1.084*** (0.0552)	−4.512** (1.833)	−5.025*** (1.920)	−9.694 (12.84)
时间固定效应	否	否	否	是	是	是
地区固定效应	否	否	是	否	否	是
样本量	2275	2275	2275	1036	1036	1036
R^2	0.008	0.003	0.003	0.168	0.147	0.152

注:括号内为国家层次的聚类标准误。 *** $p<0.01$, ** $p<0.05$, * $p<0.1$。

资料来源:作者自制

五、稳健性检验

本文主要做了两种类型的稳健性检验,一种是将因变量经济发展采用替代性测量,检验可能因为测量误差导致的研究结果信度问题,一种是进行子样本分析,检验土地分权改革和经济发展相关性在不同历史时段的持续性。

（一）因变量的替代测量

测量经济发展的指标并不是单一的，不同指标可能影响研究结果。据于此，本文使用另一种常用的经济发展指标——国家层级的年 GDP 增长率来对模型进行重新估计。在稳健性检验中，主要使用更为严谨的随机效应和固定效应模型而不是 OLS 模型。使用 GDP 增长率的分析结果如表 5 所示。所有三个模型都达到了 10% 的显著性水平（模型 1—3）。这说明，即便使用不同的因变量测量，土地分权改革对非洲国家的经济增长依然有正面作用，这进一步证明两者关系的稳健性。

表 5　因变量的替代测量

因变量：国家层级的 GDP 增长率（年）			
变　量	(1) RE	(2) RE	(3) FE
土地分权	0.736* (0.431)	0.969* (0.508)	1.392* (0.823)
人均 GDP（对数）	−0.393 (0.280)	−0.315 (0.272)	0.513 (1.745)
人口（对数）	0.00349 (0.00672)	0.00705 (0.00620)	0.00228 (0.0489)
通货膨胀	−0.00470*** (0.00111)	−0.00450*** (0.00138)	−0.00590*** (0.000903)
经济开放度	0.0718 (0.0454)	0.0803* (0.0468)	0.101 (0.0819)
外国直接投资	2.455*** (0.766)	2.709*** (0.958)	3.502*** (0.967)
政治稳定性	0.0437** (0.0190)	0.0559** (0.0223)	−0.00914 (0.0438)
政体类型	7.522*** (2.310)	5.070 (7.037)	7.191** (3.086)
时间固定效应	否	是	是
样本量	1101	1101	1101
R^2	0.035	0.103	0.105

注：括号内为国家层次的聚类标准误。*** $p<0.01$，** $p<0.05$，* $p<0.1$。

资料来源：作者自制

（二）子样本分析

子样本分析可以帮助我们了解土地分权改革和经济发展关系在不

表6 子样本分析

因变量:人均GDP增长率(年)

变　量	(1) 子样本1 撒哈拉以南地区 RE	(2) FE	(3) 子样本2 1985—2017年 RE	(4) FE	(5) 子样本3 1990—2017年 RE	(6) FE
土地分权	1.111**	1.559*	1.074**	1.525*	0.969*	1.408
	(0.533)	(0.903)	(0.501)	(0.840)	(0.542)	(0.990)
人均GDP	0.156	1.337	0.370	1.463	0.272	0.272
（对数）	(0.318)	(2.073)	(0.286)	(1.947)	(0.314)	(1.852)
人口(对数)	0.0108*	−0.00689	0.00920	−0.00366	0.00977	0.0187
	(0.00618)	(0.0498)	(0.00672)	(0.0462)	(0.00594)	(0.0512)
通货膨胀	0.00266	−0.00311	−0.000231	−0.00407	0.000924	−0.00531
	(0.0125)	(0.0143)	(0.0123)	(0.0139)	(0.0102)	(0.0113)
经济开放度	−0.0153	−0.0349*	−0.0162	−0.0314	−0.0128	−0.0228
	(0.0177)	(0.0196)	(0.0172)	(0.0193)	(0.0178)	(0.0210)
外国直接 投资	0.227***	0.200**	0.217***	0.201**	0.210**	0.200**
	(0.0808)	(0.0865)	(0.0828)	(0.0860)	(0.0899)	(0.0920)
政治稳定性	2.212***	2.949***	2.509***	2.917***	2.100***	2.450***
	(0.853)	(1.042)	(0.835)	(0.995)	(0.747)	(0.805)
政体类型	0.0966*	0.122	0.0734	0.111	0.0839	0.198*
	(0.0560)	(0.0764)	(0.0462)	(0.0690)	(0.0549)	(0.111)
时间趋势	0.0128	−0.0375	0.0188**	−0.0423	0.0204**	−0.180***
	(0.0101)	(0.0468)	(0.00779)	(0.0420)	(0.00825)	(0.0584)
常数项	−3.452	−8.975	−5.025***	−9.694	−5.009**	5.921
	(2.310)	(13.50)	(1.920)	(12.84)	(2.512)	(13.31)
时间固定效应	是	是	是	是	是	是
地区固定效应	否	是	否	是	否	是
样本量	923	923	1.036	1.036	873	873
R^2	0.151	0.158	0.147	0.152	0.114	0.119

注:括号内为国家层次的聚类标准误。*** $p<0.01$，** $p<0.05$，* $p<0.1$。

资料来源:作者自制

同样本中的显著性或非显著性,对进一步认识两者关系的稳健性和差异性有较高的实证意义。本文主要考虑土地分权改革和经济发展关系在时空上的差异性。从时间上看,非洲国家的土地分权改革浪潮发生的时间并不一致,在独立初期几乎没有一国进行土地分权改革,但20世纪80年代中期起,土地分权改革数量迅速增加。据于此,本文将样本分为1985年至今(2017年)和1990年至今两个子样本进行分别分析。研究表明,土地分权对经济发展效果从1985年开始更为显著(见表6模型3—4),1990年作为节点的土地改革的经济效果减弱(系数变小)且可能失去显著性(表6模型5—6)。在空间上,不同区域因为区域本身的地理、政治和社会经济特征导致土地分权与经济发展的关系呈现差异。在非洲地区,撒哈拉以南地区往往被视为同质性更高的区域。据于此,在样本中剔除北非国家进行单独回归,因为北非国家与外界的地理位置使其与其他非洲国家相比有着相对独特的历史。研究表明,土地改革和经济发展的正向关系在撒哈拉以南地区样本中依然是稳健的(见表6模型1—2)。

六、结　语

过去40年关于分权改革和经济发展的研究中的共识是制度安排对一个国家的经济发展有着基础性的地位(Tang,2022)。遗憾的是,现有关于分权改革的大部分研究都集中在财政分权而不是土地分权。本文另辟蹊径,指出土地分权在促进经济发展方面也可以发挥重要且积极的作用。财政分权对国家的财政实力有一定的要求,但在大部分非洲国家,财政能力不足是普遍问题。土地资源而非财政资源成为非洲国家发展中的基础性资源(黄振乾,2020)。本文借鉴分权改革理论,提出土地分权改革和经济发展的三条因果路径,即土地分权改革带来了地方信息优势、地方政府责任性和农民生产激励,进而增加了土地投入,促进国家的经济发展。

为了验证土地分权改革和经济发展之间的关系,笔者构建了一个新的关于非洲国家土地分权的数据库。实证结果表明,进行土地分权的非洲国家的经济增长高于未进行土地分权改革的国家,土地分权改革后国家的经济增长有显著提升。本文通过提供一个关于非洲国家土地分权和经济增长的全面图景的实证分析,为分权和增长的相关文献作出了一定贡献,与此同时本文还希望推动土地改革政治经济学的研究(Baldw,2014;Obeng-Odoom,2016;Manji,2006;El-Ghonemy,1990;Boone,2014;Berry,2009;Albertus,2015)。本文的研究增加了我们对土地分权和经济发展之间关系的理解。我们在以往关于分权改革政策的讨论中,土地改革和经济发展之间的关系和机制是模糊不清的,本文对发展中国家的土地分权政策提供了有益的参考。

虽然本文尝试为非洲国家土地分权改革和经济增长的提供一个实证图景,但分权改革本身是复杂的。此外,受制于可用数据,本文尚不能对土地分权改革和经济发展之间的三个机制进行实证检验。未来关于土地改革与发展的研究可以从以下两个方向展开:其一,国家层次土地分权的变化可能会对经济增长产生影响,但如果我们能够在地方层面进行数据研究,我们可能会获得关于土地分权和经济增长之间关系更微观的证据。其二,不同国家采取不同的土地分权策略,这些策略对经济发展的影响也不同,这个需要借助深入的案例分析(Bruce et al.,2009)。

参考文献

黄振乾:《国家制度形态的发育程度与土地改革:对独立后非洲国家的实证分析》,《经济社会体制比较》2020 年第 3 期。

沈晓雷:《"快车道"土地改革与津巴布韦政治发展》,《国际政治研究》2019年第 3 期。

Albertus, Michael(2015). *Autocracy and redistribution:The politics of land reform*. New York, NY:Cambridge University Press.

Alesina, Alberto, Stelios Michalopoulos, & Elias Papaioannou(2016).

Ethnic Inequality. *Journal of Political Economy*, 124(2), pp.428—488.

Alesina, Alberto, & Dani Rodrik(1994). Distributive Politics and Economic Growth. *The Quarterly Journal of Economics*, 109(2), pp.465—490. https://doi.org/10.2307/2118470.

Baldwin, Kate(2014). When Politicians Cede Control of Resources: Land, Chiefs, and Coalition-Building in Africa. *Comparative Politics*, 46(3), pp.253—271.

Bardhan, Pranab, & Dilip Mookherjee(2005). Decentralizing Antipoverty Program Delivery in Developing Countries. *Journal of Public Economics*, 89(4), pp.675—704. https://doi.org/10.1016/j.jpubeco.2003.01.001.

Barro, Robert J. (1996). Democracy and Growth. *Journal of Economic Growth*, 1(1), pp.1—27. https://doi.org/10.1007/BF00163340.

Barrows, Richard, & Michael Roth(1990). Land Tenure and Investment in African Agriculture: Theory and Evidence. *The Journal of Modern African Studies*, 28(2), pp.265—297. https://doi.org/10.1017/S0022278X00054458.

Basurto, Pia M, Pascaline Dupas, & Jonathan Robinson(2017). Decentralization and Efficiency of Subsidy Targeting: Evidence from Chiefs in Rural Malawi. Working Paper 23383. National Bureau of Economic Research. https://doi.org/10.3386/w23383.

Benjamin, Charles E. (2008). Legal Pluralism and Decentralization: Natural Resource Management in Mali. *World Development*, 36 (11), pp.2255—2276. https://doi.org/10.1016/j.worlddev.2008.03.005.

Berry, Sara(2009). Building for the Future? Investment, Land Reform and the Contingencies of Ownership in Contemporary Ghana. *World Development*, 37(8), pp.1370 1378. https://doi.org/10.1016/j.worlddev.2008.08.017.

Struggles over Land and Authority in Africa. *African Studies Review*, 60(03), pp.105—125. https://doi.org/10.1017/asr.2017.96.

Besley, T., & R. Burgess(2000). Land Reform, Poverty Reduction, and Growth: Evidence from India. *The Quarterly Journal of Economics*, 115(2), pp.389—430. https://doi.org/10.1162/003355300554809.

Besley, Timothy (1995). Property Rights and Investment Incentives: Theory and Evidence from Ghana. *Journal of Political Economy*, 103(5): pp.903—937. https://doi.org/10.1086/262008.

Bhattacharya, Prasad S., Devashish Mitra, & Mehmet A. Ulubaşoğlu (2019). The Political Economy of Land Reform Enactments: New Cross-National Evidence(1900—2010). *Journal of Development Economics*, 139(4), pp.50—68. https://doi.org/10.1016/j.jdeveco.2019.01.007.

Birney, Mayling. (2014). Decentralization and Veiled Corruption under China's "Rule of Mandates." *World Development*, *Decentralization and Governance*, 53(January), pp.55—67. https://doi.org/10.1016/j.worlddev.2013.01.006.

Boone, Catherine(2003). Decentralization As Political Strategy In West Africa. *Comparative Political Studies*, 36(4), pp.355—380. https://doi.org/10.1177/0010414003251173.

——(2014). *Property and political order in Africa*. New York, NY: Cambridge University Press.

——(2017). Sons of the Soil Conflict in Africa: Institutional Determinants of Ethnic Conflict Over Land. *World Development*, 96 (August), pp.276—293. https://doi.org/10.1016/j.worlddev.2017.03.012.

Brennan, Geoffrey, & James M. Buchanan(1977). Towards a Tax Constitution for Leviathan. *Journal of Public Economics*, 8(3), pp.255—273. https://doi.org/10.1016/0047-2727(77)90001-9.

——(1978). Tax Instruments as Constraints on the Disposition of Public Revenues. *Journal of Public Economics*, 9(3), pp.301—318. https://doi.org/10.1016/0047-2727(78)90013-0.

Bruce, John W. (1998). Country profiles of land tenure: Africa. Wisconsin: Land Tenure Center.

Bruce, John W., & Anna Knox (2009). Structures and Stratagems: Making Decentralization of Authority over Land in Africa Cost-Effective.

World Development，37（8），pp. 1360—1369. https：//doi. org/10. 1016/j. worlddev.2008.08.011.

Cai，Jinyang，Zuting Zheng，Ruifa Hu，Carl E. Pray，& Qianqian Shao（2018）. Has International Aid Promoted Economic Growth in Africa? *African Development Review*，30(3)，pp.239—251. https：//doi.org/10.1111/1467-8268.12333.

Caldeira，Emilie，Martial Foucault，& Grégoire Rota-Graziosi（2012）. *Decentralisation in Africa and the nature of local governments' competition*：*Evidence from Benin*. w18126. Cambridge，MA：National Bureau of Economic Research. https：//doi.org/10.3386/w18126.

Davoodi，Hamid，& Heng-fu Zou（1998）. Fiscal Decentralization and Economic Growth：A Cross-Country Study. *Journal of Urban Economics*，43(2)，pp.244—257. https：//doi.org/10.1006/juec.1997.2042.

Diamond，Jared M.（1999）. *Guns，Germs，and Steel*：*The fates of human societies*. New York，NY：Norton.

Dorner，Peter（1972）. *Land reform and economic development*. Baltimore，Maryland：Penguin Books.

El-Ghonemy，M. Riad（1990）. *The political economy of rural poverty*：*The case for land reform*. New York，NY：Routledge. http：//ebookcentral. proquest.com/lib/pensu/detail.action?docID=178177.

Faguet，Jean-Paul（2014）. Decentralization and Governance. *World Development*，*Decentralization and Governance*，53（January），pp. 2—13. https：//doi.org/10.1016/j.worlddev.2013.01.002.

Faguet，Jean-Paul，& Caroline Pöschl，eds（2015）. *Is decentralization good for development? Perspectives from academics and policy makers*. Oxford，United Kingdom：Oxford University Press.

Faguet，Jean-Paul，& Fabio Sánchez（2008）. Decentralization's Effects on Educational Outcomes in Bolivia and Colombia. *World Development*，36(7)，pp.1294—1316. https：//doi.org/10.1016/j.worlddev.2007.06.021.

FAO（1999）. Decentralization and rural development：FAO's experiences.

FAO. http://www.fao.org/docrep/006/ad708e/ad708e03.htm.

Feder, Gershon(1988). *Land policies and farm productivity in Thailand*. Baltimore: Johns Hopkins University Press.

Fenske, James. (2011). Land Tenure and Investment Incentives: Evidence from West Africa. *Journal of Development Economics*, 95 (2), pp.137—156. https://doi.org/10.1016/j.jdeveco.2010.05.001.

Gallup, John Luke, Jeffrey D Sachs, & Andrew D Mellinger. (1999). Geography and Economic Development. *International Regional Science Review*, 22(2), pp.179—232.

Grindle, Merilee Serrill(2009). *Going local: Decentralization, and the promise of good governance*. 1. pbk. print. Princeton, NJ: Princeton Univ. Press.

Hayek, F.A. (1945). The Use of Knowledge in Society. *The American Economic Review*, 35(4), pp.519—530.

Herbst, Jeffrey(2000). *States and power in Africa*. Princeton: Princeton University Press.

Huang, Zhangkai, Lixing Li, Guangrong Ma, & Lixin Colin Xu. (2017). Hayek, Local Information, and Commanding Heights: Decentralizing State-Owned Enterprises in China. *American Economic Review*, 107(8), pp.2455—2478. https://doi.org/10.1257/aer.20150592.

Jin, Hehui, Yingyi Qian, & Barry R. Weingast(2005). Regional Decentralization and Fiscal Incentives: Federalism, Chinese Style. *Journal of Public Economics*, 89(9), pp.1719—1742. https://doi.org/10.1016/j.jpubeco.2004.11.008.

Kalirajan, Kaliappa, & Keijiro Otsuka (2012). Fiscal Decentralization and Development Outcomes in India: An Exploratory Analysis. *World Development*, 40(8), pp.1511—1521. https://doi.org/10.1016/j.worlddev.2012.04.005.

Keswell, Malcolm, & Michael R. Carter(2014). Poverty and Land Redistribution. *Journal of Development Economics*, 110(September), pp.250—261.

https://doi.org/10.1016/j.jdeveco.2013.10.003.

Krugman, Paul R. (1992). *Geography and trade*. Massachusetts: The MIT Press.

Lessmann, Christian, & Gunther Markwardt(2016). Aid, Growth, and Devolution: Considering Aid Modality and Different Types of Decentralization. *World Development*, 84 (August), pp.118—130. https://doi.org/10. 1016/j.worlddev.2016.03.018.

Lipton, Michael(2009). *Land reform in developing countries: Property rights and property wrongs*. London; New York, NY: Routledge.

Liu, Amy H., & Elise Pizzi(2018). The Language of Economic Growth: A New Measure of Linguistic Heterogeneity. *British Journal of Political Science*, 48(4), pp.953—980. https://doi.org/10.1017/S0007123416000260.

Manji, Ambreena S. (2006). *The politics of land reform in Africa: From communal tenure to free markets*. London: Zed Books.

Michalopoulos, Stelios, & Elias Papaioannou(2013). Pre-Colonial Ethnic Institutions and Contemporary African Development. *Econometrica*, 81(1), pp.113—152. https://doi.org/10.3982/ECTA9613.

Miguel, Edward, Shanker Satyanath, & Ernest Sergenti (2004). Economic Shocks and Civil Conflict: An Instrumental Variables Approach. *Journal of Political Economy*, 112 (4), pp.725—753. https://doi.org/10. 1086/421174.

Montinola, Gabriella, Yingyi Qian, & Barry R. Weingast(1995). Federalism, Chinese Style: The Political Basis for Economic Success in China. *World Politics*, 48(01), pp.50—81. https://doi.org/10.1353/wp.1995.0003.

North, Douglass C. (1983). *Institutions, institutional change, and economic performance*. New York, NY: Cambridge University Press.

——(2005). *Understanding the process of economic change*. New Jersey: Princeton University Press.

Nunn, Nathan, & Diego Puga(2012). Ruggedness: The Blesing of Bad Geography in Africa. *Review of Economics and Statistics*, 94(1), pp.20—36.

Oates，Wallace E. (1972). Fiscal federalism. Harcourt Brace Jovanovich.

——(1993). Fiscal Decentralization and Economic Development. *National Tax Journal*；Chicago，Ill，46(2)，pp.237—243.

——(1999). An Essay on Fiscal Federalism. *Journal of Economic Literature*；Nashville，37(3)，pp.1120—1149.

Obeng-Odoom，Franklin（2016）. Understanding Land Reform in Ghana，Understanding Land Reform in Ghana：A Critical Postcolonial Institutional Approach，A Critical Postcolonial Institutional Approach. *Review of Radical Political Economics*，48(4)，pp.661—680. https：//doi.org/10.1177/0486613415603161.

Place，Frank（2009）. Land Tenure and Agricultural Productivity in Africa：A Comparative Analysis of the Economics Literature and Recent Policy Strategies and Reforms. *World Development*，37(8)，pp.1326—1336. https：//doi.org/10.1016/j.worlddev.2008.08.020.

Poteete，Amy R.，& Jesse C. Ribot(2011). Repertoires of Domination：Decentralization as Process in Botswana and Senegal. *World Development*，39(3)，pp.439—449. https：//doi.org/10.1016/j.worlddev.2010.09.013.

Prud'homme，Rémy（1995）. The Dangers of Decentralization. *The World Bank Research Observer*，10(2)，pp.201—220.

Rae，Jon(1970). An overview of land tenure in the near east region. FAO.

Sachs，Jeffrey D.，& Andrew M. Warner(1997). Sources of Slow Growth in African Economies. *Journal of African Economies*，6(3)，pp.335—376. https：//doi.org/10.1093/oxfordjournals.jae.a020932.

Sigman，Hilary. (2008). A Cross-Country Comparision of Decentralization and Environmental Protection. In *Fisccal Decentralization and Land Policies*，edited by Gregory K. Ingram and Yu-Hung Hong，pp.195—218. Lincoln Institute of Land Policy.

Tang，Rui，& Shiping Tang(2018). Democracy's Unique Advantage in Promoting Economic Growth：Quantitative Evidences for a New Institutional

Theory. *Kyklos*, 71(4), pp.1—57.

Tang, Shiping(2011). *A general theory of institutional change*. London: Routledge.

Tavares, José, & Romain Wacziarg. (2001). How Democracy Affects Growth. *European Economic Review*, 45(8), pp.1341—1378. https://doi.org/10.1016/S0014-2921(00)00093-3.

Verbrugge, Boris(2015). Decentralization, Institutional Ambiguity, and Mineral Resource Conflict in Mindanao, Philippines. *World Development*, 67 (March), pp.449—460. https://doi.org/10.1016/j.worlddev.2014.11.007.

Weingast, Barry R. (2014). Second Generation Fiscal Federalism: Political Aspects of Decentralization and Economic Development. *World Development*, *Decentralization and Governance*, 53(January), pp.14—25. https://doi.org/10.1016/j.worlddev.2013.01.003.

非洲地区典型收缩城市识别与投资风险探讨 *
——基于 2013—2021 年人口网格及夜间灯光数据

张旻薇　　黄玉霖　　刘合林 **

[内容提要]　作为"一带一路"上的重要大洲,非洲地区与我国的经济与社会联系日渐紧密。但是,当前国内学界对非洲地区的研究仍偏重于"中—非"关系的视角,较少从非洲地区的自身社会经济情况出发,探讨当地的发展问题以及对应的潜在投资风险。本文通过引入"收缩城市"的相关理论与方法,在辨析收缩成因与投资风险关系的基础上,分别利用 LandScan 人口网格数据和 NPP-VIIRS 夜间灯光数据,对2013—2021 年间非洲地区 6453个城市聚落的人口、经济变动进行分析,重点识别长期持续低迷、短期剧烈收缩的城市。然后,结合典型的收缩城市案例地区,分析导致当地发展滞胀、人口流失、经济衰退的长期结构性因素或短期危机事件,探讨与之对应的投资风险。研究结果有利于增进对非洲城市地区基本情况的认识,使"一带一路"倡议更好地对接当地发展需求,降低相关投资风险。

[关键词]　非洲,收缩城市,人口收缩,经济收缩,夜间灯光,一带一路,投资风险

[Abstract] As Africa is a significant continent within the "Belt and Road" initiative, the economic and social ties between China and Africa have become increasingly close. However, current domestic research on Africa still predominantly focuses on the "China-Africa" perspective, with less attention paid to the continent's own socio-economic conditions and the exploration of local development issues and potential investment risks. This paper introduces theories and methods related to "shrinking cities" and, based on an analysis of the causes of shrinkage and investment risks, utilizes LandScan population grid data and NPP-VIIRS nighttime light data to analyze population and economic changes in 6453 urban settlements in Africa from 2013 to 2021, with a focus on identifying cities that have experienced long-term decline or short-term dramatic shrinkage. Subsequently, by examining typical cases of shrinking cities, analyzes the long-term structural factors or short-term crisis events that have led to local development stagnation, population loss, and economic downturn, discussing the corresponding investment risks. The results of this study aim to enhance understanding of the basic conditions of urban areas in Africa, facilitating "Belt and Road" investments that better align with local development needs and reduce associated investment risks.

[Key Words] Africa, shrinking city, population shrinkage, economic shrinkage, night lights, Belt and Road, investment risk

＊　本文系国家自然科学基金面上项目"城市碳汇空间识别、水平测度及效能提升的规划路径研究——以武汉市为例"(编号:52278063)的阶段性研究成果。
＊＊　张旻薇,华中科技大学建筑与城市规划学院博士研究生;黄玉霖,华中科技大学建筑与城市规划学院硕士研究生;刘合林,华中科技大学建筑与城市规划学院教授。

一、引　言

自 2013 年中国国家主席习近平提出"一带一路"倡议以来,中非之间的社会经济联系与合作日渐紧密,截至 2023 年 1 月,已有 52 个非洲国家和地区与我国签订了合作文件(刘梦,2023)。2021 年中非贸易额达到 2543 亿美元,中国对非洲总投资额为 441.9 亿美元,其中在建筑、采矿、制造、金融、租赁及商务服务等行业的投资占总投资的 87.1%。伴随着非洲地区在"一带一路"重要性的上升,我国学界对非洲地区的研究与关注也不断增多。张春认为 21 世纪以来的"中非"关系研究经历了基础研究(2000—2006 年)、被动与反应式研究(2007—2012 年)、"以我为主"的关系研究(2013 年至今)三个阶段,取得了重大进展(曹德军等,2017)。目前,国内学界对非洲地区的研究仍偏重于"外部"的视角,集中于对非洲地区的地缘政治、经济贸易、能源资源、国际合作、经济援助、政治安全等领域,关注非洲地区与国际政治经济网络的互动关系,尤其是"一带一路"倡议对非洲当地社会经济的影响(文春晖等,2022),但较少从非洲自身的社会经济情况出发,探讨投资风险问题。

非洲地区地域广阔、资源众多,城镇化与工业化正处在较快增长阶段。在当今世界许多国家面临人口老龄化困境的背景下,非洲大陆未来人口红利优势显著(梁益坚等,2018)。根据联合国人口司数据库的预测,2050 年撒哈拉以南地区非洲的人口将达到 21.7 亿,而 21 世纪非洲地区的人口增长总量可能将会占到全球人口增长总量的 86%。非洲地区多数国家的城市化率仍处在 30%—60% 之间,年均城镇化增长保持在 2% 以上。但是,相较于人口与城镇化水平的整体稳定增长趋势,非洲地区的经济增长则呈现较强的空间差异与阶段波动。2013—2021 年间非洲国家的年平均 GDP 增长率呈现"增长—下行—回升"的 N 形曲线,仅有 3 个国家保持了持续经济增长。目前,部分国内学者采

用联合国、世界银行等国际组织与机构提供的数据,对非洲地区的人口
(蒋大亮等,2021)、经济(蒋大亮等,2015)、城镇化(邱心叶等,2023;张
家旗等,2018)进行研究,取得了一定的成果。但受限于数据资料的可
获得性与可对比性,现有研究多以国家作为基本单元或聚焦于单个国
家、地区的内部,对大尺度跨国的城市级的中、微观尺度的横向比较分
析较少,同时数据时效性相对较弱(以2015年之前为主),难以作为认
识当下非洲社会经济发展变动趋势的参考,并且研究结果与结论侧重
于对当地现象的描述与阐释,与我国"一带一路"倡议的需求结合仍待
进一步探讨。

"收缩城市"(shrinking city)概念源起于20世纪80年代末
Häußermann和Siebel(1988)针对德国鲁尔老工业区的人口减少与经
济衰退研究,后作为"增长"的对立概念,指代在人口、经济及空间等方
面出现的规模、水平、密度降低的城市(高舒琦,2015;Bernt,2016)。
目前,城市收缩已经被证实为一种常见的世界性现象,在发达与发展中
国家与地区均有出现(张伟等,2019;Nam & Richardson,2014;Wiec-
hmann & Pallagst,2012),对识别社会经济发展的薄弱地区,揭示其结
构性问题具有参考意义。本文引入"收缩城市"相关概念与理论,在辨
析收缩成因与投资风险关系的基础上,识别非洲的典型收缩城市并分
析其背后成因,进而探讨对应的投资风险。

二、收缩成因与投资风险的关系辨析

虽然当前学界强调城市收缩是一个"中性"现象,并不能等同于"衰
败"等负面含义。但是收缩成因研究表明,发生收缩的地区相比稳定增
长的地区,有更高概率存在制约发展的风险因素。尤其在所在区域整
体人口、经济增长的背景下发生持续、剧烈收缩的城市,更有可能是区
域内面临发展"困境"的关键地区。在社会环境较为稳定的国家与地
区,持续性的人口与经济收缩可能反映当地存在长期的制约性因素和

结构性问题,如区位条件的限制、自然环境资源条件恶劣、产业基础薄弱、人口老龄化不断升高等;短期的人口与经济剧烈流失可能由危机事件和产业波动等引起,典型代表如资源产业转型"阵痛"期、周期性的经济危机、国家政策指导的搬迁、突发性的自然灾害等。而在社会经济环境相对不稳定的地区,城市收缩的成因可能更为多变复杂,长期的经济收缩除上述区位、产业成因外,还可能伴随着长期积重难返的社会问题,如缺乏基础设施、不良的公共卫生条件、严重的社会矛盾等;短期城市收缩则可能由战争、主权变更、暴力事件等极端事件引发。相较于过去收缩研究重点关注的欧洲、北美、东亚等,非洲内部存在社会环境不稳定情况的地区相对更多,因此导致城市出现长期持续、短期剧烈收缩的原因可能更具有复杂性和地域性。

现有研究对于海外投资风险的具体内容暂无统一定论,但基本认可导致风险的宏观因素可归纳为自然、人文两个方面。其中,自然风险的评估主要是通过基本自然本地条件评价、自然灾害发生频率统计及气候变化的未来模拟预测等方法。而人文方面的风险分析则包括政治、经济、社会、军事、金融等多维度。参考对"一带一路"地区的风险评估相关研究,来自人文方面的风险应当是中国向亚、非地区对外投资研究需重点关注的领域(高波,2020;刘海猛等,2019;Zhang et al.,2019)。结合具体因素来看,导致城市收缩的因素与造成投资风险的要素有一定共通之处(见图1)。长期持续性收缩通常代表地方的资源、市场、基础设施、劳动力等要素条件不佳,从而容易导致投资失败或收益不高;短期剧烈收缩通常代表地方的自然环境、政治环境或市场环境存在一定的不稳定性,可能存在导致投资失败的突发风险。

本文引入收缩城市的相关理论与研究方法,从人口与经济两个维度,分别利用 LandScan 人口网格数据和 NPP-VIIRS 夜间灯光数据,分析 2013—2021 年间非洲城市地区的人口、经济变动情况,重点识别长期持续低迷、短期剧烈收缩的样本及典型地区,进一步分析背后导致发展停滞、人口流失、经济衰退的长期结构性问题或短期危机事件,探讨与收缩成因相对应的投资风险问题。

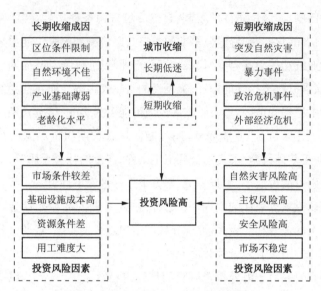

图1　城市收缩与投资风险的关系辨析

资料来源：作者自制

三、研　究　设　计

（一）数据来源

人口数据源于美国能源部橡树岭国家实验室（ORNL）的 LandScan 数据，是通过地理信息系统（Geographic Information System，GIS）与遥感影像（Remote Sensing，RS）结合后，根据人口、土地覆盖数据建立的人口分布模型，形成像元大小约1平方千米的栅格数据集（Dobson et al.，2000）。目前在跨国城市人口收缩研究（Meng et al.，2021）、规模研究（王妤等，2021）应用广泛。

经济数据源于美国大气海洋局（NOAA）NPP 卫星提供的 NPP-VIIRS 夜间灯光影像栅格。近些年的国内外研究证实了夜间灯光影响数据在估算中微观尺度社会经济活动中的可靠性（陈世莉等，2020；Chen & Nordhaus，2019；Li et al.，2018；Pérez-Sindín et al.，2021），并在非洲地区的经济社会研究得到了应用,如 Li 等(2018)利用夜间灯光数据评估 1992—2012 年阿尔及利亚的社会经济发展,证实夜间照明度与社会经济参数、危机事件等都存在显著的相关;Li 等(2013)利用夜间灯光数据发现津巴布韦的农业、矿业城镇在 2000—2008 年间经济严重衰退。

（二）研究区域

本文研究样本为非洲的城市地区,矢量边界数据源于 World Bank 与德国航空航天中心合作的非洲城市化卫星监测服务项目,以 2019 年度城市总人口超 1 万为标准,共包括 9472 个城市聚落斑块。考虑灯光值过低的人口聚落可能经济活动规模过小,难以通过灯光变化真实反映地区的经济变动,因此对年度灯光值不足 1 的样本予以剔除,最终保留共 6453 个城市样本(见图 2)。根据非洲的区域划分,北部非洲(NA)、西部非洲(WA)、中部非洲(CA)、东部非洲(EA)、南部非洲(SA)的样本数量分别为 2121、2034、394、1358、546 个。可以看出,城市聚落在非洲地区的分布较不均匀,在北非地区地中海沿岸、西非地区大西洋沿岸、东非地区埃塞俄比亚和维多利亚湖周边、南非地区西部地区分布密集,在中非地区分布稀疏。

（三）收缩样本识别方法

由于对收缩城市的概念理解差异以及研究对象所属具体地域情况的不同,当前学界对于人口、经济收缩的判断标准并未统一。"收缩城市世界研究网络"认为,城市需要同时满足三个条件才能被判断为"收缩":自身为总人口大于 1 万的人口密集区、人口持续流失超过 2 年、存在一定的结构性问题。以 Hoekveld(2012)为代表的学者更重视收缩的持续时间,认为需要连续 5 年的人口减少,才能被定义为收缩城市。Johnson(2019)等则更重视收缩的总幅度,将人口较历史峰值减少 25% 的地区定义为"Depopulation",作为美国人口收缩严重的代表。不同于城市人口负增长、低增长普遍的欧美地区,在我国,城市的规模发生下降仍属于新近、偶发现象,下降的幅度也较小,因此国内研究多将城

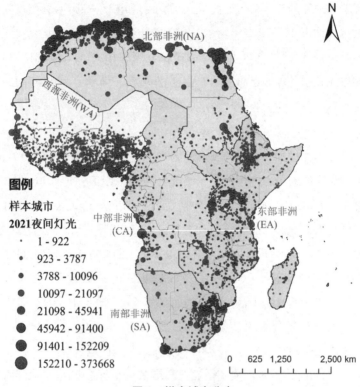

图 2　样本城市分布

资料来源：作者自制

市规模的期末总量低于期初总量（或水平）——即将发生"负增长"作为判定收缩的依据（孙平军，2022；张伟等，2022）。综合国内外收缩研究的测度方法，确定本文收缩测度的公式方法及标准：

$$S_t = \frac{P_{t_2} - P_{t_1}}{P_{t_1}} \qquad (1)$$

公式（1）中，S_t 代表 t 阶段内的人口或经济收缩度，P_{t_1} 与 P_{t_2} 分别是期初与期末的人口或经济总量值。考虑非洲的人口经济整体仍保持增长趋势，因此将 $S_t < 0$ 视为发生收缩。

（四）典型收缩地区的识别及风险分析

现有研究成果表明，收缩是一个包含多种因素的复杂过程，结合分析投资风险的需求,本文认为有两种典型的收缩城市类型值得特别关注:一是长期持续低迷城市,说明当地可能存在制约发展的长期性因素与结构性问题;二是短期剧烈收缩地区,说明当地可能面临来自内部或外部的短期性危机性事件的冲击。本文首先,识别 2013—2021 年间发生人口与经济收缩的城市;其次,将收缩频繁发生且总增长率较低的城市定义为持续低迷型,将收缩偶然发生但单年人口收缩幅度超过 30%或经济收缩幅度超过 45%的城市定义为剧烈收缩型;最后,结合收缩城市的分布以及收缩的时段、幅度情况,选择收缩持续时间长、绝对值高且收缩城市密集的地区作为典型案例地区,并结合案例分析其所对应的投资风险因素。

四、收缩识别与风险分析

(一)非洲地区人口与经济变动

1. 2013—2021 年非洲城市人口变动

研究期间 6453 个样本的人口年均变化率的平均值为 12.87%,说明非洲地区城市人口整体保持了高速增长,这也与近些年非洲地区人口规模和城镇化水平均快速增长的背景相符合。人口变化的空间分布(见图 3a)显示研究期间多数样本总增幅在 20%以上,尼日利亚、埃塞俄比亚等地区整体人口增长幅度较大。五大区域的人口增速始终大于0(见图 4a),说明人口持续增长,其中东部(EA)、南部(SA)、中部(CA)的人口增速波动明显,而北部(NA)、西部(WA)则自 2015 年不断趋缓。具体统计,共有 5431 个城市发生过人口收缩,占总样本的 84.16%,其中4234 个累积收缩年份仅为 1—2 年,占总样本中的 65.61%(见图 5)。这说明非洲地区的城市整体上呈现人口稳定增长的特征,城市人口收缩或增长停滞则属于少数偶发现象。

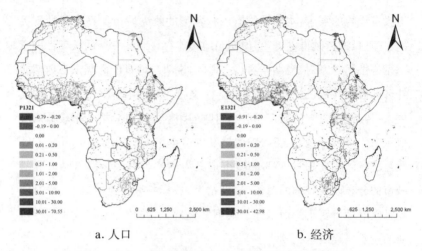

a. 人口   b. 经济

图3   2013—2021年非洲地区人口、经济变化分布情况

注：P1321、E1321分别为2013—2021年非洲地区25×25 km网格的人口、经济总变动比例。

资料来源：作者自制

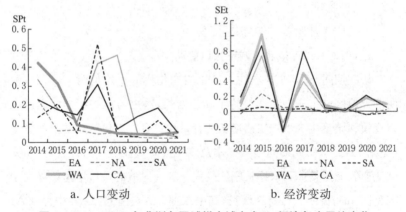

a. 人口变动   b. 经济变动

图4   2013—2021年非洲各区域样本城市人口、经济年度平均变化

资料来源：作者自制

2. 2013—2021年非洲城市经济变动

研究期间6453个样本的经济年均变化率均值为13.21%，说明非洲地区的城市经济整体仍高速增长。经济变化的空间分布（见图3b）显示，研究期间非洲地区内部的经济差异较大，高增长地区与负增长地区均较多。五大区域的空间分异明显(见图 4b),西部(WA)、东部(EA)、中部(CA)波动剧烈,在 2015—2016 年收缩幅度超过了 15%,但是在 2013—2015 年、2016—2017 年的增长幅度也均在 15% 以上;北部(NA)、南部(SA)的年均变化较为稳定,整体呈经济增速缓慢下降趋势,2017 年后围绕 0 值上下波动,变化绝对值均小于 5%。具体统计,所有样本均至少发生了 1 年的经济收缩,其中 4602 个城市累积收缩年份在 3—5 年之间,占总样本中 71.32%。这说明研究期间非洲地区的城市经济整体上呈波动上升趋势,城市发生剧烈增长或剧烈收缩均为常见现象(见图 5)。

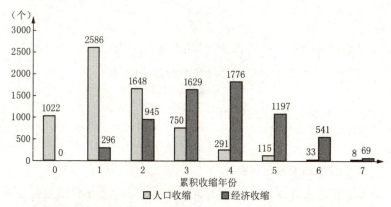

图 5   2013—2021 年非洲地区人口、经济累积收缩年份统计

资料来源:作者自制

(二)典型收缩城市识别

1. 持续低迷型城市识别

人口持续低迷城市的识别依据为:2013—2021 年间人口总增长未超过 5%,累积至少有 4 个年份发生人口收缩,单年最大人口增幅从未超过 20%,共识别出 159 个城市。该类型样本分布较为分散,在突尼斯、利比亚、莱索托相对密集(见图 6a),发生收缩的累积年份普遍为 5—7 年。经济持续低迷城市的识别依据为:2013—2021 年间总灯光增长未超过 10%,至少有 5 个年份发生经济收缩,单年灯光最大增幅未超过 30%,共识别出 750 个。该类型在北部非洲、南部非洲分布较多,代表为摩洛哥、阿尔及利亚的地中海沿岸地区、埃及尼罗河沿岸、南非等地(见图 6b)。不过,同时发生人口—经济持续低迷的城市较为稀少,仅有 20 个样本分散分布于利比亚、埃及、南非、斯威士兰等地区(见图 6c)。

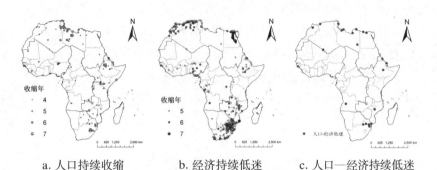

    a. 人口持续收缩   b. 经济持续低迷   c. 人口—经济持续低迷

**图 6　2013—2021 非洲地区人口、经济、
人口—经济持续低迷型城市分布**

注:"收缩年"为累积收缩年份统计。
资料来源:作者自制

2. 剧烈收缩型城市识别

结合平均人口、经济变化率的自然间断点分布,本文将剧烈收缩的标准定为单年人口收缩幅度超过 30% 或单年经济收缩幅度超过 45%,分别识别出 392 个、1757 个至少在一个年度达到了人口或经济的剧烈收缩的样本。结合研究期间非洲地区样本城市人口、经济剧烈收缩的"谷值"发生的年份,分年度分析人口(见图 7a、7b)、经济剧烈收缩样本的分布情况(见图 7d、7e、7f)。可以看出,人口剧烈收缩的"谷值"在研究期间分布较为均衡,样本城市主要分布在西部非洲、东部非洲,典型代表为尼日利亚(2013—2015 年)、安哥拉东部(2013—2014 年)、埃及尼罗河中上游(2013—2014 年)、肯尼亚(2016—2017 年)、埃塞俄比亚(2017—2018 年)、加纳(2020—2021 年)。经济剧烈收缩"谷值"则集中在 2015—2016 年度(见图 7e),占该类型样本数量的 71.60%。经济剧烈收缩城市同样主要分布在西部非洲、东部非洲地区,代表地区有尼日

利亚(2013—2021 年)、埃塞俄比亚(2013—2021 年)、乌干达(2020—
2021 年)。值得注意的是虽然尼日利亚、埃塞俄比亚在各阶段内均有
较多的人口与经济剧烈收缩样本,但收缩发生的时间、空间异质性都较
高(见表1)。研究期间,非洲地区共有 143 个城市既发生过人口剧烈
收缩,也发生过经济剧烈收缩,主要分布于尼日利亚、加纳南部、埃塞俄
比亚中西部(见图7c)。不过具体"谷值"年份显示,这些样本的人口与
经济的剧烈收缩较少发生在同一年度,并且二者之间也未显示出统一
的"前置"或"时滞"关联,比如在尼日利亚、安哥拉表现为人口收缩"谷
值"略早于经济收缩"谷值",在其余地区则表现为人口"谷值"略迟于经
济"谷值"。

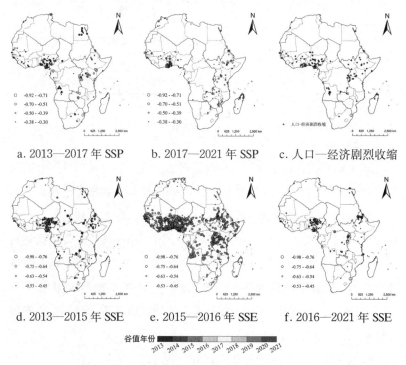

图 7　2013—2021 年非洲地区城市剧烈收缩样本分布

注:"圆圈"的大小代表该阶段的总收缩幅度;"谷值"代表发生单年收缩幅
度最大的年度;SSP、SSE 分别代表人口、经济剧烈收缩型。

资料来源:作者自制

表1　人口与经济典型收缩样本分布

类　　型		分布情况
持续低迷型	人口持续低迷	突尼斯、莱索托、埃塞俄比亚、南非西北部、利比亚西北部等
	经济持续低迷	摩洛哥、南非、阿尔及利亚的地中海沿岸地区、埃及尼罗河沿岸
	人口—经济持续低迷	分散分布于利比亚、南非西北部、莫桑比克南部、斯威士兰交界地带
剧烈收缩型	人口剧烈收缩	尼日利亚（2013—2015年）、安哥拉东部（2013—2014年）、埃及尼罗河中上游（2013—2014年）、肯尼亚（2016—2017年）、埃塞俄比亚（2017—2018年）、加纳（2020—2021年）
	经济剧烈收缩	尼日利亚（2013—2021年）、埃塞俄比亚（2013—2021年）、乌干达（2020—2021年）
	人口—经济剧烈收缩	尼日利亚、加纳南部、埃塞俄比亚中西部

资料来源：作者自制

（三）典型地区潜在投资风险分析

本文研究重点在于探讨人口与经济的持续低迷与短期剧烈收缩对反映制约发展的因素、事件的可能性，受限于篇幅与数据及资料可获得性，无法对每个样本的背后成因都进行论证分析，因此分别选择：（1）利比亚中部地区（人口持续低迷）；（2）埃及尼罗河沿岸（经济持续低迷）；（3）斯威士兰（人口—经济持续低迷）；（4）加纳（2020—2021年人口剧烈收缩）；（5）埃塞俄比亚提格雷省（2020—2021年经济剧烈收缩）；（6）尼日利亚部分城市（人口—经济剧烈波动城市较多，但时间、空间异质性高）作为典型收缩地区研究。

1. 持续低迷地区的潜在投资风险分析

人口持续低迷——利比亚中部地区。除首都的黎波里（Tripoli）之外的大部分城市都为人口持续低迷型，位于中部地区的瓦丹（Waddan）等城市尤为严重，收缩时长达7年，年均人口变化率为−5.97%。在

2013—2017年尤为严重并伴随着经济的收缩,随后人口收缩趋缓,并在2021年首次出现人口增长。结合相关资料来看,利比亚中部地区位于沙漠中心、区位偏远、且处于自2011年利比亚战争后多种政治势力的交错地带,虽然部分年份的当地经济会随着石油市场向好有所回升,但人口仍然持续流失。因此虽然近期有逐步复苏趋势,但过去战争带来的当地政治环境的不稳定性仍然存在,相关投资需警惕战争、安全问题带来的市场环境风险。

经济持续低迷——埃及尼罗河流域。埃及是非洲地区持续经济低迷最为典型的地区,共有386个样本累计收缩年份达到5年及以上,占该国总样本的32.63%。除首都开罗、亚历山大港、苏伊士等大城市外,持续低迷样本集中于尼罗河沿线的中小城市。数据显示,2014年后埃及GDP增长率持续下降。结合资料来看,埃及的自身产业体系并不完善,主导产业为石油、旅游、运河等,国家经济对外部市场的依赖程度很高。在埃及政变、经济萧条、疫情等多重影响下,长期缺乏增长内驱力,在当地投资工业与建设基础设施的收益可能有限,因此对应的投资风险主要为产业薄弱、市场低迷带来的投资潜力风险,需要针对具体的项目及地区审慎分析。

人口—经济持续低迷——斯威士兰,代表城市曼齐尼(Manzini)。作为斯威士兰的最大城市,研究期间曼齐尼人口不断流失,经济波动下降。作为内陆国家,斯威士兰区位条件较差,长期贫困,基础设施条件差,存在长期发展困境。该地区的对应风险为产业薄弱与市场环境不佳,相较于周边国家和地区,投资难度较大。

2. 剧烈收缩地区的潜在投资风险分析

人口剧烈收缩——代表为加纳沿海及沃尔塔湖流域地区,2020—2021年人口剧烈收缩。结合2021年当地发生严重洪涝灾害的情况,认为当地人口剧烈收缩主要由当年严重的洪涝灾害引发,其中中小规模城市由于基础设施差,受灾更为严重,因此人口收缩也更为严重。因此剧烈收缩反映当地遭受洪涝灾害风险的可能性较高,并且城市基础设施对灾害的抵御能力相对较弱,投资需警惕相关自然灾害可能造成的损失。

经济剧烈收缩——埃塞俄比亚提格雷,2020—2021 年的经济剧烈收缩,代表城市如默克莱(Mekele)、阿杜瓦(Adwa)等。研究期间当地整体呈现"经济波动下降,人口波动上升"的特征,样本城市经济在2020—2021 年收缩,并普遍在 - 30%— - 70%剧烈收缩。结合相关资料,认为剧烈收缩与 2020 年暴发提格雷地区战争高度相关。结合埃塞俄比亚自 2018 年后国内政治、安全风险较高和剧烈收缩样本较多的情况,投资应警惕政治主权风险和安全风险带来的损失。

人口—经济剧烈收缩——尼日利亚部分城市。尼日利亚城市的人口经济变动的内部分异较大,研究期间人口、经济高速增长和剧烈收缩样本均较多,但收缩样本的分布地区和发生时段均不统一。作为非洲第一大经济体,尼日利亚国民经济对石油生产与出口的依赖程度高,在21 世纪初保持高速增长,但受国际油价暴跌和新冠肺炎疫情的影响,在2016 年、2020 年两度陷入严重的经济衰退,失业率显著增高,人口增速也随之减缓。同时,尼日利亚国内地区发展极不平衡,北部地区产业薄弱、贫困率极高;南部地区依赖石油产业,经济相对较好,但失业率高。整体上来说,尼日利亚地区发展的资源优势与市场稳定性缺点都较显著,投资的机遇与风险并存。因此投资需要根据具体的产业与地区,制定适宜的投资战略,并警惕地区性的市场环境波动带来的风险。

表 2　典型地区收缩成因及风险探讨

类型	案例城市	特征	成因分析	风险分析
人口持续低迷	(1) 利比亚中部地区——代表城市:瓦丹等	人口持续流失,部分年份人口与经济大幅(绝对值 10%—40%)流失和下降,偶有轻度(<10%)回升	位于沙漠中心,区位偏远;长期战争,处于多种政治势力的交错地带	主权风险、安全风险高,市场环境差
经济持续低迷	(2) 埃及尼罗河沿岸中小城市——代表城市:艾斯尤特等地区的多个城市	整体经济持续低迷,但收缩幅度不断趋缓	产业与经济处于长期困境,经济滞胀	产业薄弱、市场低迷,工业与基础设施投资收益可能有限

类型	案例城市	特征	成因分析	风险分析
人口—经济持续低迷型	（3）斯威士兰——代表城市:曼齐尼	人口不断流失，经济持续波动下降	内陆国家，区位条件较差，长期贫困，基础设施条件差，存在长期发展困境	产业薄弱，市场环境差，投资潜力低
人口剧烈收缩型	（4）加纳沿海及沃尔塔湖流域（2020—2021年人口剧烈收缩）	研究期间整体增长，但人口2021年突发下降	严重的洪涝灾害，中小城市由于基础设施差，受灾更为严重	自然灾害风险高，基础设施韧性差
经济剧烈收缩型	（5）埃塞俄比亚提格雷（2020—2021年经济剧烈收缩）——代表城市:默克莱、阿杜瓦	人口整体增长，偶发收缩；整体经济呈波动下降趋势，在2020—2021年经济剧烈收缩，普遍在－30%—－70%	2018年之后陷入战乱，2020爆发提格雷战争	主权风险、安全风险高
人口—经济剧烈收缩型	（6）尼日利亚部分城市	人口、经济增长与收缩波动剧烈，分布分散，收缩时段与地区不一	国内产业、经济差异较大，随石油产业波动显著	市场环境稳定性风险高，投资需针对不同项目地区制定战略

资料来源:作者自制

五、结　　语

　　本文引入"城市收缩"的相关理论与方法,在辨析"收缩"成因与投资风险相关性的基础上,通过 LandScan 人口网格数据与 VIIRS 灯光影像数据,对非洲地区 6453 个城市地区 2013—2021 年间人口与经济变动进行研究,识别发生持续人口与经济低迷或剧烈收缩的典型地区。结合典型地区的发展特征,探讨导致人口与经济发生长期低迷或短期流失成因,以及对应的潜在投资风险,主要结论有以下两点:(1)研究期间非洲城市的人口整体稳定增长,偶发人口下降或增长停滞;非洲城市的经济整体呈波动上升趋势,但城市经济发生剧烈增长与收缩均为常见现象,分别有 159 个、750 个呈现人口持续低迷、经济持续低迷,有 20 个城市二者均有发生;研究期间分别有 392 个、1757 个城市至少在一个年度发生了人口(小于 −30%)或经济(小于 −45%)的剧烈收缩,其中有 143 个城市二者均有发生。(2)典型案例地区的成因及风险分析显示,造成非洲城市长期低迷或短期剧烈收缩的具体成因有明显地域性特征,长期制约因素可能为区位条件、产业薄弱的综合作用,短期剧烈收缩更可能为突发自然灾害、政治危机导致。利比亚中部的情况说明,短期危机如不能妥善解决,也可能转化为导致长期低迷的制约性因素。本研究进一步证实了基于全球遥感影像和网格数据在研究跨行政边界的大尺度人口经济收缩问题的有效性,研究结果对"一带一路"地区的相关经济投资计划的制定具有一定参考价值。

参考文献

曹德军、张春:《21 世纪以来的中非关系研究——张春研究员访谈》,《国际政治研究》2017 年第 1 期,第 118—133 页。

陈世莉、陈浩辉、李郇:《夜间灯光数据在不同尺度对社会经济活动的预测》,《地理科学》2020 年第 9 期,第 1476—1483 页。

高波:《"一带一路"建设中的对外直接投资风险研究》,吉林大学 2020 年博士学位论文。

高舒琦:《收缩城市研究综述》,《城市规划学刊》2015 年第 3 期,第 44—49 页。

蒋大亮、任航、刘柄麟、蒋生楠、张振克:《1996—2015 年非洲人口扩张区域类型划分与区域演变分析》,《世界地理研究》2021 年第 4 期,第 851—863 页。

蒋大亮、任则沛、张振克:《非洲区域经济发展差异时空变化研究》,《世界地理研究》2015 年第 3 期,第 34—41 页。

梁益坚、王锦:《撒哈拉以南非洲人口红利及国家政策取向》,《西亚非洲》2018 年第 6 期,第 44—68 页。

刘海猛、胡森林、方恺、何光强、马海涛、崔学刚:《"一带一路"沿线国家政治—经济—社会风险综合评估及防控》,《地理研究》2019 年第 12 期,第 2966—2984 页。

邱心叶、陈爽、刘圳南:《东非国家小城镇形成与发展的潜力——基于最大熵模型分析》,《地理科学进展》2023 年第 1 期,第 131—144 页。

孙平军:《城市收缩:内涵·中国化·研究框架》,《地理科学进展》2022 年第 8 期,第 1478—1491 页。

王妤、孙斌栋、匡贞胜:《城市实体地域识别及城市规模分布再检验——基于 LandScan 人口数据的跨国研究》,《城市问题》2021 年第 10 期,第 46—55 页。

王妤、孙斌栋、张婷麟:《国家城市规模分布的时空演化特征及影响因素——基于 LandScan 的全球实证研究》,《地理科学进展》2021 年第 11 期,第 1812—1823 页。

文春晖、郭骞谦、徐海涛:《中国对非投资促进非洲经济增长与减贫效应实证分析》,《经济地理》2022 年第 42 期,第 19—27 页。

张家旗、陈爽、W. Mapunda D.:《坦桑尼亚城市体系演变与空间分布特征》,《世界地理研究》2018 年第 1 期,第 22—33 页。

张伟、单芬芬、郑财贵、胡蓉:《我国城市收缩的多维度识别及其驱动机制分析》,《城市发展研究》2019 年第 3 期,第 32—40 页。

张伟、裴敏洁:《基于多维分析框架的中国城市收缩时空演化特征分析》,《热带地理》2022 年第 5 期,第 762—772 页。

Bernt, M. (2016). The Limits of Shrinkage: Conceptual Pitfalls and Alternatives in the Discussion of Urban Population Loss. *International Journal of Urban and Regional Research*, 40(2), pp.441—450.

Chen, X., & Nordhaus, W.D. (2019). VIIRS Nighttime Lights in the Estimation of Cross-Sectional and Time-Series GDP. *Remote Sensing*, 11(9), Article 9.

Dobson, J.E., Bright, E.A., Coleman, P.R., Durfee, R.C., & Worley, B.A. (2000). LandScan: A global population database for estimating populations at risk. *Photogrammetric Engineering and Remote Sensing*, 66(7), pp.849—857.

Häussermann, H., Siebel, W. (1988). Die schrumpfende Stadt und die Stadtsoziologie[The shrinking city and urban sociology]. *Soziologische Stadtforschung*, pp.78—94.

Hoekveld, J. (2012). Time-Space Relations and the Differences between Shrinking Regions. *Built Environment*, 38(2), pp.179—195.

Johnson, K.M., & Lichter, D.T. (2019). Rural Depopulation: Growth and Decline Processes over the Past Century. Rural Sociology, 84 (1), pp.3—27.

Li, X., Ge, L., & Chen, X. (2013). Detecting Zimbabwe's Decadal Economic Decline Using Nighttime Light Imagery. *Remote Sensing*, 5(9), Article 9.

Li, X., Zhao, L., Han, W., Faouzi, B., Washaya, P., Zhang, X., Jin, H., & Wu, C. (2018). Evaluating Algeria's social and economic development using a series of night-time light images between 1992 to 2012. *International Journal of Remote Sensing*, 39(23), pp.9228—9248.

Meng, X., Jiang, Z., Wang, X., & Long, Y. (2021). Shrinking cities on the globe: Evidence from LandScan 2000—2019. *Environment and Planning A-Economy and Space*, 53(6), pp.1244—1248.

Nam, C., & Richardson, H. (2014). Shrinking Cities: A Global Perspective.

Pérez-Sindín, X.S., Chen, T.-H.K., & Prishchepov, A.V. (2021). Are night-time lights a good proxy of economic activity in rural areas in middle and low-income countries? Examining the empirical evidence from Colombia. *Remote Sensing Applications: Society and Environment*, 24, 100647.

Wiechmann, T., & Pallagst, K.M. (2012). Urban shrinkage in Germany and the USA: A comparison of transformation patterns and local strategies. *International Journal of Urban and Regional Research*, 36(2), pp.261—280.

Zhang C., Xiao C., & Liu H. (2019). Spatial Big Data Analysis of Political Risks along the Belt and Road. *Sustainability*, 11(8), Article 8.

数字经济背景下非洲跨境数据流动与个人信息保护研究[*]

——以尼日利亚为例

黄彦婷^{**}

[内容提要] 非洲各国政府在数字技术领域突飞猛进,但非洲在数字经济的监管和立法方面亟须加强,以保障消费者权益和数据安全。本文在分析非洲跨境数据流动与个人信息保护的现状和问题的基础上,选取尼日利亚作为研究对象。尼日利亚的数据保护法律和制度模式与许多非洲国家有一定的相似性,但尼日利亚的个人数据保护和跨境数据流动法律也有独特之处,主要体现为《尼日利亚数据保护条例》(NDPR)与欧洲的《通用数据保护条例》(GDPR)在法律框架方面保持一致,二者都强调保护数据主体的权利、明确数据控制者和处理者的责任;国家信息技术发展局(NITDA)在数据保护方面的角色与其他非洲国家的监管机构相似,但在实施力度、资源方面和个别权利的具体规定和执行方面与欧盟有差异。同时也应当指出,尼日利亚个人数据保护和跨境数据流动面临着实践困境,即移植多国立法于一法,导致核心概念出现争议;国家信息技术发展局合宪性存疑,影响执法效果;司法实践尚不够充分,法院判决缺乏一致性。本文也针对非洲国家的跨境数据流动与个人信息保护提出了相关建议。

[关键词] 数字经济,跨境数据,个人信息保护,个人信息保护法,尼日利亚

[Abstract] African governments have made rapid progress in the field of digital technology. However, Africa urgently needs to strengthen its regulation and legislation in the digital economy to protect consumer rights and data security. Based on the analysis of the current situation and issues regarding cross-border data flow and personal information protection in Africa, this study selects Nigeria as the research subject. Nigeria's data protection laws and institutional models have certain similarities with many African countries, but Nigeria's personal data protection and cross-border data flow laws also have unique features, mainly reflected in the consistency between Nigeria's Data Protection Regulations(NDPR) and Europe's General Data Protection Regulations(GDPR) in terms of legal framework, Both emphasize protecting the rights of data subjects and clarifying the responsibilities of data controllers and processors; The role of the National Information Technology Development Agency(NITDA) in data protection is similar to that of regulatory agencies in other African countries; However, there are differences with the EU in terms of implementation intensity, resources, and specific provisions and enforcement of individual rights. It should also be pointed out that Nigeria faces practical difficulties in personal data protection and cross-border data flow; transplanting legislation from multiple countries into one law has led to disputes over core concepts; There is doubt about the Constitutionality of NITDA, which affects the effect of law enforcement; Judicial practice is not yet sufficient, and court decisions lack consistency. This article also provides relevant suggestions for cross-border data flow and personal information protection in African countries.

[Key Words] digital economy, cross-border data, personal information protection, Personal Information Protection Law, Nigeria

----

* 本文系国家社科基金青年项目"数字权力竞争背景下'一带一路'新基建合作面临的挑战与对策研究"(编号:22CGJ046)的阶段性研究成果。

** 黄彦婷,华东政法大学法律学院法学博士研究生。

一、导　　论

随着科技的高速发展,全球数字经济呈现蓬勃的态势。数字经济不仅为世界各国带来了前所未有的发展机遇,同时也改变了全球经济格局。统计数据显示,全球数字经济的规模自 2010 年以来以每年约 10% 的速度增长。预计到 2025 年,全球数字经济将占到全球 GDP 的 25% 左右(何健文,2019)。非洲数字经济在过去的十年里取得了显著的增长。根据非洲开发银行的数据,2019 年非洲数字经济的市场规模已经达到 1550 亿美元,预计到 2025 年将增长至 5850 亿美元。截至 2021 年年底,非洲的移动互联网普及率已超过 50%,大部分人通过智能手机接入互联网。移动支付也在非洲地区迅速普及,为非洲数字经济的发展提供了基础设施支持。

非洲的数字创新创业生态逐渐成熟,尤其在南非、肯尼亚、尼日利亚等国家。南非是非洲最发达的国家之一,在信息技术和通信领域拥有较为完善的基础设施和技术水平。约翰内斯堡和开普敦等城市是非洲重要的科技创新中心,吸引了大量科技企业和初创公司入驻。南非政府也积极推动数字经济发展,并出台了一系列政策和举措支持数据产业的发展。肯尼亚在移动支付和金融科技领域取得了较大的成功,以蒙巴萨和内罗毕为代表的科技创新中心吸引了众多初创企业和投资者。尼日利亚是非洲最大的经济体之一,拥有庞大的人口红利和丰富的自然资源,为数据产业的发展提供了巨大的市场潜力。拉各斯是非洲最大的科技创新中心之一,吸引了大量初创企业和投资者入驻。尼日利亚政府也意识到数据产业的重要性,出台了一系列政策和举措支持数字经济的发展。这些国家的创业公司在金融科技、电商、物流等领域取得了一定的成绩,吸引了大量国际投资。此外,国际科技巨头如谷歌、阿里巴巴、腾讯等也加大了对非洲市场的投资与布局,帮助非洲数字经济迈向新的高度。尽管非洲数字经济取得了显著的发展,但仍然面临诸多挑战。首先,数字基础设施在非洲地区仍然不足,特别是在偏远地区和农村地区。其次,非洲地区的数字鸿沟问题较为严重,低收入群体的数字技能培训需求迫切。最后,数字经济的监管和立法方面亦需加强,以保障消费者权益和数据安全。

(一)跨境数据流动与个人信息保护

随着全球数字经济的快速增长,跨境数据流动的规模和速度正不断扩大。跨境数据流动是指数据从一个国家或地区传输到另一个国家或地区的过程。它使得企业能够在全球范围内开展业务,提高生产效率和创新能力,同时,也使得个人能够便捷地获取信息和使用各类服务。跨境数据流动已经成为企业和个人日常生活的一部分,但也给个人信息保护等带来了一系列挑战。个人信息保护是指保障个人信息不被非法收集、处理、使用和泄露的一系列措施。个人信息是指可以用于识别个人身份的信息,包括但不限于姓名、身份证号、电话号码、电子邮箱等。个人信息保护对于维护个人隐私、预防诈骗和网络犯罪等方面具有重要作用。

面对跨境数据流动与个人信息保护的挑战,国际社会正加强合作与协调,寻求共同应对之道。例如,一些国家和地区通过签订数据保护协议,建立相互认证机制,以便在保护个人信息的同时促进跨境数据流动。此外,全球范围内的标准化组织如国际标准化组织(ISO)也在积极推动个人信息保护领域的国际标准制定,以促进全球统一的个人信息保护规范。在应对这一挑战时,国际组织、各国政府、企业和公众需共同努力,寻求平衡跨境数据流动与个人信息保护的最佳方案。加强立法、国际合作与标准化、提升企业和公众责任意识等措施,有望实现跨境数据流动与个人信息保护的和谐发展。

(二)跨境数据流动、个人信息保护国际法律制度演化

关于跨境数据流动与个人信息保护国际法律制度的研究取得了显著进展。为解决跨境数据流动中的个人信息保护问题,一些国家和地区通过签订数据保护协议或建立互认机制来实现协同。例如,欧盟与美国达成了《隐私盾协议》,为跨大西洋数据传输提供了保障。

国际组织的参与和倡议在跨境数据流动与个人信息保护领域发挥了积极作用。例如,如联合国贸易和发展会议(UNCTAD)和联合国教科文组织(UNESCO),已在数字隐私和数据保护方面提出了多项倡议。此外,世界贸易组织(WTO)在电子商务谈判中,也涉及了跨境数据流动与个人信息保护的问题。国际标准化组织(ISO)和国际电工委员会(IEC)等国际标准化组织在跨境数据流动与个人信息保护领域制定了一系列国际标准,如 ISO/IEC 27018 标准,为云计算服务提供商处理个人信息提供了指导;ISO/IEC 29100 则为所有组织提供了一套通用的隐私框架。此外,还有一些关于个人信息保护的区域性法律制度。

(1) 欧洲:欧盟《通用数据保护条例》(GDPR)是目前世界上最具影响力的个人信息保护法规。自 2018 年实施以来,GDPR 为欧盟成员国提供了统一的数据保护框架,规定了企业在跨境数据流动过程中如何合规处理个人信息。此外,欧盟还通过《电子隐私指令》对电子通信数据进行保护。

(2) 亚太地区:亚太经合组织(APEC)制定了《跨境隐私规则体系》(CBPR),旨在为跨境数据流动提供一致的隐私保护标准。尽管 CBPR是自愿性质的,但它为亚太地区的个人信息保护提供了有益借鉴。

跨境数据流动与个人信息保护国际法律制度的研究已取得了显著进展,但仍面临诸多挑战。后续可以通过加强国际协调与合作、提高立法能力建设、推动跨学科研究与跨界合作、提高公众意识与参与等措施继续推进相关工作。

二、非洲跨境数据流动与个人信息保护现状分析

跨境数据流动对非洲的经济发展和地区一体化具有重要意义,通过电子商务、金融科技等领域的发展,跨境数据流动为非洲创造了大量就业机会,提高了生产效率,并为当地企业提供了更广阔的市场空间。

非洲联盟（AU）正推动建立非洲大陆自由贸易区（AfCFTA），跨境数据流动在这一过程中发挥着关键作用。数字化进程使非洲各国之间的商业往来更加便捷高效，有力地推动了地区一体化进程。

（一）非洲数字经济与跨境数据流动

不少非洲国家和非盟都推出了数字经济顶层设计。比如，尼日利亚作为非洲最大的数字经济体，出台多部政策规划。在其《2021—2025年国家发展计划：第一卷》中对数字经济发展作出规划，提出到2025年将把数字经济对GDP贡献率从10.68%提高到12.54%。南非作为非洲数字经济先行者成立了"第四次工业革命总统委员会"，为数字经济发展提供政策建议和战略规划，还出台了《国家数据和云政策草案》，拟将大部分政府数据上网上云，提升公共服务能力，建立国家数字基础设施公司。埃及出台《2030年信息通信技术战略》《数字埃及》等重要规划以推动数字转型、数字创新、数字基础设施和数字治理。此外，肯尼亚、摩洛哥、加纳、塞内加尔、埃塞俄比亚、阿尔及利亚、乌干达等国均出台了数字经济发展政策。非洲联盟也致力于推动非洲整体数字经济发展。非盟《2063年议程》包含建设泛非电子网络、非洲在线大学等多个数字经济相关旗舰项目。非盟于2020年2月推出的《非洲数字化转型战略（2020—2030）》指出，到2030年，非洲将建立一个安全的数字单一市场，确保人员、服务和资本的自由流动，个人和企业可以无缝接入并参与非洲大陆自贸区的在线活动。全球高影响力企业家网络Endeavor在2022年6月发布的一份报告中预测，到2050年，非洲数字经济的规模将增长六倍，从目前的1150亿美元增至7120亿美元。这份题为《拐点：非洲的数字经济即将起飞》的报告指出，非洲大陆代表了数字经济的"下一个增长前沿"。但非洲跨境数据流动也面临着一系列的挑战与问题。(1)基础设施短板。尽管非洲国家在互联网普及和通信基础设施建设方面取得了一定成果，但与其他地区相比，非洲在数字基础设施方面仍存在较大差距。这一短板影响了非洲跨境数据流动的速度和稳定性，限制了非洲数字经济的发展潜力。(2)数据保护与隐私问题。跨境数据流动带来了严重的数据保护和隐私问题。非洲大部分国家在数据保护立法方面尚处于起步阶段,缺乏统一的法律框架和实施细则。这使得非洲国家在应对跨境数据流动中的个人信息保护挑战时面临较大困难。(3)网络安全风险。随着跨境数据流动的增长,非洲地区的网络安全风险也不断上升。黑客攻击、网络诈骗、恶意软件等网络犯罪活动在非洲地区日益猖獗,对个人、企业和国家安全构成严重威胁。许多非洲国家在网络安全能力建设方面相对滞后,难以应对日益复杂的网络安全挑战。(4)数字鸿沟问题。虽然非洲地区的互联网普及率逐步提高,但数字鸿沟问题仍然严重。城乡、贫富之间的数字鸿沟影响了非洲人民在跨境数据流动中的参与程度,限制了数字经济发展的红利在非洲的普惠性。

(二)非洲个人信息保护现状分析

近年来,非洲各国对个人信息保护的重视程度逐渐加强。部分国家已经制定了相应的数据保护法规,如南非的《个人信息保护法》、肯尼亚的《数据保护法》等。然而,许多非洲国家在个人信息保护立法方面尚处于起步阶段,缺乏统一的法律框架和实施细则。《2020年安全风险暴露指数》(Cyber security Exposure Index 2020)显示,在全球108个国家中,非洲的高暴露国家数量最多,暴露指数平均为0.64(指数区间为[0,1]),占全球所有高暴露国家的36.7%,属于高危险区域。在地区角度来看,尽管像西非国家经济共同体和西非经济货币联盟这样的组织已经开始涉足数据法律的立法与实施领域,但这些地区在个人数据安全保护的法律标准设置上并未形成一致性,相反,其间的标准差异颇为显著。这种情况导致它们在应对区域性的数字安全等复杂问题时显得力不从心。从国家角度来看,大部分非洲国家的数字服务还未能得到全面的法律保护。截至2020年,全非洲只有28个国家制定了针对个人数据保护的法律,而能够通过实质性的网络犯罪打击法律的国家更是只有11个。这一法律现状清晰地反映了非洲在数字法律保护方面的不足,以及未来改革的必要性和方向。

部分非洲国家已经设立了独立的数据保护监管机构,如南非的信息监护专员办公室(Information Regulator)和肯尼亚的数据保护委员会（Data Protection Commission）。这些机构负责监督和执行个人信息保护法律，保障公民的隐私权。然而，对于许多非洲国家来说，数据保护监管机构的设立和运作仍然面临诸多挑战，如资源不足、技术能力有限等。

尽管部分非洲国家已经开始制定个人信息保护法规，但总体而言，非洲地区在立法方面仍然滞后。许多国家尚无统一的数据保护法律框架，导致在实际操作中难以确保个人信息的安全。此外，部分已有的法规执行力度不足，难以有效打击侵犯个人信息的行为，主要原因包括（1）监管能力不足。非洲地区的数据保护监管机构普遍面临资源和技术能力不足的问题，这使得监管机构在应对跨境数据传输、网络犯罪等问题时，难以发挥有效的监管作用。另外，监管机构与其他国家及地区的合作与交流相对较少，影响了监管水平的提升。（2）公众意识薄弱。非洲普通民众对个人信息保护的关注程度相对较低，缺乏隐私保护的基本意识和技能，这导致个人信息在互联网中的传播和泄露风险加大，给非洲地区的个人信息保护带来严重挑战。（3）技术挑战。非洲地区在信息技术领域的发展相对滞后，这使得在个人信息保护方面面临较大的技术挑战。加密技术、数据安全防护等方面的应用较为有限，容易导致个人信息的泄露和滥用。此外，非洲地区在网络安全领域的能力建设不足，亦使得个人信息保护工作面临更大压力。

（三）研究现状分析

目前非洲的个人数据保护法规仍然存在很多差异和不足之处，有些国家的法规仍然较为简陋和不完善（Ezeani & Adoghe，2020；Oyewumi & Mogale，2021）。非洲各国在实施数据保护法规时面临着各种挑战，包括缺乏充分的资源和技术支持、缺乏足够的人员培训、法规不够明确等。未来，非洲各国需要在数据保护方面加强合作，加强法规的实施和监管，推动数据保护的发展和完善（Ezeani & Adoghe，2020；Sena & Kwadzo，2020；Oyewumi & Mogale，2021），并加强对相关机构和个人的监管和执法，提高公众对数据保护的认知和重视（Sena & Kwadzo，2020）。

Ayinde，D. O.(2019)分析了尼日利亚和南非的数据保护法律框架,包括法律适用范围、数据主体权利、个人数据处理者责任等方面,并比较和分析了这些法律的制定和执行情况。Lwanga，J. & Sebikari,A.对非洲个人数据保护法律进行了批判性回顾,指出虽然在过去几年中,非洲国家已经开始出台一些个人数据保护法规,但这些法规在实践中面临着很多挑战,包括法规执行和数据主体教育的不足等,并认为非洲国家需要加强对个人数据保护的投资和教育(Lwanga & Sebikari；Kamau & Muthoni),同时还需要更好地解决与国际数据流动相关的法律问题(Lwanga & Sebikari；Modupe)(E. K.，& Oguamanam，C.；Tetteh，E. K.，& Oguamanam，C.)。Fawole, O. I.(2021)探讨了非洲个人数据保护立法对电子商务发展的影响,以尼日利亚和加纳为例,发现数据保护法律框架的实施能够促进电子商务的发展,并提高消费者的信任和满意度。Taiwo，O.(2020)对非洲个人数据保护法律和监管框架进行了批判性综述,包括欧盟《通用数据保护条例》(GDPR)对非洲数据保护法律的影响、非洲各国的数据保护法律和监管框架、个人数据在非洲经济发展中的作用等。Adejumo，A. O.(2020)探讨了非洲个人数据保护立法在解决网络安全挑战方面的作用,特别是探讨了数据泄露和身份盗窃等问题,并提出了加强数据保护监管、提高网络安全意识等建议。

Tetteh，E. K.(2019)认为,尽管有一些非洲国家已经出台了数据保护法律框架,但是这些框架的范围和保护力度仍然存在问题,比如个人数据保护权的定义模糊、实施缺乏监管机构、执法难度大等。非洲国家在数据保护领域的发展受到许多因素的制约,比如政治不稳定、技术基础薄弱等。Zehraoui，A.(2017)认为,尽管非洲国家在数据保护领域取得了一些进展,但是在实施方面仍然存在许多问题,比如执法难度大、缺乏专业技术人才等。作者还提出了一些解决方案,比如加强监管机构的建设、提高公众的数据保护意识等。

现有文献主要从法规的实施、监管、执法等方面以及在数字经济和数据保护协同发展方面提出了建议和思路。总体而言,非洲各国的个人数据保护法规存在较大的差异和不足,需要加强完善和更新。在实施个人数据保护法规时面临着各种挑战,包括缺乏资源和技术支持、缺乏人员培训、法规不够明确等。各国需要加强合作和协调,建立更为完善和具体的法规框架,并加强对相关机构和个人的监管和执法,提高公众对数据保护的认知和重视。未来,非洲各国需要推动数据保护和数字经济的协同发展,加强数字技术的普及和应用,推动数据保护的全面发展和完善。

三、尼日利亚个人数据保护和
跨境数据流动的立法分析

尼日利亚作为非洲最大的经济体之一,在数字经济发展方面取得了显著成果。政府投资扩大网络覆盖,提高网络质量和速度,使得越来越多的尼日利亚民众能够接触和使用数字化服务,也使得越来越多的尼日利亚企业和个人参与到全球数字经济中。尼日利亚企业与国际伙伴合作、开展业务往来,跨境数据流动的规模呈现持续增长的态势。跨境数据流动为尼日利亚经济带来了巨大的价值。通过数据流动,尼日利亚企业可以获取国际市场的信息,提高市场竞争力。同时,跨境数据流动有助于尼日利亚企业吸引外资,促进创新与技术发展。此外,跨境数据流动也为尼日利亚的消费者提供了更多选择,使他们能够享受到全球各地的优质产品与服务。但在实际操作中,尼日利亚仍面临一些挑战。数据安全和隐私保护问题备受关注,而尼日利亚在这方面的立法和监管尚不完善。

2019年,尼日利亚颁布了《尼日利亚数据保护条例》(NDPR),这是尼日利亚首个关于个人信息保护的法规。NDPR为个人数据保护和隐私权设定了明确的要求,并规定了企业和组织在处理个人数据时应遵循的原则。尼日利亚信息技术发展署(NITDA)负责实施和监督NDPR的执行。然而,监管部门在实施过程中面临资源和能力不足的问题,对于违反法规的行为,监管力度和处罚力度都有待提高。尽管尼日利亚政府对个人信息保护的重视逐渐加强,但普通民众对于个人信息保护的意识和技能仍相对较弱。加密技术、数据安全防护等方面的应用相对有限,容易导致个人信息的泄露和滥用。此外,尼日利亚在网络安全领域的能力建设不足,亦使得个人信息保护工作面临更大压力。

(一)尼日利亚个人数据保护和跨境数据流动的法律框架

尼日利亚的数据保护法律框架涉及多部法律和法规。其中,《尼日利亚数据保护条例》是该领域的核心法规,为个人数据保护和跨境数据流动提供了基本指导。此外,还有其他相关法律,如《尼日利亚通信法》《尼日利亚网络犯罪法》(2015)及《银行和金融机构法》(2020)等。

一是《尼日利亚数据保护条例》(NDPR)。2019年,尼日利亚国家信息技术发展局颁布了该条例,旨在保护公民的个人数据隐私,确保数据控制者和数据处理者合规。NDPR为数据保护和跨境数据流动提供了一个全面的框架,涵盖以下主要内容:其一,确定了数据保护原则。NDPR确立了一系列数据保护原则,包括合法性、公平性、透明度、目的限制、数据最小化、准确性、存储限制、完整性和保密性。这些原则要求数据控制者和数据处理者在处理个人数据时遵循这些基本要求。其二,明确了数据主体权利,即NDPR明确了数据主体的权利,如知情权、访问权、更正权、删除权(被遗忘权)、限制处理权、数据可携性权和反对权。这些权利使个人能够对其个人数据的处理有更多控制。其三,设置了跨境数据流动的边界。尼日利亚的数据保护条例允许跨境数据流动,但要求数据传输接收国家或国际组织提供足够的保护水平。数据控制者和数据处理者在跨境传输数据之前需要进行适当的风险评估,并采取必要的保护措施,如签订数据传输协议。其四,规定了合规与监管的条款。NDPR要求数据控制者和数据处理者遵守一定的合规要求,如注册、数据保护政策、数据保护影响评估、数据保护官等。同时,国家信息技术发展局(NITDA)作为监管机构,负责监督和实施数据保护规定,对违规行为进行调查和处罚。其五,强化了数据泄露通报处理。在发生个人数据泄露事件时,NDPR要求数据控制者在72小时内向 NITDA 报告,并在必要时通知受影响的数据主体。这有助于及时采取补救措施,减轻数据泄露造成的损害。

二是《尼日利亚通信法》(NCA)。2003 年,尼日利亚国民议会(National Assembly of Nigeria)颁布了该法案,主要关注电信行业的监管问题,尤其是国家通信委员会(NCC)的职责和权力。尽管通信法没有专门针对跨境数据流动和个人数据保护进行详细规定,但该法涉及的一些内容与数据保护和隐私有关。比如,通信法要求国家通信委员会采取措施保护电信消费者的利益,包括确保服务质量、价格合理性和保护消费者的信息。虽然这一规定并没有明确涉及个人数据保护,但保护消费者信息仍然是一个重要的方面。通信法要求电信运营商和服务提供商采取必要的措施保护网络安全,防止未经授权的访问和使用。通信法还要求电信运营商和服务提供商遵守所有适用的法律,包括与数据保护和隐私相关的法规。这意味着在现有法律框架下,尼日利亚的电信运营商和服务提供商仍然需要遵守 NDPR 等相关法规,以确保跨境数据流动的安全和个人数据的保护。

三是《尼日利亚网络犯罪法》(Cybercrime Act)。2015 年颁布的《尼日利亚网络犯罪法》旨在保护网络安全,打击网络犯罪,维护公民的隐私权。它规定了在网络犯罪调查过程中跨境数据流动的条件和限制。其一,明确了相应的法律责任。虽然网络犯罪法未明确规定跨境数据流动的具体要求,但它确实要求在处理涉及网络犯罪调查的数据时,遵循数据保护的原则。此外,网络犯罪法对个人信息的保护有所体现,在非法访问、非法拦截、身份盗窃、未经授权的披露和非法获取计算机系统数据等方面都明确了具体的法律责任,包含罚款、监禁、没收财产和赔偿等形式。比如,第 2 条规定关于非法访问的相关内容,即任何人未经授权故意访问任何计算机系统或网络,均属违法行为。违反者将面临罚款,金额不超过 200 万尼日利亚奈拉(NGN),或监禁不超过 2年,或两者兼施。其二,倡导加强国际合作。该法强调尼日利亚在打击网络犯罪方面与其他国家的合作,其中包括关于跨境数据流动的信息共享,以及涉及跨境调查、起诉和执法的合作。其三,规定了数据披露的例外。该法规定,在特定情况下,尼日利亚政府机构有权要求互联网服务提供商、电信运营商和其他相关企业提供涉及跨境数据流动的用户数据。

四是《银行和金融机构法》(BOFIA)。2020 年颁布的《银行和金融机构法》规定了金融服务提供商在处理和保护客户数据方面的责任,将数据保护和跨境数据流动纳入银行和金融业务的管理范围,强调了金融机构在数据保护方面的责任和义务以及跨境监管合作的重要性。比如,该法规定尼日利亚银行和金融机构要对客户数据保护负责,确保数据安全和保密。金融机构需要采取适当的技术和组织措施,防止未经授权的访问、处理、披露或销毁客户数据。一旦金融机构发生数据泄露事件,金融机构必须及时通知尼日利亚中央银行采取补救措施。同时,银行和金融机构在跨境传输数据时,必须遵循有关数据保护和隐私的法律和规定。在涉及国际金融交易和数据传输时,金融机构需要确保目的地国家或地区的数据保护法规能够提供足够的保护。此外,BOFIA 还强调了跨境监管合作的重要性,包括在数据传输和信息共享方面。这意味着尼日利亚金融监管机构需要与其他国家和地区的金融监管机构合作,以确保跨境数据流动符合各自国家的法律和规定。

总之,尼日利亚在个人数据保护和跨境数据流通中,形成了以《数据保护条例(2019)》为核心的全面框架,来保护公民的数据隐私,促进国内和国际数据交流与合作。尼日利亚的法律框架还在不断发展,以适应全球数字经济的快速变化和挑战。

(二)尼日利亚个人数据保护和跨境数据流动的法律特点

尼日利亚的个人数据保护和跨境数据流动已经形成了包括多部法律法规,囊括监管机构、数据保护原则、数据主体权利、跨境数据传输规定、合规与监管要求以及数据泄露通报等内容。与其他国家相比,尼日利亚的数据保护法律和制度模式有一定的相似性。许多非洲国家,如肯尼亚、南非和摩洛哥,也实施了类似的数据保护法律和制度,但尼日利亚的个人数据保护和跨境数据流动法律有独特之处。

一是在法律框架方面,《尼日利亚数据保护条例》(NDPR)与欧洲的《通用数据保护条例》(GDPR)在很大程度上保持一致。二者都强调保护数据主体的权利、明确数据控制者和处理者的责任,要求数据处理都需要合法依据,如数据主体的同意、合同执行、法定义务、公共利益等,在处理可能导致高风险的个人数据时,需要进行数据保护影响评估。但由于国情和数字经济的发展特点不同,二者也存在很多差异。比如,适用范围不同,GDPR 适用于在欧盟境内处理个人数据的任何组织,以及在欧盟境外提供商品或服务给欧盟公民的组织。NDPR 则主要针对尼日利亚境内的组织以及在尼日利亚境外处理尼日利亚公民数据的组织;罚款金额和处罚标准不同。在 GDPR 中,罚款最高可达全球年营收的 4%或 2000 万欧元(取较高者),而在 NDPR 中,罚款上限为 1000 万尼日利亚奈拉或当年营收的 2%,取较高者;对于数据保护官(DPO)的要求不同,在 GDPR 中,组织需要任命一名数据保护官(DPO)以确保合规,而在 NDPR 中,虽然鼓励任命数据保护官,但并不是强制性要求。跨境数据转移的标准不同,GDPR 对跨境数据转移有严格的规定,需要确保接收国家有足够的数据保护水平,而 NDPR 虽然也要求数据控制者和处理者确保跨境数据传输的安全,但规定相对较为宽松。[①]与此同时,NDPR 和 GDPR 在细节和执行上可能存在更多差异。在欧洲,GDPR 的实施和执行相对严格,监管机构对违规行为予以严厉打击,而在尼日利亚,虽然 NDPR 的制定是一个重要的进步,但在监管和执行方面可能仍需加强。比如,GDPR 规定,数据控制者在发生数据泄露事件后,应在 72 小时内通知监管机构。在 NDPR 中,虽然也要求数据控制者在发生数据泄露事件后及时通知尼日利亚信息技术发展局(NITDA),但并未明确规定具体的通知时间限制。

二是在监管机构方面,NITDA 在数据保护方面的角色与其他非洲国家的监管机构相似但实施力度和资源方面存在差异。例如南非的信

---

① Adegoke, Y., & Obi, C.(2020). A comparative analysis of the Nigerian Data Protection Regulation and the European Union General Data Protection Regulation. *International Journal of Law and Information Technology*,28(3),pp.234—239.

息监察专员办公室（PPI）、肯尼亚的数据保护和隐私委员会等也成立专门的监管机构，但 PPI 在数据保护领域具有较强的权力和资源，可对违反 POPIA 的企业和个人进行调查，制定整改措施，在必要时对其进行罚款，还有权向政府提出政策建议，推动数据保护法规的修订和完善。尽管 NITDA 也有权对违反 NDPR 的企业和个人进行调查和罚款，但其在人力、财力和技术方面的资源相对有限，可能影响其监管和执行的效果。POPIA 规定了罚款和监禁等制裁措施，违反法规的企业可能面临最高 1000 万兰特（约合 68 万美元）的罚款，而个人可能面临最高 10 年的监禁。NDPR 也规定了一定程度的罚款，但与 POPIA 相比，罚款额度较低且未明确规定违反法规的个人可能面临的监禁。

三是在数据保护原则和数据主体权利方面，尽管各国在数据保护原则和数据主体权利方面存在共同点，但每个国家在实施和细节上可能有所不同。比如，尼日利亚的数据保护法律可能在个别权利的具体规定和执行方面与欧盟有差异。GDPR 为数据主体提供了一系列详细的权利，如访问权、更正权、删除权（被遗忘权）、数据携带权、限制处理权、反对权和自动决策制定权。相比之下，尼日利亚的 NDPR 在数据主体权利方面的规定较为简略，主要包括访问权、更正权和删除权。尽管 NDPR 规定了跨境数据传输的基本要求，但与 GDPR 和 POPIA 相比，这些规定相对宽松。GDPR 对于认定接收方国家是否提供了足够数据保护水平有严格的标准和程序，而 NDPR 则未对此作出详细规定。

值得注意的是，2022 年，尼日利亚修订发布了《数据保护法》草案。该草案的目的在于确保个人数据受到充分保护，并规定了个人数据处理的条件和限制。这项法案是被前总统穆罕默杜·布哈里拒绝的 2020 年数据保护法案的修订版，更新版本由行政部门提出。该草案很大程度上沿袭了 NDPR 的风格，主要强调对个人数据的保护，要求个人数据处理必须精确、透明、保密、安全可靠等准则，以保证数据的隐私和安全，也规定了数据处理的限制，对于数据采集、存储、使用等方面都作出了规定。例如，在数据处理涉及敏感个人数据或个人数据跨境传输时，必须取得相关方面的明确授权或同意。该草案也有明显的进步：

其一,在权利保障上,该草案第一条就明确将"根据尼日利亚宪法保护基本权利"确定为其保护目标之一,确定从隐私到人的尊严,只要涉及这两项权利,都属于该草案的范围。其二,在例外豁免上,草案增加了"娱乐目的"这一条款,作为免于适用数据保护的处理方式之一,但该草案对该法案是否免于社交、体育等活动并没有明确规定。草案还规定了"主管当局豁免"条款,但也未对这种豁免的定义、适用范围进行更具体的说明。其三,在强化监管上,与以往不同,这次草案对数据保护合规组织采取"认证+注册"的规定,降低双重或不利许可的概率。另外,此次最大的创新是要求"具有重大意义"的数据控制者和处理者指定数据保护官(data protection officer),并阐明了数据保护官的职责。该草案还规定了调查、遵守令、执行令、司法审查以及民事补救措施,提高了处罚的标准,规定了高达1000万尼日利亚奈拉(约合23540欧元)的罚款,以及上一财政年从尼日利亚获得的总收入的2%。

综上所述,尼日利亚已经建立了一套关于个人数据保护和跨境数据流动的法律框架,将个人数据保护权置于重要地位,明确规定了个人数据的定义和保护标准,体现了对个人隐私权的重视;强调了数据主体对其个人数据的控制权,要求数据控制者在使用、处理和传输个人数据时必须事先取得数据主体的明确同意,并提供了数据主体撤回同意的权利,彰显了对数据保护理论的重视;对违反个人数据保护规定的行为给予了相应的法律制裁,规定了数据控制者和数据处理者的法律责任和赔偿责任的同时,也兼顾了公共利益和商业利益,体现了权利平衡理论。《尼日利亚数据保护条例》的制定和实施,不仅体现了信息隐私保护、数据主权和数据治理等多种法学理论,也为个人数据保护和跨境数据流动提供了法律保障和技术支持,但仍存在一些挑战,如监管能力不足、法律执行力度不够以及与其他国家和地区的数据保护法律不完全兼容等。尼日利亚政府和监管机构也认识到这些方面的问题,《数据保护法》草案在核心概念、保护理念、监管力度等方面都有明显的改进。这些都在表明随着数据技术不断发展,尼日利亚的数据保护法律法规正在逐步完善。

四、尼日利亚个人数据保护和
跨境数据流动的实践困境

(一)移植多国立法于一法,导致核心概念出现争议

以目前的 NDPR 为例,该法规定了个人数据与个人身份数据两个概念。该法案在个人数据上移植了 GDPR 第 4 条的规定,认为"个人数据是指……与已识别或可识别的自然人(数据主体)相关的任何信息;可识别的自然人是指可以直接或间接识别的人,特别是通过参考标识符,例如姓名、身份证号码、位置数据、在线标识符或一个或多个特定于物理、生理、该自然人的遗传、精神、经济、文化或社会身份"。①个人身份数据(PII)则是参考了美国的数据立法,通常指用于捕获与已识别或可识别自然人相关的所有信息。这两种概念移植于不同国家,适用于两个不同的立法、执法和司法理念,融合到一个国家的立法中难免会出现适用上的困难。与欧盟不同,美国并没有统一的联邦数据保护立法,在实践中主要是通过《健康保险便携性与问责法》(HIPPA)、《金融服务现代化法案》(GLBA)、《儿童在线隐私保护法》(COPPA)等行业立法和各州自行立法来保护个人数据。这一立法模式也对 PII 的概念界定产生影响,不同的立法对 PII 的界定不同。1996 年,HIPPA 根据"个人可识别的健康信息"来定义 PII,还将许多常见的标识符,例如姓名、地址、出生日期、社会安全号码、个人可识别健康信息(包括与个人过去、现在或未来的身体或精神健康或状况、向个人提供的医疗保健或过去、现在或未来为向个人提供医疗保健而支付的费用)以及可识别个人身份或有合理依据相信可用于识别个人身份的信息。②1998 年,COPPA 将 PII 定义为包括儿童的姓名、家庭或其他实际地址、在线联

---

① NDPR.1.3(xix).
② 45 CFR s160.103.

系信息、屏幕名称、电话号码、社会安全号码以及可用于跨不同站点识别用户的持久标识符。①1999 年，GLBA 将消费者的任何交易行为或为消费者提供的任何服务而产生的、或由金融机构以其他方式获得的消费者非公开信息界定为 PII。②同样，美国各州的立法对 PII 的定义方式也不同。2018 年，《加州消费者隐私法》将 PII 定义为"可用来识别、描述并能够与特定消费者或家庭直接或间接关联或合理关联的信息"。③目前，美国有 50 个州和至少 20 个行业特定法律对 PII 的定义进行了界定，主要定义方式是列举式。而欧盟对个人数据采用单一定义方式。GDPR 第 4 条根据与已识别或可识别自然人相关的信息定义个人数据。就立法意图而言，《欧盟数据保护指令》(DPD)在阐述个人数据概念时，在个人数据定义中包含的短语"任何信息"表明立法者愿意设计一个广泛的个人数据概念并呼吁进行广泛的解释。④因此，所有形式的信息都属于个人数据的范畴，除非不存在识别的可能性或可能性可以忽略不计。此外，GDPR 进一步指出直接识别和间接识别的区别，间接识别的个人数据"通常与'独特组合'的情景有关"。例如，在实践中，即使一些信息单独来看不可识别，但在特定的语境下，或者与其他信息相结合，也能实现对不可识别信息的识别。欧盟法院(CJEU)的多起判例就遵循了这种理念。在 Lindquivst 案⑤中，法院裁定个人数据包括人名。在 Rynes 案⑥中，个人数据包括相机记录的人像。在 Nowak 案⑦中，CJEU 裁定考生在专业考试中提交的书面答案构成个人数据。应用欧盟关于"个人数据"的表述，就不难发现 NDPR 中关于

① 15 USC 6501(8).

② 15U.S. Code s. 6809(4).

③ Cal. Civ. Code ss 1798.100—1798.140.

④ WP29，Opinion 4/2007 on the Concept of Personal Data(WP 136)(adopted on 20 June 2007)，at 6.

⑤ Case C-101/01 Bodil Lindqvist，ECLI：EU：C：2003：596(6 Nov. 2003)，18—27.

⑥ Case C-212/13 František Ryneš v. Úřad pro ochranu osobních údajů，ECLI：EU：C：2014：2428(11 Dec. 2014)，22.

⑦ Case C-434/16 Peter Nowak v. Data Protection Commissioner ECLI：EU：C：2017：994(20 Dec. 2017)，36—39.

PII 的进一步定义和规定,可能与前文规定的"个人数据"相冲突。这两种概念在范围上的交叉,可能会导致适用法律上的冲突。鉴于上述情况,尼日利亚数据保护的后续立法,有必要强调在单一立法中明确个人数据和 PII 的区别,或者明确同时使用个人数据和 PII 可能是一种不必要,甚至混乱的立法做法,需要进行完善。

(二)国家信息技术发展局合宪性存疑,导致影响执法效果

一方面,国家信息技术发展局(NITDA)是负责实施尼日利亚信息技术政策的机构和"尼日利亚电子政务实施、互联网治理和一般信息技术发展的主要机构"。该机构"旨在通过包容性监管战略、伙伴关系和持续改进来创新非洲的数据保护管理"。但在实践中,该机构行使职权的合宪性一直受到质疑。尼日利亚是一个联邦国家,拥有两院制的国家立法机构,即在联邦层面拥有联邦一级的参议院(上议院)和联邦众议院(下议院),在各州层面,还有由多个州及其各自的院制立法机构(也称为众议院)组成的联邦单位。在这种设置下,联邦的立法权既可以通过国民议会在联邦政府之间分配,又可以通过各自的众议院在各州之间分配。这些权力及其组成部分也归类为专属立法清单和宪法第 2 附表的并行立法列表,具体内容如下:国民议会有权为联邦或其他各州的和平、秩序和良好政府而制定法律,立法权限涉及本宪法附表 2 第一部分规定的专属立法清单中的事项;此外,在不损害上一条款授予的权力的情况下,国民议会有权就下列事项制定法律,即(A)本宪法附表 2 第二部分第一栏所列并行立法清单中的任何事项,须在与之相对的第二栏规定的范围内,(B)它有权根据本"宪法"的规定制定法律的其他事项。①正是根据上述规定,有学者认为,国民议会赋予 NITDA 的法定职能包含监督、管理和规范信息系统、电子数据的使用和交换以及互联网的使用,并不属于宪法的专属立法清单和并行立法清单。对宪法第 2 附表第一部分和第二部分分别列出的排他性清单和并行清单中没

---

① The 1999 Constitution of the Federal Republic of Nigeria(as amended) Act no.24(5 May 1999).

有任何内容明确提及或暗示提及"信息技术""互联网治理""数据保护""隐私"或"电子通信"。因此,此类事项制定的立法权力应属于尼日利亚各州议会。此外,尽管尼日利亚在 2019 年颁布了 NDPR,但该法律尚未被批准为尼日利亚宪法的一部分。因此,一些人认为遵守 NDPR 的 NITDA 也没有法律基础来监管和处理数据保护问题。正是在这种背景下,目前为止虽然尼日利亚还没有任何州对国民议会提出质疑或就 NITDA 的同一主题颁布任何法律,但是关于 NITDA 合宪性的争论变得越来越多,趋势愈演愈烈。但也有观点认为,考虑在尼日利亚国民议会的立法权具有至高无上性,只要宪法本身没有禁止,国民议会有时就可以超越其权力范围。换句话说,宪法高于国民议会,当民议会超越宪法赋予的权力时,只有司法机构可以做出撤销越权的行动或决定。Balogun v. Attorney General of Lagos State 案进一步阐释了具体的做法,该案的法院指出:若一个州的众议院或由国民议会制定的法律违反了宪法,法院没有权力直接依据相关立法理念判定是否合宪或认定有违司法机构对相关法律概念而判定是否合宪。若要衡量是否合宪,法院首先要确定这些标准的范围和限度,才能有权去推翻已通过的法律。因此,基于这一判例的影响,即使 NITDA 的合宪性受到质疑,但在尼日利亚境内只要没有司法机关宣布其无效或以其他方式违宪,NITDA仍然是合法的,仍然是尼日利亚数据保护的主要监管机构,该机构已经开始制定各种数据保护规则和监管措施,以确保组织和个人的数据得到保护。同时,关于合宪性的存疑,引发了立法部门的关注。2022 年尼日利亚修订发布的《数据保护法》草案第 1 条就明确对于个人数据权利的保护属于宪法规定的基本权利,试图从根本上解决这种争议。

另一方面,在具体执行过程方面,NITDA 的监管能力有限,难以有效监管尼日利亚境外的数据流动和有效保护尼日利亚公民的个人数据权益。2018 年,尼日利亚的一家银行遭受了一起严重的数据泄露事件,涉及的客户信息包括姓名、地址、电话号码和银行账户信息等。据报道,这起事件可能涉及来自境外的黑客攻击,数据可能已经流向了境外。尽管 NITDA 已对此事件展开了调查,但由于其监管能力和技术能力的限制,调查结果并没有得出具体的结论和责任方。此外,尼日利亚政府也没有能力对境外黑客的行为进行调查和追责,导致事件进一步扩大。2019 年,尼日利亚一家航空公司的客户数据被黑客窃取,数据包括姓名、电子邮件地址、电话号码、护照号码和出生日期等个人身份信息,这些数据泄露后被公开在黑客论坛上出售。虽然这起事件涉及的数据泄露规模不大,但它揭示了尼日利亚数据保护监管存在的一些挑战。根据《尼日利亚数据保护法》和 NITDA 的规定,公司在发生数据泄露事件后必须立即通知 NITDA,然而,这家航空公司的通知迟至发生数据泄露事件几个月之后。这些案例表明,NITDA 在监管跨境数据流动和个人信息保护等方面的能力存在一定局限性,尤其是在面对来自境外的数据泄露和黑客攻击等情况时。要解决这个问题,NITDA 需要进一步提升自身监管能力,同时也需要加强与其他国家的合作和协调,共同应对跨境数据流动中的安全和个人信息保护等问题。

（三）司法实践尚不够充分,法院判决缺乏一致性

由于尼日利亚当前的数据保护法律框架还比较新,司法实践尚不够充分,导致在实践中可能存在一些不确定性和争议。其一,在适用法律时会出现意想不到的争议。在 EFFIONG V. MTN 一案中,原告主张 MTN 违反了尼日利亚的个人数据保护法规,因为该公司未经他的许可而使用了他的个人信息。法院支持了原告的主张,并裁定 MTN 需要向原告支付 150 万奈拉的赔偿金。这一判例标志着尼日利亚个人数据保护的司法实践开始向着更为严格的方向发展。然而,这一判例也引起了一些争议。有一些观点认为,尼日利亚的个人数据保护法规对于数据的使用和共享规定过于严格,这种情况下,企业很难在合法范围内使用数据。同时,也有人担心,过于严格的个人数据保护法规可能会抑制数字经济的发展。①其二,司法机构适用法律解决现实问题的能力还需完善。在 CHRIS ODILI V. INEC 一案中,原告指控尼日利亚

---

① Ayoyemi Lawal-Arowolo（2011），Nigeria's Data Protection Regime：A Call for Pragmatism，1(2) International Data Privacy Law 121—123.

独立选举委员会(INEC)侵犯了他的个人数据保护权利,因为该委员会在未经其许可的情况下公开了他的个人信息,尽管法院支持了原告的主张,但是该案的审理过程却非常缓慢,长达三年的审理过程让许多人对司法程序失去了信心。①尽管在非洲大陆上,尼日利亚数据保护法规相对完备,但是在实践中,诉讼程序的繁琐和缓慢也让数据主体维权变得异常困难。同样的情况还出现在 Nigerian Bar Association v. National Information Technology Development Agency、Facebook Ireland Ltd v. Nigerian Communications Commission 和 Google LLC v. Nigerian National Information Technology Development Agency 等多起跨境数据流动的案件中,这些案件时至今日依然在审理,高昂的维权成本消减了相关群体的维权信心,并衍生出另一种担心,即使法院判决生效,由谁来执行? 执行效果如何? 这些依然是未知数。其三,法院的判决也缺乏一致性,不同法官在判定个人数据保护案件时的态度和标准不尽相同,这进一步增加了司法不确定性和预测性的难度。2019年2月28日,在 Okpako v. GT Bank 案中,尼日利亚联邦高等法院在处理一个数据主体向银行提起诉讼的案件时,裁定银行必须允许该数据主体访问其个人数据。②然而,在其他类似的个人数据保护案件中,不同法院可能会得出不同的结果。同年6月13日,在 Olumide Babalola v. Access Bank 案中,尼日利亚伊巴丹高等法院裁定数据主体不能要求银行在其未支付贷款的情况下删除其个人数据。③由于法院可能会因法官、案件类型、证据等因素的影响而产生差异,类似的案件在不同法院的判决可能会存在差异,这种不一致的判决使数据主体维权变得更加困难。这些案例都表明,与其他国家相比,尼日利亚在个别案例上的执行能力仍然有限,可能需要进一步加强法律执行和监管机构的能力,以确保更有效地保护公民的数据和隐私权益。

---

① Mohammed Aminu Bello(2021), The Nigerian Data Protection Regulation 2019: An Appraisal, *International Journal of Business and Society*, 22(S2), pp.197—202.

② Okpako v. GT Bank, FHC/L/CS/821/2017.

③ Olumide Babalola v. Access Bank, I/422/2016.

五、结　语

非洲在数字经济发展方面取得了一定的成就,在基础设施、数字技能、金融科技、电子商务和创新生态系统等方面都取得了进步。尽管非洲在跨境数据流动与个人信息保护的法律制度上取得了显著成绩,但仍面临诸多挑战:一是非洲不同国家和地区在立法理念、制度设计和实施细则方面存在差异,这为跨境数据流动与个人信息保护的国际协调带来困难。如何在尊重国家主权、维护网络安全的前提下,实现国际法律制度的协调与互认,是亟待解决的问题。二是随着 5G、大数据、人工智能等技术的迅速发展,跨境数据流动的规模和速度不断扩大,个人信息保护的难度也在加大。如何在技术创新与法律制度之间找到平衡点,使法律制度能够及时跟进技术变革,成为非洲数字经济发展的一个重要课题。三是非洲大陆的数字鸿沟和发展不平衡现象,使得一些国家和地区在跨境数据流动与个人信息保护方面的立法和实施能力相对薄弱。这不仅影响了这些国家和地区公民的信息安全和隐私权益,也对全球跨境数据流动与个人信息保护的协同治理带来挑战。四是在全球化和数字化的背景下,非洲的跨境数据流动与个人信息保护问题的解决需要各国加强合作与协调。如何推动非盟各方参与,形成共同的立法和实施标准,以及搭建有效的国际合作框架,是实现全球跨境数据流动与个人信息保护治理的关键。

正如作为非洲数据立法的代表之一的尼日利亚,该国数据保护条例的制定和实施,不仅体现了信息隐私保护、数据主权和数据治理等多种法学理论,也为个人数据保护和跨境数据流动提供了法律保障和技术支持,但仍存在一些挑战。例如,监管能力不足、法律执行力度不够以及与其他国家和地区的数据保护法律不完全兼容等。尼日利亚政府和监管机构也认识到这些方面的问题,《数据保护法》草案在核心概念、保护理念、监管力度等方面针对这些问题都有明显的改进。这些都在表明随着数据技术不断发展,尼日利亚的数据保护法律法规正在逐步完善,尼日利亚正在不断加大投入,提高数据保护监管机构的资源配置和技术能力。

与此同时,针对尼日利亚个人数据保护和跨境数据流动的实践困境,还需要进一步完善立法,包括扩大个人数据的范围,加强对敏感数据的保护,规定更加明确的数据授权和许可流程,以及加强对数据保护机构的合宪性论证等。加强执法机构建设,包括建立有效的执法机构和程序,提高执法效率和公正性,加大对违法行为的处罚力度,以减少个人数据泄露和侵犯的风险;加强与国际组织和其他国家的合作和交流,共同制定和推动跨国数据保护规则和标准,分享经验和技术,提高尼日利亚在跨境数据流动和个人数据保护方面的国际地位和影响力;提高法官法律素养、优化诉讼程序等来推动该领域的发展。同时,还需要加强对公众和企业的数据保护意识教育,以提高公民对个人数据保护的重视程度和数据保护意识,并加强对企业和机构的数据保护培训,提高其数据保护管理能力。

参考文献

黄梅波、段秋韵:《"数字丝路"背景下的中非电子商务合作》,《西亚非洲》2021 年第 1 期。

何健文:《从〈全球云计算评分报告〉看中国云计算发展现状》,《广东科技》2019 年第 12 期。

高富平:《论个人数据保护制度的源流——域外立法的历史分析和启示》,《河南社会科学》2019 年第 11 期。

陈朝兵、郝文强:《国内外政府数据开放中的个人隐私保护研究述评》,《图书情报工作》2020 年第 8 期。

黄如花、刘龙:《英国政府数据开放中的个人隐私保护研究》,《图书馆建设》2016 年第 12 期。

刁生富、赵亚萍:《大数据时代个人数据权之被侵与保护》,《华南理工大学学报(社会科学版)》2019 年第 2 期。

Adegoke，Y.，& Obi，C(2020). A comparative analysis of the Nigerian Data Protection Regulation and the European Union General Data Protection Regulation. *International Journal of Law and Information Technology*，28(3)，pp.234—239.

Adejumo，A. O(2020). The role of data protection regulations in addressing cybersecurity challenges in Africa. *Journal of Cybersecurity*，6(1).

Ayinde，D. O(2019). Data Protection in Africa: An Analysis of the Legal Frameworks in Nigeria and South Africa. *Global Journal of Human-Social Science Research*，19(2)，pp.30—36.

Ezeani，C. N.，& Adoghe，A. U(2020). An Overview of Data Protection Regulation in Africa. *Journal of Internet Technology and Secured Transactions*，9(3)，pp.283—299.

Fawole，O. I(2021). The Influence of Data Protection Regulation on E-commerce in Africa: A Study of Nigeria and Ghana. *Journal of African Law*，pp.1—22.

Kamau，P. N.，& Muthoni，D. M(2018). Legal Framework for Personal Data Protection in Africa: A Review of Selected Countries. *International Journal of Academic Research in Business and Social Sciences*，8 (8)，pp.223—242.

Lwanga，J.，& Sebikari，A(2019). Personal Data Protection and Privacy Laws in Africa: A Critical Review. In *Advances in Human Factors*，*Business Management and Leadership*(pp.77—85). Springer.

Modupe，C. A(2020). An overview of data protection legislation and privacy issues in Africa. *Journal of Cybersecurity Education*，*Research and Practice*，2020(2)，pp.11—25.

Oyewumi，O.，& Mogale，T. D(2021). An Overview of Data Protection Regulations in Africa: A Comparative Study. *African Journal of Science*，*Technology*，*Innovation and Development*，13(2)，pp.191—201.

Sena，K. G.，& Kwadzo，R(2020). Protecting Personal Data in Africa: An Overview of the Current Legal Frameworks. *African Journal of Law and*

Criminology，10(2)，pp.51—65.

Taiwo，O(2020). Privacy and data protection issues in Africa：A critical overview of the emerging legal and regulatory landscape. *International Data Privacy Law*，10(2)，pp.101—121.

Tetteh，E. K(2019). The Right to Data Protection in Africa：An Overview of Current Legal Frameworks and Deficiencies. *International Data Privacy Law*，9(2)，pp.83—102.

Tetteh，E. K.，& Oguamanam，C(2020). Data protection in Africa：Assessing the implementation and effectiveness of selected frameworks. *Journal of Intellectual Property Law & Practice*，15(3)，pp.228—237.

Zehraoui，A(2017). Personal data protection in Africa：legal and institutional frameworks. *Journal of Information，Communication and Ethics in Society*，15(3)，pp.283—302.

21世纪的北非高等教育治理改革研究：模式、特征与启示*

廖 静**

[内容提要]　在21世纪知识经济的大背景下，北非国家为提升高等教育质量及增强国家竞争力实施了一系列教育治理改革。这些改革将高等教育入学率从1990年的10%提升至2020年的35%，但同时也遭遇了挑战。本文运用马克·汉森的"中心化/去中心化"理论框架，选取埃及和摩洛哥为案例，深入分析了两国在高等教育治理的目标、架构和方式上的差异及影响。研究结果显示，尽管改革在某些方面取得了成效，但从发达国家视角看，这些改革主要局限于技术层面，缺乏深刻的意识形态变革。此外，非洲学者指出，北非改革过分依赖西方模式，忽视了本土化实践。因此，北非高等教育的改革被视为一个复杂过程，受到国际组织、国内政治和社会动员的广泛影响，需要采用更为包容和有效的方法来深化改革。

[关键词]　21世纪，北非，高等教育，治理改革

[Abstract] In the context of the 21st century's knowledge economy, North African countries implemented a series of educational governance reforms aimed at enhancing the quality of higher education and national competitiveness. These reforms successfully increased higher education enrollment rates from 10% in 1990 to 35% in 2020, yet faced challenges. Referring to the framework of Mark Hansen's theory of centralized/decentralized education governance, this study examines Egypt and Morocco as cases, analyzing differences in governance goals, structures, and methods, and their impacts on educational reform. The results reveal significant progress in enrollment and quality enhancement. However, from a developed country's perspective, North Africa's reforms are seen as technical innovations rather than deep ideological changes. While African scholars illustrate an overreliance on Western models and a lack of localized practices in these reforms. Therefore, North African higher education reforms are viewed as complex processes influenced by international organizations, domestic politics, and social mobilization, asking for more inclusive and effective approaches in deeper reform.

[Key Words] North Africa, higher education, governance reform

---

*　本文系2023年度国家社科基金后期资助"法国北非移民政策研究：类型与成效"（编号：23FGJB006）的阶段性研究成果。

**　廖静，复旦大学外文学院副教授、多语种中心副主任、中东研究中心研究员。

20世纪90年代起,知识经济成为全球经济增长的主要动力和国际竞争力的重要基石,标志着人类迈入"知识型社会"(LAJOS NYÍRI,2002),这一转变显著增加了各行业对知识工作者的需求。在此背景下,"高等教育是一个国家发展水平和发展潜力的重要标志";对企业而言,员工的专业素质及其与企业业务需求的匹配度直接影响市场效率(Elamir & Elsayed,2020)。对个人而言,知识成为劳动者的核心竞争力。高等教育作为知识传递和人才培养的根基,对于提升一个国家在全球知识经济竞争中的地位具有关键性意义,这一点已经成为国际社会的普遍共识。世界银行数据显示,1990年北非国家的高等教育入学率约为10%,低于世界平均水平(14%),远低于欧盟(29%)和北美(72%)。[①]为应对这一挑战,北非各国政府和公众都表现出了通过高等教育治理改革来扩大高等教育规模的强烈意愿和迫切需求,以期将人力资源转化为人力资本,提高个人和国家的经济发展水平。通过一系列的改革,北非各国高等教育入学率得以显著提升。最新的世界银行统计数据表明,2020年前后,北非国家的高等教育入学率提升至约35%,其中埃及达到39%,摩洛哥达到43%,基本与世界平均水平(40%)持平,接近欧盟(75%)和北美(86%)的水平。[②]

在过去三十年里,北非高等教育治理改革主要聚焦于深化本土化和提升教育质量两方面:深化本土化旨在扩大高等教育的覆盖范围,使更多本地学生受益,以提升国家整体竞争力;提升教育质量则涵盖多重途径,包括私有化管理、引进国际质量标准,促进高校自主创新、进行市场化改革以及国际合作等。这些治理改革吸引了国内外学者的广泛关注,研究成果集中在:高等教育治理与提高质量的关系(伊马德·阿布·拉比,2010;Adnan Elamine,2021)、提升国家竞争力(拉沙·萨阿德·谢拉夫,2020)、促进国际化交流(张楚楚,2021)、新自由主义全球话语对教育改革政策的影响(Elizabeth B.,2021)、保障国家社会、经济

①② 世界银行,https://data.worldbank.org/indicator/SE.TER.ENRR?name_desc = true.Retrieved April 02, 2023。

和政治的可持续发展(Mulilo，Benard & Laassiri，Mounia & Boye，Diallo，2022)、保障社会公平(Kwabena Gyimah-Brempong & Peter Ondiege，2011)，以及高等教育中的 EMI 现象(Curle，Samantha & Ali，Holi Ibrahim Holi，etc. 2022)等。这些研究在北非高等教育治理改革方面形成了三个主要共识:其一,尽管北非地区在高等教育治理改革上取得了进步,但整体水平仍未达到全球平均水平,因此未来需要重点推进放权改革(Fielden，J.，2008),增强高校在人事和财务管理方面的自主权。其二,政府需要继续在高等教育治理中扮演关键角色,协调国家、企业及家庭对高等教育的需求和投资,以促进教育的良性、健康和可持续发展。其三,推动高等教育改革时需平衡各方的利益和期望,确保教育成果最优化。

前人相关研究集中于高等教育治理过程中的私有化改革和政府关系,但对北非区域性治理的全面研究相对缺乏。鉴于埃及和摩洛哥在北非高等教育领域具有引领作用并对非洲地区产生示范效应,本文采用马克·汉森的"中心化/去中心化"理论框架,借助政策文件、媒体报道、访谈和个人经历,选取这两国为研究案例,通过深入探讨和对比分析两国在高等教育治理改革的政策、实践及成效,旨在提炼北非高等教育治理改革的模式与特征,以期为其他地区的高等教育治理提供参考和借鉴。

一、北非高等教育治理改革的背景

北非国家的高等教育治理改革背景可追溯至第二次世界大战后。那时,新独立的北非国家在去殖民化、经济发展和重组高等教育体系的过程中,面临人才短缺问题。这促使各国政府主导高等教育治理,表现在国家兴办公立大学、投入公共资金和政府直接控制。这一时期,高等教育是精英教育,只有少部分人可以享受,但得到了国家公共资金的全额支持。然而,这种由国家直接控制、大量投入公共资金的高等教育模式因缺乏应对市场需求的有效性和灵活性,并没有持续很久。自20世纪80年代开始,高等教育支出在国家公共支出的份额中下降,许多公立大学的基础设施和学术供给持续恶化,大批师资流失,甚至陷入"严重的失修状态",直接导致初见成效的高等教育质量急剧下降(Mamdani,1993;Mwiria,1992)。随着20世纪90年代"知识经济"概念的提出,北非国家认识到"经济比以往任何时候都更依赖于知识的生产、分配和使用"(Foray & Lundvall,1996)。为此,各国着手进行高等教育治理改革,以满足知识型社会对人才的需求。

文本研究的数据来源广泛,包括国内外数据、新闻报道、政策文本,以及笔者与摩洛哥、埃及高校学生、大学职员以及高等教育政策制定者的访谈。本文研究内容还源于作者在埃及和摩洛哥的学习与访问经历,在此期间,作者开展了众多正式和非正式的访谈,并做了详尽的观察笔记,为研究提供了独特的视角。

二、北非高等教育治理改革的
两种模式和特征

自20世纪90年代起,在高等教育经费紧缩和国际教育扩张的大背景下,北非国家的高等教育改革开始尝试摆脱过去完全依赖国家资助的模式,探索市场友好型的治理模式。各国努力重新构建政府与高等教育机构的关系,将政府直接控制转变为政府监督的体制,形成了"中心化和去中心化"两种主要的高等教育治理模式,以实现高等教育的私有化和国际化。此外,各国政府纷纷将提升教育质量列入政策核心议程,开启了包括机构设置和教学实践在内的大规模教育体系改革。

(一)去中心化模式(decentralization)

"去中心化指决策权、责任和工作从较高级别的组织转移到较低级别的组织的过程,这类转移有时也可以发生在不同组织之间"(Hanson,1998)。在高等教育治理过程中的去中心化模式主要体现为如下三种形式:一是中心分散,即中央将工作转移到地方,但保留控制权;二是代理行使,即中央将决策权下放到下层机构,但保留随时收回决策权的权力;三是权力下放,即中央永久性地将权力转移给独立机构,且不能随时收回(Hanson,1998)。

21世纪,摩洛哥的高等教育治理改革兼具三种去中心化模式,旨在将国家的角色定位在制定高等教育规则、提供支持、监督和作出评估上。

基于此,在机构治理体系上,摩洛哥实施了中心分散形式,即主管高等教育的国家部门(高等教育、科学研究和创新部)在形式上保留全盘控制权,实际上则将教育质量监督、大学管理等具体工作转移到各下属的公立和私立机构,以此协同多方利益主体,共同管理国家高等教育,实现高教主体的多元化(见图1)。在这种模式中,实际参与国家高等教育的多方主体,如公私立机构、高职院校、科研机构、政府监管部门、管理人员、一线教学人员、社会经济部门代表等,均在高教部的领导下共同参与高教治理的全过程。此外,摩洛哥还设立了高等教育协调委员会(The National Commission for the Coordination of Higher Education,CNCES)来协同参与高教治理改革的全过程。该委员会根据摩洛哥2002年6月4日颁布的2.01.2330号法案成立,秘书处设在高教部下设的高等教育与教育学发展局,负责确定教育项目的评估认证标准,完善高等人才培养机制,并提供建议。委员会由来自不同领域的20名成员组成,其中6名法定委员、14名委任委员。6名法定成员分别是分管高等教育、职业培训、高中教育、哈布斯和伊斯兰事务的政府官员,以及哈桑二世科学与技术学院委派的常驻秘书。14名委任成员分别是5名大学校长、2名非大学类高等教育机构主任、2名私立高等教育机构董事、2名研究机构主任(1公立、1私立)、1名全国高等教育教师联合会优秀代表、2名社会经济部门代表(ANEAQ,2023)。该委员会负责确定教育项目的评估认证标准,完善人才培养机制,并提供建议。

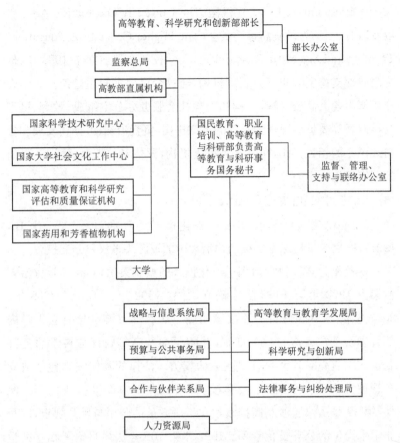

图 1　摩洛哥高等教育、科学研究和创新部的机构架构
资料来源:作者根据摩洛哥高等教育、科学研究和创新部官网自制。

　　摩洛哥高教治理的去中心化还体现在委托高等院校代理行使治理改革,充分赋予高校办学自主权。自 2000 年起,依据 00-01 号法律,摩洛哥高教部以政府同高等院校签约的形式,授予高校广泛的学术、财务和人事管理自主权。这些院校在享有自主权的同时,承诺优先考虑国家利益,以确保教育发展与国家发展目标相协调。

　　在摩洛哥的高等教育治理中,权力下放也是一个重要的方面。摩洛哥设有三个主要的社会独立机构,专责高等教育的监督与评估,并提供相关建议。这些机构包括大学校长会议(The Conference of Uni-

versity Presidents)、大学合作机构(The University Cooperation Agency)
以及教育、培训与科研高等委员会(The Higher Council for Education,
Training and Scientific Research)。大学校长会议成立于 1989 年,作
为高教部支持下的非官方管理机构,通过会议促进问题讨论。大学合
作机构由各大高校、科研机构和大学社会服务办公室组成;教育、培训
与科研高等委员会则作为独立的咨询机构,负责治理、可持续发展和参
与式民主的相关工作,同时作为审查机构,评估参与教育、培训和科研
的国家机构。

(二)中心化模式(centralization)

"中心化模式可被看作去中心化模式的反向过程"(Mark B.,
1991),即上级机构保留层级结构治理中的资源决策权和分配权。

埃及作为高等教育治理中心化模式的典型案例,其高等教育治理
框架由 1972 年第 49 号法律确立,并在 1992 年、2002 年、2009 年、
2018 年和 2019 年修订。该法律明确了高教部直接参与公立大学内
部管理及日常运营的相关细则,并赋予埃及高等教育与科学研究部
制定和实施高等教育和科研政策的权力。法律的具体细则包括成立
和管理大学理事会,任命大学校长,确定大学内部组织架构等。此
外,第 49 号法律还涉及高校教学和科研人员的聘用与晋升规定,以及
非学术岗位的公务员化管理。1992 年第 101 号法律明确了私立大学
的盈利性机构性质及其运营细则,2002 年第 219 号总统令增设私立
大学最高委员会,负责新建和运营私立大学,但其决策需经高教部审
核。2006 年成立的教育质量保障与认证局(NAQAAE),虽独立运
营,却直接向总理汇报,负责制定标准、提供指导和支持,帮助高校获
得认证。

2009 年,埃及再次对 1992 年第 101 号法律进行修订,进一步明确
了公立和私立大学作为非营利性和营利性机构的区别,并规定高教部
负责新建私立和民办大学,同时允许私立大学最高委员会自主管理大
学的运营。2018 年的第 162 号法律修订案则允许外国高校在与埃及
教育机构签订双边合作协议的基础上,在埃及开设海外分校,但需经国

民议会审批。2019年的第72号法律则对新型科技大学的创办流程、管理方式和组织架构作出具体规定。

依据1972年第49号法律及其以后的修订法案,埃及高等教育与科学研究部作为主管高等院校的上级机构,保留了高等教育资金与人事资源的决策和分配权,直管高校。在资金方面,高教部负责审议高校每五年一次的财务规划,参与公立大学的年度预算申请,提交内阁和议会批准。预算批准后,高教部监管预算执行情况。在人事方面,高教部部长领导的大学最高委员会(Supreme Council of Universities, SCU)负责制定法律法规,执行决议,监督执行。该委员会由秘书长、公立大学校长和高教部部长任命的5名公众人物组成。除公立大学,私立大学和非营利性科技大学的最高委员会也受高教部部长管辖,委员会由秘书长、大学校长、大学最高委员会秘书长、高教部部长委任顾问以及高教部部长任命的3名社会知名人士组成,负责院校新建提案、审批、维持日常运营并直接参与日常教学科研管理,如确定教学委员会的最低成员比例,审批新的学术项目等。私立大学校长的任命经由董事会提名后需报高教部部长批准(见图2)。

在埃及的高等教育治理中心化体系中,除了高教部对高校的直接管理之外,内阁也在高等教育资源的控制中发挥着重要作用。内阁将财政部、中央组织和行政机构、外交部等多个政府机构纳入高等教育的管理体系中,与高教部协同处理相关事宜,并保留最终的决策和分配权。例如,财政部负责确定高校的财政预算和规定高等教育机构自有资源的使用规则。作为教育主体的高教机构无权修订预算中的各项开支分配比例,修订需报财政部审批。财政部还要求公立大学在埃及中央银行开设账户,并将创收的一部分上缴财政部。中央组织和行政机构负责确定高等院校的职位配额。主管基础教育的埃及教育和技术教育部(MOETE)对高等院校的招生政策具有显著影响力。外交部管理校际高层次合作事宜,如海外机构在埃及建立分校的审批。埃及还通过世界银行资助的高等教育强化项目(Higher Education Enhancement Project, HEEP)对公立大学进行改革。

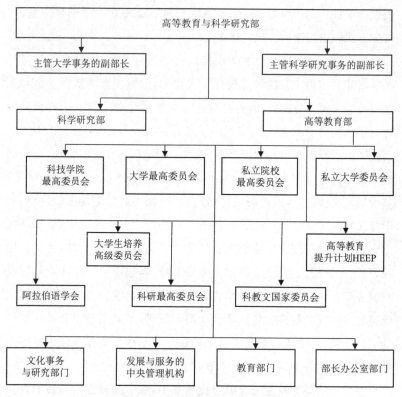

图2 埃及高等教育与科学研究部的机构架构

资料来源:作者根据埃及高教部机构设置自制。

三、"中心化"模式与"去中心化"模式对比

近年来,在北非五国的高等教育治理中,"中心化"和"去中心化"成为两种普遍的模式,这两种模式主要依据高等教育参与主体的角色和资源的决策与分配机制来区分。埃及和摩洛哥分别被视为这两种模式的典型例子。这两个国家在治理目标、架构和方式上各有特点和差异(见表1、图1、图2)。

表 1　埃及、摩洛哥两国高等教育治理对比

	埃及	摩洛哥
治理目标（战略规划）	在 2030 年，打造具有科学创新能力的人才队伍，满足当地、国家和国际需求，促进埃及经济的可持续发展	在 2030 年，实现机会均等、保证教育质量，提高教育普及性
治理架构（治理模式）	中心化模式	去中心化模式
治理架构（高等教育机构的数量和性质）	24 所公立大学 3 所科技学院 26 所私立、民办大学 10 所根据双边协议建立的大学 3 所海外大学分校	13 所公立大学 1 所依照私立大学管理的公立大学 5 所公私合作大学；5 所私立大学
治理方式（财政拨款和预算）	每隔 5 年，公立大学向财政部提交预算，申请拨款。与此同时，大学还根据特定的投资条款向国家投资部申请经费，用于基建和设备购置。这两部分经费占大学总预算的 65%—85%，剩余部分由大学从自有资源中筹措	公立大学的主要资金来自国家拨款，金额取决于大学提供的教学门类、学科领域以及学生人数。大学也会自筹约占总预算 40%的资金
治理方式（质量保障和认证）	总理下属的、独立于高校的政府机构教育质量保障与认证局（NAQAAE）负责高教质量的保障与评估认证	高教部下属的高等教育和科学研究评估和质量保证机构在国家的监督下进行高教的质量保障与认证工作（ANEAQ）
治理方式（高校录取）	公立大学协调办公室统筹大学录取事宜，大学最高委员会决定各民办和私立大学的录取人数，各大学再依照内部规定协调学生专业	所有持高中毕业证书（BAC）或同等学力的学生都可以直接申请就读大学，人类学、社会学、法学和经济学专业向所有学生开放注册，但理工科专业需要通过选拔（笔试或含面试的综合能力测试）
治理方式（校长任命）	公立大学，高教委员会提名 3 名获选人，总统令任命校长。私立大学，最高委员会得到高教部部长许可后直接任命校长	政府教育监管机构下属的特定委员会提名 3 名校长候选人，高教部部长直接任命其中的 1 名担任校长

	埃及	摩洛哥
治理方式（学术人员的任命）	在中央行政组织机构的职位编制框架下，大学完全享有选拔和任命教职员工的权力	大学有权任命长期和临时的教员。自 2016 年起，政府提议将持有博士学位的政府雇员转为助教，以提高大学师生比
治理方式（学术项目的开发）	高教机构（公立和私立）向大学最高委员会提案，新增或更新学术项目。这些项目或基于学分，或基于学期，也有根据欧盟博洛尼亚体系的改革，根据机构类型的不同而有所区别	对接欧洲学分互认体系（ECTS）：（1）对接学科课程，对接包括本硕博在内的学制，即遵循 3-2-3 学制；（2）从制度上增加学生在欧盟各国不同大学交换的机会，给予学生更多的转专业自由
治理方式（信息管理）	大学最高委员会通过 MIS 管理信息，该系统连接了大学最高委员会和公立大学的数据中心。2019 年，在高教部的倡议下，国家新建了统一信息面板系统	高教部下属的行政管理、后勤、信息沟通、战略规划和信息系统都参与信息管理

资料来源：作者根据案例国家教育部官网、高校官网、政府报告、年鉴、学术论文等整理。

（一）两种模式均致力于提升高等教育质量以应对全球化竞争

在治理目标上，为应对全球竞争，无论是采用"中心化"还是"去中心化"模式，北非各国都在国家总体战略布局中制定了旨在提高高校教学质量，提升国际竞争力的高教振兴计划。例如，埃及作为"中心化"模式的典型，依据国家 2014 年提出"2030 愿景"，高教部启动了高等教育 2030 战略规划研讨，并于 2017 年组织各下属教育机构制定并发布了凝聚民族力量，共同提高教育质量的战略发展规划细则。而在"去中心化"模式的代表国家摩洛哥，继国家"2030 愿景"提出后，高教部即刻拟定了以机会均等、保障教育质量、普及教育为主题的改革机会，并联合国家科学委员会共同推动改革细则的实施。

（二）两种模式均依法实践高等教育治理

在治理架构上，"中心化"和"去中心化"模式都依法进行高等教育治理,并随时代变迁进行相应的修订。以"中心化"模式的埃及为例,1972年第49号法律奠定了国家增加科研投入,提高高等教育教学质量的高教振兴改革基调。在1992至2019年间,受全球私立大学兴起的影响,该法律经过多次修订,内容涵盖私立大学管理细则和国际合作共建高校的审批流程等。而在"去中心化"模式的摩洛哥,自2000年起,国家依据《高等教育法案》00-01号法律赋予高等教育机构更大的办学自主权。由此,这些北非国家的法律法规在保持原始框架的同时,根据时代需求做出了必要的更新和修订,确保高等教育相关各方的利益得到平衡。

(三)两种模式均设有严格的监督与问责机制

在治理架构上,"中心化"和"去中心化"模式都设有完善的监督和问责制度。两种模式均强调教育评估机构的相对独立性,以确保监督过程的参与度和透明度。由此,教育机构主体需定期接受相关利益主体的审查,提交必要的教育数据和信息。这些数据是高教相关利益主体做出决策、开展交流合作、保障教育质量的重要依据。例如,埃及设有国家质量保障与认证委员会(National Quality Assurance and Accreditation Agency,NQAAA),全面开展教育质量保障工作。该机构独立于高教部,直属内阁,以保证质量监督与问责全过程的独立性。而在摩洛哥,除高教部直属的国家高等教育和科学研究评估和质量保证机构(The National Agency for the Evaluation and Quality Assurance of Higher Education and Scientific Research,ANEAQ)直接主导高教评估工作外,还有两个机构参与高教评估。一是直接受高教部部长领导的高等教育协调委员会,该委员会由20名主要来自政界和学界及个别来自工商界的人士组成。二是教育、培训与科研高等委员会(The Higher Council for Education,Training and Scientific Research),这是一个独立的咨询机构,为教学科研的评估提供智力支持,并参与教育战略的制定和执行。这些独立监察机构的设立保障了高等教育的广泛参与度和客观透明度。

(四)"去中心化"模式赋予高校更大的资金自主权

在"去中心化"模式下,高等院校拥有较大的资金自主权,这一点在资金来源的便利化和资金分配的多元化上表现得尤为明显。例如,摩洛哥的公立高校不仅可以自筹约 40% 的年度开支,还能自主申请国家拨款,这一申请基于年度教学领域、教学科目和招生人数等具体指标,高校只需要按时提交预算和结算报告。与之相对的是,埃及的公立高校只能自筹约 20% 的年度开支,且三个国家部门——财政部、投资部和规划与经济发展部共同负责高等院校的资金来源。财政部负责制定高等院校的财政预算,详细规定院校自筹资金的使用规则。规划与经济发展部则依据国家相关法律的投资细则来制定高校的基础建设和设备购置预算,投资部负责这笔开支的审批、下拨和审核。此外,埃及的高校需要在埃及中央银行开设账户,将部分自筹资金上缴财政部,且任何预算修订都需报财政部审批。这些差异反映了"去中心化"与"中心化"模式在高校财务自主权方面的显著不同。

(五)"去中心化"模式赋予高校更大的人事自主权

相较"中心化"模式,"去中心化"模式治理下的高等院校享有更多的人事自主权,这主要体现在高校领导的任免、教职员工聘用和学生录取三个方面。例如在摩洛哥,独立委员会有权提名校长候选人,而埃及的校长提名权则掌握在高教部直属的大学委员会。在人员的聘用上,摩洛哥大学可以直接聘用和解雇长/短期教员,而埃及大学仅享有部分选聘权,需遵循中央行政机构的职位编制。此外,埃及高教法还对高校非学术职员的聘用和晋升作出相关规定,将他们等同于政府职员管理,依照埃及行政发展部的管理条例执行。在学生录取方面,摩洛哥高校有权自主通过笔试和面试的形式选拔优秀学生就读本校热门专业,但埃及的录取过程则涉及多个部门的协调。首先,主导高中毕业考,并发布成绩和排名,作为大学招生的关键依据。其次,高教部中央协调办公室根据会考成绩确定符合大学入学资格的学生范围。再次,大学最高理事会审议决定每所大学的录取人数。最后,高教部中央协调办公室负责协调公立大学的录取排序。这包括协调报考同一所大学同一专业的学生录取顺序、安排候选学生的录取顺序,以及协调来自埃及不同地区学生的录取顺序(排名前 300 名的学生除外),而私立大学最高委会则自主决定每个专业的最低录取分数线和人数，不受中央协调办公室管控。

（六）"去中心化"模式赋予高校更大的学术自主权

在"去中心化"模式下，高等院校拥有更大的学术自主权，尤其体现在学术项目的创立与管理方面。例如，摩洛哥的高校能够自主决定新设或取消学术项目、设定学生毕业和评价标准、确定学术研究领域的优先级，并且教师在授课教材选择上也享有自由。相比之下，在"中心化"模式的埃及，高校在新增或修改学术项目时需要向大学最高委员会提交申请，并获得批准后才能执行这些变更。

（七）"去中心化"模式具有更高的社会参与度，更能抵御风险

在"去中心化"模式下，摩洛哥的高等教育治理体现出更高的社会参与度。根据 00-01 号法律，高教部协同公私部门和个人共同参与高等教育管理，增加了多元化的声音和视角。国家高等教育协调委员会作为一个关键机构，成员由政府部门、高等院校、私立教育机构代表及工商界代表组成，其中 30% 来自政府部门、55% 来自教育和研究机构、15% 为个人代表。这种模式有助于摩洛哥在面对变革和风险时展现出更强的适应性和稳定性，尤其是在 2011 年"阿拉伯之春"期间面对学生抗议活动时，摩洛哥展现出显著的抗压能力，有效应对了潜在的破坏性影响（Kohstall，2015）。相比之下，"中心化"模式的埃及，政府机构对大学治理的直接参与程度更高。例如，财政部、规划和经济发展部负责财政预算和结算，而教育和技术教育部管理高校入学事宜。尽管有多部门参与，但与高等教育直接相关的内部成员，如教职员工、学生和家长的参与度相对较低。这导致在面对大规模社会变革时，埃及的高等教育体系可能不如摩洛哥那样能有效适应和抵御风险。

综上，以摩洛哥为代表的"去中心化"模式强调校本管理和教育领域多元化。这种模式减少政府干预，赋予高校更大的自主权，鼓励专业技术人员直接参与教育治理。它被视为市场友好模式，成功拓宽了教育资金的来源，实现了不增加公共资源负担下的高等教育规模扩大。然而，该模式也可能导致学科分布不均和教育投资回报率低等问题。

相较之下,以埃及为代表的"中心化"模式基于公平与普惠原则,由政府直接管理高等教育。这种模式确保教育普惠性,给予所有公民平等的教育机会,但是该模式也可能导致公立高校财政紧张和教学质量受限,以及教学内容与市场需求不符的问题。

四、结　语

21世纪北非的高等教育改革是一个复杂的过程。根据上级机构决策权与分配权的不同程度,北非各国采取了"中心化"和"去中心化"两种模式进行改革。这两种模式都提高了北非国家高等教育质量和教育质量水平的竞争力,也提升了高等教育的入学率。然而,不论从发达国家视角,还是从非洲本土视角来看,这些改革都存在一些问题。

在发达国家的视角中,北非国家的"去中心化"高等教育改革与西方模式存在本质差异。一方面,西方模式着力于保障教育体系的灵活性,并致力于创新驱动,而北非模式更强调在政府控制的框架内提升效率,主要体现为技术层面的革新,而非意识形态的深刻变革。例如,摩洛哥的教育质量监督机构虽然在表面上保持独立,实际却深受政治因素影响,其成员由政府直接任命,使其在政治层面上的角色超越了专业学术领域(Buckner, 2021)。另一方面,受"新自由主义"影响的西方模式倾向于在体系结构上确保高等教育的自主性和主动性。相比之下,北非的改革则显得零敲碎打(Akkari, 2010)。这是由于传统上北非国家的高等教育由公共部门主导,但21世纪的改革将教育视为市场产品,挑战了教育作为公众福利和社会权利的既有实践。因此,在北非各国,即便是关于"去中心化"的程度,讨论也常常是隐性的,缺乏公开讨论的平台和空间。

在非洲学者的视角中,北非国家的21世纪高等教育改革,无论是中心化还是去中心化均体现了对教育改革的坚定决心。这些改革旨在从国家主导模式转向国家监督模式,鼓励高等教育机构的自治和私有化(拉沙,2020)。然而,改革面临两大弊端:一是改革模仿西方实践,未充分考虑本国具体情况。例如摩洛哥采用法国学制时,忽略了摩洛哥本土基础设施、物质条件和人力资源的实际情况,改革前又缺乏明确的目标预设和规划,导致改革未能达到预期效果。二是改革过度依赖国际援助,照搬如世界银行、欧盟或欧美咨询公司的解决方案,而且往往未经本土讨论就由政府以自上而下的方式强推实施。这种做法在国际组织和国内政策制定者之间造成了利益差异,导致改革政策未能实现承诺的效果,呈现出一种"扭曲"的国际化现象(Kohstall,2009,2012,2015)。针对这些问题,非洲学者提出了两点建议:一是采用自下而上的方法,充分利用高校作为国家自主创新中心的优势,鼓励高校间的竞争,以提出既具现代性又能结合国际经验与本土实践的改革方案(达哈维,2011)。二是完善去中心化和分权化在高等教育治理体系中的权重,将之视为国际化顺利推进的关键举措(CSEFRS,2019)。

综上所述,埃及和摩洛哥代表的北非高等教育改革表明,这是一个受国际模式、内部政治动态和社会动员多方面影响的复杂过程。尽管存在显著的努力和倡议,但在实施过程中仍面临诸多挑战,需要采取更具包容性和有效性的方法。

参考文献

张楚楚:《后疫情时代阿拉伯国家高等教育国际化的政策走向》,《复旦教育论坛》2021年第5期。

[埃及]达哈维·麦利吉:《教育中的战略规划"未来视角与应用模型"》,阿拉伯思想出版局2011年版。

[埃及]拉沙·萨阿德·谢拉夫:《大学独立自主视角下的阿拉伯世界高等教育机构治理研究》(阿拉伯语),《教育与社会研究杂志》2020年第26期。

[突尼斯]哈桑·希拉利:《解读摩洛哥的高等教育改革项目》(阿拉伯语),《文明对话栏目》2021年第7039期。

[约旦]伊马德·阿布·拉布等:《高等教育中的质量保障研究》(阿拉伯语),萨法出版社2010年版。

Adnan Elamine(2021). Political Governance in Higher Education. The case of Arab Public Universities. *Contemporary Arab Affairs*, 14(2), pp.97—117.

Akkari, A(2010). Privatizing education in the Maghreb: a path for a two-tiered education system. In A. E. Mazawi & R. G. Sultana(Eds.), *Education and the Arab "world": political projects, struggles, and geometries of power*(pp.41—58). New York: Routledge.

Assad, R., Ait Si Mhamed, A(2019). Higher Education Systems and Institutions, Morocco. In *Encyclopedia of International Higher Education Systems and Institutions*. Springer, Dordrecht. https://doi.org/10.1007/978-94-017-9553-1_462-1.

Bray, M(1991). Centralization Versus Decentralization in Educational Administration: Regional Issues. *Educational Policy*, 5(4), pp.371—385.

CSEFRS. «Réforme de l'enseignement supérieur: perspectives stratégiques», juin(2019). https://www.csefrs.ma/wp-content/uploads/2019/07/enseignement-supérieur-fr.pdf. Page consultée le 3 juin 2021.

Curle, Samantha; Ali, Holi Ibrahim Holi; Alhassan, Awad; Scatolini, Sergio Saleem(2022). *English-Medium Instruction in Higher Education in the Middle East and North Africa: Policy, Research and Pedagogy*. London: Bloomsbury Publishing Plc.

E. Mark Hanson(1998). Strategies of educational decentralization: key questions and core issues. *Journal of Educational Administration*, 36(2), pp.111—128.

Elamir, Elsayed A. H(2020). Determinant indicators for labor market efficiency and higher education and training: Evidence from Middle East and North Africa countries. *Problems and perspectives in management*, Vol.18(1), pp.206—218.

El-Araby, A(2011). A comparative assessment of higher education financing in six Arab countries. *Prospects* 41, pp.9—21.

Elizabeth Buckner(2021). *Degrees of Dignity: Arab Higher Education in the Global Era*. Toronto: University of Toronto Press.

El-Ouahi, J., Larivière, V(2023). On the lack of women researchers in the Middle East and North Africa. *Scientometric*(6).

Fielden, J（2008）. Global trends in university governance. Education working paper series. No.9. Washington D.C.: World Bank.

Foray D. and B.-A. Lundvall（1996）. The Knowledge-Based Economy: From the Economics of Knowledge to the Learning Economy, in OECD, Employment and Growth in the Knowledge-Based Economy, Paris: OECD, pp.11—32.

Kohstall, F(2012). Free transfer, limited mobility: A decade of higher education reform in Egypt and Morocco. Revue des mondes musulmans et de la Méditerranée, pp.91—109.

Kohstall, F(2015). From Reform to Resistance: Universities and Student Mobilisation in Egypt and Morocco before and after the Arab Uprisings. *British Journal of Middle Eastern Studies*, 42, pp.59—73.

Kwabena Gyimah-Brempong & Peter Ondiege(2011). Reforming higher education: access, equity, and financing in Botswana, Ethiopia, Kenya, South Africa, and Tunisia. The Africa Competitiveness Report(2011). World Economic Forum, the World Bank and the African Development Bank. http://www.heart-resources.org/wp-content/uploads/2015/09/7_Chap_2_1_ Reforming_Higher_Education.pdf.

Mamdani Mahmood(1993). University crisis and reform: A reflection on the African experience, *Review of African Political Economy*(58), pp.7—19.

Mulilo, Benard & Laassiri, Mounia & Boye, Diallo(2022). Young Physicists Forum and the Importance for Education and Capacity Development for Africa. 10.48550/arXiv.2206.15171.

Mwiria Kilemi(1992). "University governance: Problems and perspectives in Anglophone Africa", AFTED Technical Note No.3. Washington, D.C.: World Bank.

NYÍRI, L(2002). Knowledge-based society and its impact on labor-market values. *Society and Economy*, 24(2), pp.201—218. http://www.jstor.org/stable/ 41471936.

当代摩洛哥的多重制衡外交策略探析

江 琪 唐晓阳[*]

[内容提要] 摩洛哥在外交方面的多重制衡策略为该国的发展营造了安全的国际环境并扩大了海外市场。该国外交政策的驱动因素——确保对西撒哈拉的领土主权和发展经济——塑造了其外部议程,该国外交政策的两个基本方向:(1)巩固与传统同盟地区(即欧洲和海湾地区)的关系;(2)扩大和加深与其他地区的关系,特别是与具有国际地位的新兴国家和强国(俄罗斯和中国)以及与非洲的关系,以免过分依赖传统盟友。在具体做法方面,在不同的国家间构建不同组合的外交三边关系在摩洛哥的外交策略中发挥了重要作用。"阿拉伯之春"后,经济、宗教、移民(包括难民)、恐怖主义等因素使得摩洛哥在与外部大国的博弈中有了更多谈判的筹码。通过多重制衡的外交策略,摩洛哥在国际和地区层面获得了对西撒哈拉问题的支持和使国内经济增长更容易、成本更低的资源。

[关键词] 摩洛哥,外交,多重制衡,欧盟

[Abstract] The Omnibalancing strategies of the Moroccan monarchy in diplomacy have created a safe international environment for the country's development and expanded its overseas markets. The drivers of the country's foreign policy—ensuring territorial sovereignty over Western Sahara and developing the country's economy—shape its external agenda, with two basic directions for foreign policy: (1) consolidating alliances with traditionally allied regions(i.e., Europe and Gulf region); (2) expanding and deepening relations with other regions, especially with emerging countries and powers with international status(Russia and China), so as not to rely too much on traditional allies. In terms of specific practices, building different combinations of diplomatic trilateral relations among different countries has played an important role in Morocco's diplomatic strategy. After the Arab upheaval, factors such as economy, religion, immigration(including refugees), and terrorism gave Morocco more negotiating weight in the game with external powers. Through omnibalancing diplomatic means, Morocco found resources to gain international and regional support for the Western Sahara issue and to make economic growth easier and at a lower cost.

[Key Words] Morocco, Diplomacy, Omnibalancing, EU

* 江琪,中共中央党校(国家行政学院)国际战略研究院讲师;唐晓阳,清华大学国际关系学系教授、系主任。

　　特殊的地理位置、稳定的政治发展和中等规模的综合国力塑造了摩洛哥作为"地区一强"的身份认同。自独立以来,该国在外交上长期奉行务实主义的独立外交政策,并多次推动了中东和平进程和地区一体化的发展。在国际事务中,中等国家的行为路径通常有三种:温和外交路径、多边主义路径和联盟路径(Charalampos Efstathopoulos,2015)。而摩洛哥的外交政策有时却与上述三点背道而驰,如在领土问题上,摩洛哥曾与西班牙、阿尔及利亚和毛里塔尼亚多次爆发冲突。其中,西撒哈拉问题是导致摩洛哥一度退出非洲联盟(African Union,以下简称"非盟")并远离阿拉伯国家联盟(League of Arab States,以下简称"阿盟")核心事务的决定因素。在阿拉伯国家和以色列的关系这一问题上,摩洛哥一度充当了冲突调解人的角色。在数次中东战争中,摩洛哥曾派出军队同其他阿拉伯国家一起打击以色列的军事力量。但在2020年12月,在正义与发展党(The Justice and Development Party,PJD)执政期间,摩洛哥与以色列同意建立全面外交关系。因此,温和外交、多边主义外交和联盟外交等均难以揭示摩洛哥外交的鲜明特征。那么,摩洛哥外交中看似自相矛盾的政策背后有哪些共通的逻辑? 为什么摩洛哥能够在复杂的国际和地区形势下实现和他国的多边制衡博弈,从而为国家的发展营造安全的外部环境? 是什么影响着摩洛哥外交政策的制定?

　　针对上述问题,国内外学者给出了内容丰富的回答。将这些回答的主要观点加以梳理,可以大致分为安全说、角色定位说、双层博弈说、个人和决策机制说、族群政治说、国际社会化说等。综观从国家安全出发分析摩洛哥外交的文章(Abdessamad Belhaj, 2009;David Mednicoff, 2017;Yasmina Abouzzohour and Beatriz Tomé-Alonso, 2019),笔者发现,学者们着重分析了国内的安全对摩洛哥发展与域外国家关系的驱动作用,很少有学者分析后者对前者的反作用,以及这些反作用对摩洛哥外交的影响。例如,在摩洛哥加强与美国在反恐方面的合作时,国内的反美情绪和舆论压力对摩洛哥的外交又产生了何种影响? 摩洛哥又如何同时在国际和国内两个层面实现其维护国家安全的目标？摩洛哥出于安全的考量加强了与沙特的合作，但是当 2011 年沙特等国计划邀请摩洛哥和约旦加入海合会，建立"阿拉伯君主制国家俱乐部"，构建集体安全时，为何摩洛哥拒绝了这一邀请？因此，单从国家安全的角度分析摩洛哥的外交时，现实主义、自由主义和建构主义似乎无法全面解释摩洛哥的外交政策。在研究摩洛哥与欧盟、美国与以色列的关系时，角色定位说解释了摩洛哥与对方国建立良好外交关系和私下关系的原因(Michael Laskier, 2004；Ilham Rifai, 2005；Irene Fernandez-Molina, 2015)。但该理论很难解释为何摩洛哥在某些重大事务上不追随欧盟和美国，甚至双边关系一度出现紧张。此外，该理论忽视了经济利益、安全利益和角色定位的重要性在摩洛哥外交决策中的优先顺序。双层博弈理论是由美国学者创立的，对该理论的发展也主要是以西方国家(主要是美国)的政治、经济、社会制度为前提和基础的。运用双层博弈理论研究非西方政治制度国家的外交决策时难免有局限性，需要对这个理论进行一定的修正和改进。学者们在研究影响摩洛哥外交议程的因素时，提出"国际议程与国内议程的互动模式"这一新框架(Yahia Zoubir, 1993；Abdellah Hammoudi, 1997；张玉友, 2019)。双层联动理论主要强调了摩洛哥的国内议程对其国际议程的影响，但是对于国际议程对国内议程的影响的论证却相对较少。此外，当国内议程在被实现的过程中与国际议程发生冲突时，例如领土争端阻碍了经济的发展，摩洛哥当局在外交上会作何处理？总体来看，双层联动理论对于国内议程和国际议程之间的互动，以及国内议程的构成要素之间的关系的分析有待进一步加强。

在个人和决策机制方面，以往的研究认为摩洛哥的外交决策结构呈现鲜明的金字塔式特征，其自上而下可以分为核心决策层、附属决策层和边缘决策层。在这一决策机制下，国王个人的性格特征和顾问团成员的特点对摩洛哥的外交政策有着直接的影响(Rachid El Houdaïgui, 2003；Marvine Howe, 2005；Zakaria Abouddahab, 2006)。在分析个人因素对摩洛哥外交政策的影响时，虽然在穆罕默德六世执政时期，摩洛哥的外交政策整体上是温和与务实的，但是该视角忽视了 2015 年以后摩洛哥外交风格的明显变化,即加强在非洲事务上的话语权和影响力。在族群政治方面,摩洛哥是一个多族群的国家。摩洛哥公开承认的境内主要族群有阿拉伯人、柏柏尔人和居住于撒哈拉地区的萨拉维人。此外,撒哈拉以南非洲人、犹太人和西欧人(主要是法国人和西班牙人)构成了摩洛哥主要的非土著族群,其中犹太社区已经成为理解该国外交政策不可忽视的一股力量(Moshe Dayan,1981;Michael Laskier,1994;Samuel Segev and Yvette Shumacher,2008)。虽然族群政治的视角解释了摩洛哥发展与以色列关系的原因,但无法解释摩以两国一度出现外交危机的原因以及当不同族群之间(犹太人和阿拉伯人)利益相冲突时摩洛哥的外交选择。在将国际社会化因素与摩洛哥外交结合在一起时,学者们认为,摩洛哥的亲欧洲外交政策是有效的国际社会化的一个案例。它并未导致该国的政治利益、价值观和身份的任何深刻变化,但在为拉巴特当局提供合法性或外部验证方面带来了可观的收益(Nora El Qadim,2010;Myriam Cherti and Michael Collyer,2015)。国际社会化因素在一定程度上解释了欧盟与摩洛哥在某些问题上双向选择的原因,但是在欧盟拒绝摩洛哥成为其正式成员国,以及2015年以后摩洛哥将其重新定位为非洲和世界其他移民的接收国并以将移民和边境管制公开与欧盟做交易等问题上缺乏解释力。

以上这些解释都能在一定程度上分析摩洛哥的外交政策,但在逻辑、时间和创新这三个维度上还需进行进一步的理论和实证探索。独立后,摩洛哥君主制政权为该国的发展营造了安全的外部环境,加强了战略伙伴关系的多元化和在安全领域的外交合作,体现了君主制多重制衡的外交能力,增强了其在国际和国内的合法性。多重制衡理论(Omnibalancing)的创设者史蒂文·戴维(Steven David)认为,以往的均势理论不足以解释第三世界的结盟和重新结盟的行为。他提出以下三个假定:(1)第三世界的国家领导人不仅会在威胁或权力之间进行平衡,还会与他人结盟,即与次要对手结盟,以便他们将资源集中在应对主要对手方面。(2)受到威胁的领导层通过安抚次要威胁,以应对更为紧迫的威胁。第三世界的国家领导人通过安抚其国内对手的国际盟友,以分裂反对他们的结盟。这种安抚是一种制衡策略,即为了在抵抗主要威胁的战斗中保留力量而进行的调停,是总抵抗政策的一部分。(3)国家并非维护本国利益的统一单位,第三世界的领导人软弱且缺乏合法性,其主要目标是继续掌权,因此有时他们会以牺牲国家利益为代价来保护自己(Steven R. David,1991)。此后,不同的学者对该理论进行了修正(Michael N. Barnett and Jack S. Levy,1991;Anoush Ehteshami and Raymond A. Hinnebusch,1997;Eric A. Miller,2006;Danielle Beswick,2011)。然而,以往的理论注重分析第三世界国家领导人为应对国内威胁是如何在国际上寻求联盟的,而在"这些国家是如何实现在国际上的联盟平衡的"这一问题上却鲜有深入的分析。

本文以外交为切入点,通过分析摩洛哥外交的三个环境:国内、区域和国际环境,论述了摩洛哥是如何运用多重制衡的外交策略实现了国际上的联盟平衡,为摩洛哥营造安全的发展环境的。摩洛哥在国际上的联盟平衡主要体现为该国与其传统盟友、地区国家和新兴国家之间的平衡外交关系。在构建对摩洛哥外交政策的分析时,本文以摩洛哥与西班牙和摩洛哥与法国的外交关系为例,分析了经济、宗教、难民、恐怖主义等因素在摩洛哥多重制衡外交中的作用。

一、摩洛哥的外交环境: 国内、区域、国际环境

(一) 国内环境

1. 外交决策中的话语权

摩洛哥君主制政权保留了对外交领域的控制,但外交决策不是由国王一个人决定的,而是其与一个顾问团队共同作出的。这一群体既包括皇家内阁成员,也包括从国王最亲密的伙伴中选出的数量更多的非正式顾问,这些顾问的意见和影响力远大于官方政府的大臣们。也就是说,个人关系网络比正式机构或组织更具影响力。然而,外交

政策的形成过程也受外界的影响。以国王为中心的核心决策层之外的决策参与者通过技术和组织资源构建话语权,并对外交政策产生了影响。

首先,政府话语权的构建。穆罕默德六世继位后,虽然权力分配未发生任何结构性的变化,但政府和首相越来越多地参与外交政策的决策过程。摩洛哥的许多政府部门和官员在西撒哈拉问题、与欧盟的关系以及在国外宣传摩洛哥的"民主"形象等外交的重要领域发挥了作用。其次,政党话语权的构建。这主要是摩洛哥国内与历史上的民族主义运动等有关的政党倡导的,如独立党、人民力量社会主义联盟、进步与社会主义党等。尽管这类政治行为者获得实际权力和通过国家代表机构(政府和议会)直接参与决策的机会有限,但这并不妨碍他们提出要求,并对核心决策者施加一些影响。2013 年 7 月,埃及前总统穆罕默德·穆尔西(Mohammed Morsi)被军事推翻。穆罕默德六世随即向埃及新临时总统阿德利·曼苏尔(Adly Mansour)表示祝贺,PJD 的政党机构和议会成员则谴责了他们认为是"政变"的行为。再次,社会话语权的构建。这主要是摩洛哥社会组织倡导的,如摩洛哥企业家联合会(Confédération Générale des Entreprises du Maroc,CGEM)、摩洛哥人权协会(Association Marocaine des Droits de l'Homme,AMDH)等。这类组织愿意在外交决策中发挥独特的作用,或至少保持独立的立场。例如,2004 年,在摩洛哥与美国、土耳其的自由贸易谈判中,CGEM 发挥了前所未有的突出作用。AMDH 与不同的左翼团体一起,成为多年来在摩洛哥发生的与以色列—巴勒斯坦冲突有关的抗议活动的主要组织之一。最后,舆论话语权的构建。该国的独立媒体越来越显示出解决外交政策问题的意愿,尽管很难评估媒体报道对外交决策过程的影响,但它影响了对外交政策产生越来越大影响的新力量——公众舆论。海湾战争期间,哈桑二世曾派遣 2000 名摩洛哥士兵前往沙特,以表示对美国在海湾地区军事行动的支持。但当 1991 年 2 月,民众在拉巴特举行示威游行、公开抗议国王的立场时,摩洛哥当局便改变了外交立场。公众舆论不是通过媒体或政党来表达的,而是通过由成千上万人参加的拉巴特群众集会来表达的。这表明,大众与决策过程之间的联系越来越紧密。

2. 西撒哈拉问题

摩洛哥独立后的政治和政治结构是由成功促成从法国和西班牙殖民统治中独立的两个参与者之间的政治权力斗争所形成的:一方是传统的阿拉维君主制政权,另一方是由独立党领导的民族主义运动。在独立之后,君主制政权在总体上超越了民族主义运动(尤其是独立党),从而占据了重要的政治地位。但是由于独立党的实力、历史合法性以及先前与君主在独立斗争中建立的伙伴关系,君主制政权并未寻求完全消除它,而是希望它在新的政治制度和机构中受到限制。1961 年穆罕默德五世去世后,哈桑二世为全面的君主制统治以及将独立党及其政治盟友和分支机构从 20 世纪 60 年代的决策中排除在外开辟了道路。1965 年,摩洛哥宪法和议会都被暂停,哈桑二世获得了全面的政治权力。此时,他主要依赖皇家武装部队的力量。然而,摩洛哥君主制面临的最严峻挑战正是来自他一直信赖的军方,后者通过 1971 年和 1972 年两次未成功的政变动摇了君主制和摩洛哥,体现了君主制在这一时期的脆弱性。

1975 年,"绿色进军"(Green March)运动为哈桑二世赢得了广泛的民众支持,也使反对派和军方以共识和国家利益的名义团结在君主的身后并缓和了这一时期的竞争政治,君主制由此获得了新的合法性。自 20 世纪 70 年代中期以来,摩洛哥国家的其他所有国内外目标都被正式置于西撒哈拉问题的优先级之下,君主制政权表明愿意花费一切必要的政治资本来确保领土的完整(Michael Willis and Nizar Messari,2003)。为了避免损害其在该领土上的主张,摩洛哥甚至愿意破坏与美国的长期紧密关系。20 世纪 60 年代和 70 年代的左翼势力更加激进地反对君主制政权,但政府的镇压与对西撒哈拉的共识相结合,克服了它带来的挑战。"绿色进军"运动之后,西撒哈拉便成为摩洛哥的"事实占领"之地,摩洛哥也在该问题上一直争取国际社会的认可(Andreu Solà-Martín,2009)。

3. 经济问题

纵观独立后摩洛哥发展的历史,经济问题曾多次引发国内的政治动荡。1980 年至 1993 年之间,国际货币基金组织对摩洛哥采取的新自由主义干预措施引发了摩洛哥国内数次全国范围的抗议浪潮。2011年阿拉伯剧变时期,以年轻人为主体的社会抗议要求政府改善摩洛哥的社会经济状况。摩洛哥发生的社会抗议以及紧随其后的许多外交政策决定都可以追溯到欧洲衰退对其经济造成的强烈冲击。尽管摩洛哥由于实施了战略改革而对 2008 年全球经济危机相对免疫,但此后其经济状况逐渐恶化。该国在 2004 年至 2010 年的经济表现良好,平均增长率为 4.9%,几乎是 20 世纪 90 年代平均增长率的两倍(African Development Bank,2012)。但从 2010 年开始情况恶化,该国的预算赤字从 2010 年的 4.7%增加到 2011 年的 6.1%。此外,由于外国需求下降和大宗商品价格上涨的综合影响,该国的外部赤字从 2010 年占 GDP的 4.5%扩大到 2016 年的 6.5%(Yasmina Abouzzohour and Beatriz Tomé-Alonso,2019)。近年来,摩洛哥北部爆发的游行示威活动主要抗议政府在经济改革方面的不足。2018 年 4 月,摩洛哥民众在 Facebook上发起了抗议物价上涨的抵制运动,呼吁政府为牛奶、瓶装水和汽油设置价格上限,以降低这类商品的物价。由此可见,经济问题引发的民众抗议对社会的稳定造成了负面影响,经济发展与摩洛哥政权的稳定密切相关。

该国的经济前景受到阿拉伯剧变和之后的政治环境的不确定性以及欧元区债务危机的极大影响,为了发展国内经济,摩洛哥的经济外交呈现多元化的趋势。自 1956 年独立以来,除埃及外,摩洛哥获得的来自美国的经济援助比其他任何阿拉伯国家都多。1987 年,摩洛哥加入了"关税与贸易总协定"(General Agreement on Tariffs and Trade,GATT)。1996 年,摩洛哥与欧盟签署了伙伴关系协议,该协议规定到2010 年在摩洛哥和欧盟之间建立自由贸易区。2004 年,摩洛哥与美国签署了自由贸易协定,摩洛哥的经济与世界经济进一步融合。摩洛哥从欧洲和其他地方获得的协助和投资以及与美国的自由贸易协定改善了该国的商业环境,并将摩洛哥转变为欧洲和美国的贸易平台(Carl Dawson,2009)。从 2000 年开始,经济合作开始在摩洛哥与中东国家的关系中占主导地位。在 2006 年,海湾国家超越了欧洲,首次成为摩洛哥的主要投资者(Emmanuel Noutary,2013)。阿拉伯剧变后,为了减少对欧洲经济的需求,摩洛哥在撒哈拉以南非洲、中国和俄罗斯寻求新的战略伙伴,并在欧洲和海湾加强旧的联盟关系。因此,摩洛哥外交政策行动的两个基本方向是突出的:(1)巩固与传统同盟地区(即欧洲和海湾地区)的关系;(2)扩大和加深与其他地区的关系,特别是与具有强大国际地位的新兴国家和大国(俄罗斯和中国)以及与非洲的关系,以免过度依赖其传统盟友。

4. 反恐议程

"9·11"事件、2003 年摩洛哥国内发生的恐怖袭击事件以及阿拉伯剧变,使得摩洛哥加强了与美国和沙特的合作。在摩洛哥和美国的反恐合作方面,"9·11"事件后,在寻找"反恐战争"的盟友时,美国优先考虑获得阿拉伯世界国家的支持。2004 年,美国国防部与摩洛哥、阿尔及利亚、突尼斯以及萨赫勒和西非地区的一些国家合作,建立了"横跨撒哈拉反恐倡议"(Trans-Saharan Counterterrorism Initiative),以控制这一被视为危险的地区(Michael Willis,2014)。

(二)区域环境

1. 马格里布地区

摩洛哥与马格里布周边国家的关系在很大程度上取决于该国致力于恢复其所谓的"领土完整"的承诺。摩洛哥认为 1956 年脱离法国和西班牙的正式独立只是部分独立,因为 1956 年后摩洛哥认为属于该王国的大部分领土仍在其邻国手中,其中最重要的是西撒哈拉的领土。因此,摩洛哥与邻国经常发生冲突,但定期寻求更多的协商与合作手段来解决与周围国家的分歧。1976 年撒哈拉冲突开始后,基于区域竞争和地缘政治的考虑,摩洛哥与阿尔及利亚两国之间的关系因相互指责而一度陷入紧张。

摩洛哥和阿尔及利亚之间的双边竞争关系主导着马格里布地区国

家间的关系。1989 年 2 月,阿拉伯马格里布联盟(Union of the Arab Maghreb)成立之时,摩洛哥和阿尔及利亚有着相对良好的关系。该联盟将利比亚、突尼斯和毛里塔尼亚与摩洛哥和阿尔及利亚召集在一起,试图建立一个区域集团以解决诸如失业、债务以及与北边欧洲共同体加深和扩大关系等方面的问题。摩洛哥历来与温和的、亲西方的突尼斯关系良好,但与利比亚和毛里塔尼亚的关系却较差。尽管有共同市场和开放边界的计划,但阿拉伯马格里布联盟仍未兑现其诺言——它的进展最终因西撒哈拉问题而停滞(Yahia Zoubir,1999)。2013 年以来,阿尔及利亚与摩洛哥的关系恶化。除了西撒哈拉问题之外,利比亚和马里日益不稳定的局势也为两国在加强其作为地区强国的竞争方面开辟了新的空间。此外,长期以来,阿尔及利亚将以色列视为宿敌,但 2020 年 12 月,摩洛哥与以色列在美国政府的撮合下就建立全面外交关系达成一致,摩以关系正常化中甚至包含美国政府承认"西撒哈拉"属于摩洛哥领土的内容,以致阿摩关系进一步恶化(王金岩,2021)。

2. 欧洲

作为地理上最接近欧洲的阿拉伯国家,摩洛哥长期以来与欧洲大陆有着广泛的联系和互动。1912 年至 1956 年,经过被法国和西班牙殖民统治的 44 年,摩洛哥与欧洲的联系较之前更加紧密。自从 1956 年脱离法国和西班牙的殖民统治独立以来,欧洲就一直在摩洛哥的外交政策中占据中心位置。超过 200 万摩洛哥人居住在国外,其中大多数在欧洲,三分之一在法国。欧洲与摩洛哥的贸易水平很高,摩洛哥超过三分之二的贸易是与欧洲进行的。在单个欧洲国家的层面上,法国在这种关系中发挥着至关重要的作用。摩洛哥与欧盟保持着良好的贸易往来,但与摩洛哥的贸易量不到欧盟总贸易额的 1%,这表明经济关系中存在严重的不对称。历史上,摩洛哥接受了对其与欧洲贸易的限制,因为与其他地区或国家的贸易远未达到与欧盟贸易的水平。

除了贸易上的联系,摩洛哥的资本体系与欧洲(尤其是法国)的资本市场紧密相联,后者长期以来是摩洛哥对外融资以及双边和私人商业贷款与援助的主要来源。摩洛哥的发展需求以及巨大的外债使其非常依赖欧洲的援助,多年来,摩洛哥一直是欧洲在地中海地区提供的援助的最大受益者(Abbas Kadhim,2013)。从摩洛哥外国直接投资的来源国情况来看,法国以其地缘、文化、历史等方面的优势,一直在摩洛哥的主要投资伙伴国中保持第一的位置。随着时间的推移,欧盟的直接援助也有所增加。近10年内,欧洲投资银行提供了超过50亿欧元的资金,以支持摩洛哥经济关键领域的项目。疫情期间,该银行提供了价值7000万欧元的贷款,用于该国医疗基础设施的建设和升级。欧盟增加了4.5亿欧元的摩洛哥援助预算,拨款2.316亿欧元以支持该国的远程教育机制和卫生部门的建设,并向其国家COVID-19应急基金注资1.57亿欧元(Morgan Hekking,2020)。欧洲还是摩洛哥重要的外汇来源,大量在欧盟国家工作的摩洛哥人汇款回家。此外,欧洲和摩洛哥国家精英之间的紧密政治关系、皇室与欧洲大陆(尤其是法国)的紧密个人和教育联系确保了欧洲将继续是摩洛哥外交的重点。

尽管摩洛哥越来越多地与作为一个集体机构的欧盟打交道,但它在各个欧洲国家内部仍保持着重要且有区别的双边关系。作为前殖民统治大国,法国一直保持着其主要的贸易地位,1999年占摩洛哥总出口的36%,占其进口的26%,这是其他国家所无法比拟的(Economist Intelligence Unit,2001)。摩洛哥将与法国的关系视为最重要的双边关系,例如,殖民地和商业上的联系确保了法语在摩洛哥的政治、教育尤其是商业生活中占有重要地位,法国跨国公司(如阿尔斯通、布依格斯、雷诺、威立雅等)在摩洛哥国内市场上享有特权地位(Pierre Vermeren,2009)。作为离摩洛哥最近的欧洲邻国,西班牙从20世纪80年代后期开始寻求加强与南部邻国的联系,并特别关注经济方面的往来。西班牙自1986年加入欧共体以来,经济取得了实质性增长。20世纪90年代后期,西班牙成为摩洛哥第二大贸易伙伴(仅次于法国)。此外,摩洛哥向西班牙的移民构成了该国第一大移民社区(Safaa Kasraoui,2021b)。两国之间的一些特殊关系甚至延伸到安全行动领域。2015年,在西班牙《国家报》(El País)上发表的一篇文章揭示了摩洛哥反恐特工在西班牙地方当局的充分合作下在该国境内可以自由活动。然而,长期以来两个国家之间的关系也存在许多潜在的冲突点,例如毒品贩运、非法移民、西撒哈拉问题等(David Stenner,2019)。

3. 中东

像马格里布的其他国家一样,摩洛哥与中东的历史、文化和宗教联系十分牢固。摩洛哥君主制的地位和合法性具有重要的宗教维度,国王宣称是先知穆罕默德的后裔,使摩洛哥在宗教文化上更加靠近中东地区。在制定对中东的外交政策时,摩洛哥需要考虑将其与该地区联系在一起的历史、文化、语言和宗教联系之外的一系列更具体的因素,其中摩洛哥与西方国家和以色列的联系一度影响着该国与中东其他国家之间的外交关系。

摩洛哥与西方国家密切的联系一度制约着该国与其他中东国家外交关系的发展。哈桑二世于 1961 年登基后就作出了战略决策,他试图使摩洛哥的政策与欧洲和美国的政策紧密地契合。尽管穆罕默德五世与加麦尔·阿卜杜勒·纳赛尔(Gamal Abdel Nasser)有着良好的关系,并受益于埃及对摩洛哥反殖民斗争的支持,但哈桑二世与西方国家的密切联系以及愿意就阿以冲突解决方案进行谈判的意愿使之与阿拉伯民族主义领导人之间存在分歧。他对通过谈判解决阿拉伯—以色列争端的信念使其与纳赛尔和穆阿迈尔·卡扎菲(Muammar Qadhafi)等其他阿拉伯民族主义者背道而驰。因此,在泛阿拉伯主义时代,哈桑国王越来越倾向于保守的海湾君主制国家。在西撒哈拉战争期间,海湾国家(尤其是沙特阿拉伯)向摩洛哥提供了大量财政援助。尽管埃及与摩洛哥的关系在纳赛尔时期很紧张,但萨达特与以色列的和平倡议(摩洛哥是其中的中间人)使得摩洛哥与埃及的关系得以改善。穆罕默德六世执政以来,为了在西撒哈拉问题上获得更多国际共识,摩洛哥投入了更多的外交资本以维护与中东国家之间的联系。2000 年以来,经济合作开始在摩洛哥与中东国家的关系中占主导地位。2004 年,摩洛哥提出把共同的社会经济发展和促进经济合作确立为阿拉伯联盟未来的优先任务。2011 年阿拉伯剧变以来,海湾合作委员会(GCC)与摩洛哥的政治、经济和安全合作大大加强。在 2010 年至 2014 年间,摩洛哥投资的 19%来自海湾地区。2012 年 10 月，穆罕默德六世前往海湾地区单独拜访了海湾合作委员会的成员，他在那里获得了未来五年卡塔尔、沙特阿拉伯、科威特和阿拉伯联合酋长国 50 亿美元的援助项目，以帮助摩洛哥阻止暴动(Aziz El Yaakoubi，2014)。

摩洛哥与以色列的关系也影响着该国的中东外交政策。摩洛哥是早期支持在阿拉伯—以色列争端中达成和平解决方案的尝试者，以色列的许多领导人在 20 世纪 70 年代就访问过摩洛哥。2021 年以前，摩洛哥未与以色列建立全面的外交关系(1994 年至 2000 年在拉巴特和特拉维夫建立了"联络处")，但它与以色列高级领导人保持着不间断的联系。造成这种情况的主要原因有两个：其一，摩洛哥拥有阿拉伯世界最大的犹太人社区、犹太议会议员、犹太内阁大臣以及国王的犹太高级顾问，还与数十万摩洛哥犹太人在其移居以色列后保持着密切联系。其二，哈桑二世是最早提出阿拉伯国家最终必须与犹太国家和解的阿拉伯领导人之一，摩洛哥对以色列的政策在很大程度上受到哈桑二世对以色列在中东角色的个人看法的影响。20 世纪 70 年代中期，他开始与以色列领导人秘密会面，并帮助推动以色列和埃及官员之间开展早期会议，促成了《戴维营协定》和两国之间和平条约的签订。摩洛哥在中东和平进程中扮演的温和角色使该国得以保留其作为美国盟友的突出地位，与美国的共同安全利益和共同关系的存在也确保了以色列与摩洛哥之间的经济流动和政治接触的连续性(Bahgat Korany，2008)。

4. 非洲

自 1999 年穆罕默德六世即位以来，与撒哈拉以南非洲的关系已成为该国外交政策的新优先事项。新国王希望加强摩洛哥作为非洲大陆大国的地位，并收回摩洛哥自 1984 年退出非洲统一组织(Organisation of African Unity)以来"让"给阿尔及利亚的空间(Miguel Hernando de Larramendi，2019)。2017 年 2 月，摩洛哥时隔 33 年重返非盟。与非洲大陆的"重新"连接反映出该王国不仅希望扩大其在西撒哈拉问题上的合作伙伴和战略支持者的范围，而且希望阻止该问题妨碍其长期区域利益（Jacques Roussellier，2017），其中经济因素不容低估。早在2009年,摩洛哥皇家战略研究院的一份报告指出"在当前的经济危机下,摩洛哥应迅速采取行动"推进与欧盟的领先地位项目,以加强与非洲邻国的伙伴关系（Institut Royal des Etudes Stratégiques，2009）。

自登基以来,穆罕默德六世便对非洲国家进行了一系列访问,在访问期间通常伴随着宣布大规模的投资。从2003年到2017年,摩洛哥在非洲的外国直接投资总额达370亿迪拉姆,约占该国海外投资的60%。到2017年,摩洛哥已成为仅次于南非的主要非洲投资国。摩洛哥的投资主要集中在银行和电信领域,由诸如Attijariwafa、Banque Centrale Populaire和Maroc Telecom等大型企业领导（Anthony Dworkin，2020）。该国最初的投资集中在摩洛哥传统的西非盟友,如塞内加尔和科特迪瓦。近年来,该国扩大了投资的范围。与卢旺达、坦桑尼亚和埃塞俄比亚签署的协议表明,摩洛哥试图将经济、基础设施和农业项目变成其与东非国家关系的基石。摩洛哥磷酸盐集团（OCP）向非洲的扩张是摩洛哥对非洲的新经济战略的例证,该公司在非洲拥有12个子公司,并计划在埃塞俄比亚、尼日利亚、加纳、科特迪瓦和塞内加尔投资。2014年和2016年,OCP先后与加蓬和埃塞俄比亚签署了合作协议,以发展化肥制造业并致力于满足撒哈拉以南非洲的需求。2018年6月,摩洛哥和尼日利亚商定了在两国之间修建5700千米的天然气管道的计划,该项目将为西非15个国家/地区供气。2019年,尼日利亚和摩洛哥均完成了尼日利亚—摩洛哥天然气管道建设的可行性研究（Safaa Kasraoui，2019）。

除了经济领域,摩洛哥与其他非洲国家的合作还体现在移民和安全领域。摩洛哥是撒哈拉以南非洲移民的中转国和目的地国,根据摩洛哥政府的数据,摩洛哥移民的人数从2005年的54400人增加到了2019年的98600人。2013年,摩洛哥发起了全面的移民改革计划,为近50000名移民提供了法律地位,其中大多数来自撒哈拉以南非洲。《国家移民和庇护战略》（SNIA）详细地阐述了新的移民政策,该政策旨在促进正规移民的融入,为移民和庇护建立新的法律和体制框架,并坚持以人权为基础的方法管理移民潮。SNIA 在国内产生了广泛影响，它涵盖了从卫生到教育和安全的一系列国内政策领域，并保证了成千上万的边缘化移民的经济和社会融合。2018 年，摩洛哥与非盟达成协议，将成立一个新的非洲移民发展观察站（OAMD），该观察站将追踪移民动态并协调非洲大陆的政府政策，这被视为摩洛哥在该地区发挥领导作用的最实际的成果。

在安全领域，2011 年阿拉伯剧变之后，摩洛哥在帮助西非和萨赫勒地区国家应对其艰巨而又复杂的安全挑战方面扮演了重要的角色。摩洛哥举办了一系列会议，讨论了打击包括毒品在内的跨国有组织犯罪和恐怖主义的方式方法。自 2012 年年初以来，摩洛哥一直在领导复兴和改组萨赫勒—撒哈拉国家共同体（CEN-SAD）的工作，以解决该地区不稳定的安全局势。在国内反恐方面，摩洛哥通过宗教事务改革，巧妙地抵制了宗教激进主义和恐怖主义。在与非洲国家合作反恐方面，摩洛哥通过培训本地宗教学者来满足非洲国家的需求，通过对抗瓦哈比主义的影响来防止宗教极端主义。2013 年，穆罕默德六世访问马里期间，摩洛哥宗教事务部同意为 500 名马里的伊玛目提供培训。科特迪瓦、尼日利亚、突尼斯和利比亚等其他国家也已邀请摩洛哥为其伊玛目提供同样的培训，以便从摩洛哥通过对话和交流解决极端主义的经验中受益。为了应对对宗教工作人员培训需求的增长，2015 年，摩洛哥成立了穆罕默德六世伊玛目与训导师学院（Mohammed VI Institute for the Training of Imams，Mourchidin and Mourchidat）和穆罕默德六世非洲乌里玛基金会（Mohammed VI Foundation of African Ulemas）（Mohammed El Katiri，2015）。

（三）国际环境

在西方国家，摩洛哥与其前殖民国法国建立了特权联系，并且也被认为是美国在西亚北非地区的牢固盟友。摩洛哥在独立初期就与西方结盟，冷战对摩洛哥的外交政策只产生了短暂的影响。自独立以来，美国、法国、西班牙和以色列在摩洛哥的外交政策中发挥了重要作用。在意识形态和商业利益的驱动下，摩洛哥与西方保持一致。在意识形态层面,冷战期间,摩洛哥国王和该国几个主要的政治角色倾向西方。在商业利益层面,工厂和土地的所有者高度依赖他们与前殖民国家法国及整个欧洲的联系,其产品的出口市场是法国等欧洲国家,与前殖民国及欧洲国家的伙伴关系破裂不利于他们的经济利益。

在独立之前,摩洛哥的政治精英就对美国给予了积极的评价。摩洛哥是第一个正式承认美国独立的国家,在摩洛哥的政治精英看来,牢固的纽带将摩洛哥与美国联系起来。在独立初期,摩洛哥就尝试与美国建立良好的外交关系。为了获得美国的支持,哈桑二世曾两次试图将西撒哈拉的冲突描述为冷战冲突。除此之外,冷战并没有真正影响摩洛哥的外交政策。在冷战结束和"反恐战争"开始之后,摩洛哥对美国变得越来越重要。哈桑二世在解决中东冲突中发挥了重要作用,这使他在美国的中东政策中保持了重要地位。在伊朗革命和1979年沙阿政权倒台之后,美国对摩洛哥的军事支持显著增加,因为美国试图与任何剩余的中东和北非盟友保持尽可能密切的关系。在罗纳德·里根(Ronald Reagan)总统执政期间,美国对摩洛哥的军事、情报和经济支持明显增加,巩固了摩洛哥与西方的联盟,并为一直持续到今天的美摩关系奠定了基础。"9·11"事件后,摩洛哥的地缘战略定位变得比以往任何时候都更加重要。在袭击发生后的几个月内,穆罕默德六世国王与当时的总统乔治·沃克·布什(George Walker Bush)会面,开始讨论2002年的自由贸易协定。2004年正式签署的自由贸易协定使摩洛哥成为美国的非北约盟友,其地位与以色列、埃及、约旦和巴林并列。在2003年和2007年摩洛哥发生恐怖袭击事件后,美国加强了对摩洛哥的军事援助。在2007年议会选举的前几天,摩洛哥获得了美国近7亿美元的经济援助。穆罕默德六世一直是美国政府的主要盟友,通过追捕摩洛哥的暴力极端主义组织并与其他国家共享有关恐怖组织的信息来支持美国的"反恐战争"(Alexis Arieff,2013)。

在西方国家面前,摩洛哥如何才能维护国家的利益呢? 为了弥补其缺乏的向西方伙伴国施加压力的权力资源,独立后,摩洛哥在不同的外交三边关系中进行着博弈,如在美国和苏联之间、法国和美国之间、以色列和美国之间以及西班牙和美国之间。在摩洛哥的三边平衡外交关系中,摩洛哥与美国、苏联的关系使其有效地平衡了来自法国和阿尔及利亚的压力。在 20 世纪 60 年代中期,当摩洛哥与法国的关系处于最低潮时,哈桑二世试图恢复与苏联的关系。当法国在 1966 年断绝与摩洛哥的外交关系后,哈桑二世寻求美国的支持。摩洛哥又一度向苏联倾斜。摩洛哥曾与苏联签署了 20 亿美元的磷酸盐和 3 亿美元的捕鱼协议,这在一定程度上也是对苏联与阿尔及利亚友好关系的制衡。在摩洛哥—美国—以色列的三边关系中,摩洛哥与以色列成为"朋友"是为了吸引美国的支持。哈桑二世希望与以色列建立特殊的联系,以在摩洛哥最紧迫的优先事项——西撒哈拉问题上争取美国的支持。通过在美国的中东政策中发挥积极的作用,摩洛哥希望在其与波利萨里奥阵线(Polisario Front)和阿尔及利亚的区域斗争中获得美国的支持。

"阿拉伯之春"后,摩洛哥经济状况的变化导致该国通过寻找新的联盟并加强旧联盟来多样化和巩固其经济伙伴关系。2004 年 7 月 30 日,穆罕默德六世在"王位日"的演讲中首次提出战略伙伴多元化的外交政策:在巩固与美国和欧盟的传统战略伙伴关系的同时,积极发展与俄罗斯、中国、印度、加拿大和日本等其他国家的关系(见图 1)。此后,在多次"王位日"的演讲中,穆罕默德六世均提到了外交多元化的战略。摩洛哥的官方智库,如皇家战略研究院(Institut Royal des Études Stratégiques)和 OCP 政策研究中心(OCP Policy Center)发布了多篇关于摩洛哥与金砖国家关系的分析报告。摩洛哥前经济与财政大臣穆罕默德·布赛义德(Mohammed Boussaid)在接受《青年非洲》(Jeune Afrique)杂志采访时,谈到摩洛哥应该从先前主要的"向北看"转向发展与撒哈拉以南非洲、拉丁美洲和东亚等地区的新兴经济体的外交关系,以实现伙伴关系的多元化(Mehdi Michbal, 2015)。

2011 年以前,摩洛哥的外交战略伙伴多元化更多地停留在理论层面。2011 年,摩洛哥国内爆发的社会抗议使君主制政权意识到只有从根本上满足民众的社会经济诉求,才能维护国家政治现代化的稳定发展。为了缓解国内的经济压力,摩洛哥开始积极扩宽海外市场,落实扩

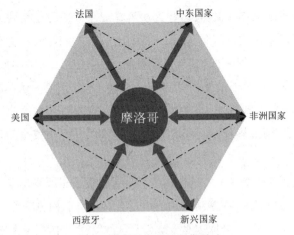

图1 摩洛哥的多重制衡外交

资料来源:作者自制

展伙伴关系的战略。2011年12月,摩洛哥与海合会国家建立了战略伙伴关系。2016年3月,穆罕默德六世访问了俄罗斯,两国元首宣布深化两国的战略伙伴关系,计划在能源、旅游、高科技、农业、渔业和交通基础设施领域加强合作。同年5月,中国和摩洛哥签署了战略伙伴关系声明。2017年,摩洛哥成为马格里布地区首个同中国签署共建"一带一路"政府间谅解备忘录的国家。2018年,摩洛哥签约成为亚洲基础设施投资银行的成员国,中摩关系正在实现加快发展。

二、案例分析:以摩洛哥—西班牙和
摩洛哥—法国的外交关系为例

总体来看,我们分析摩洛哥的外交策略时,需要从西撒哈拉问题和该国的经济策略出发,因为这两大因素直接和摩洛哥君主制政权的安全与合法性画等号。在与外部大国的博弈中,摩洛哥自独立以来不断完善着三边博弈的框架。以上对外交三边关系的分析解决了摩洛哥如何在西方大国中间实现作为中等规模国家的平衡外交的问题,但如果放眼摩洛哥的整体外交格局,却无法解释近年来该国在与西方国家的博弈中可以掌握主动权的原因。在以上分析的基础上,本文将进一步把摩洛哥的对外关系分为其与传统盟友、地区国家和新兴国家的关系,运用多重制衡的分析框架,以摩洛哥—西班牙和摩洛哥—法国的关系为例,分析经济、宗教、移民(包括难民)、恐怖主义等因素在摩洛哥多重制衡外交中的作用,解释摩洛哥是如何为国家的发展营造安全的环境的。

（一）摩洛哥与西班牙的外交关系

伊比利亚半岛和北非之间的地理邻近性促成了摩洛哥和西班牙之间连续的历史联系,在摩洛哥独立后的前 20 年间,两国只维持了最低限度的外交关系,部分原因是西班牙军队继续存在于西迪伊夫尼(直到 1969 年)和西撒哈拉(直到 1976 年)。从 1979 年开始,两国开始了一项雄心勃勃的科学和文化合作计划,其中包括地中海两岸学术机构之间的定期交流。在经济方面,自 1986 年西班牙加入欧盟以来,两国之间的差距逐渐拉大,由此产生的结构性不对称刺激了货物和人员在直布罗陀海峡和北非飞地边界的非法流动。自 20 世纪 90 年代中期以来,随着西班牙加入申根协定(1991 年),移民政策变得越来越严格。

自 1985 年欧盟成立以来,摩洛哥一直是从非洲到欧洲的移民路线上受欢迎的最后一站。休达和梅利利亚是与摩洛哥相邻的两个西班牙自治城市,是欧盟与非洲唯一的陆地边界。在 2000 年之前,每年成千上万的非洲移民(包括摩洛哥人)会通过海路途经丹吉尔或途经摩洛哥北部海岸的休达和梅利利亚前往欧洲。但从 21 世纪初开始,欧盟和个别欧洲国家开始向北非国家施压以遏制非正规移民,以加强其边境安全。由于其特殊的地理位置,摩洛哥是遏制非正规移民到欧洲的关键角色。为了阻止非洲人的流动,欧盟实际上已将其边境保护工作外包给了摩洛哥当局。就西班牙的非正规移民存量而言,非洲人占 12%(Can Mutlu and Christopher Leite, 2012)。2000 年至 2006 年间,西班牙当局在西班牙和摩洛哥之间建立了边境防御工事,摩洛哥、西班牙和欧盟政府的合作使从摩洛哥穿越到欧洲变得更加困难。在 2018 年 7 月至 2018 年 8 月期间,西班牙和摩洛哥在边境管制方面加强了合作。

2019年,西班牙政府批准向摩洛哥提供3000万欧元的援助作为欧盟承诺帮助摩洛哥打击非法移民的1.4亿欧元的补充。作为两国合作的一部分,此前该国已向摩洛哥提供了2880万美元的援助用于遏制非法移民(Saad Guerraoui, 2019)。

虽然摩洛哥和西班牙在移民问题上展开了密切的合作,但"移民牌"自阿拉伯剧变以来也是摩洛哥制衡西班牙(甚至欧盟)以及获得非洲国家支持的重要筹码。2021年4月,西班牙允许"波利萨里奥阵线"的领导人卜拉欣·加利(Brahim Ghali)在西班牙的一家医院接受新冠肺炎的治疗。在加利住院后,超过1万名移民从摩洛哥涌入西班牙的飞地休达。因为从得土安进入休达需要签证,移民的涌入说明摩洛哥边防部队未采取行动阻止,这被视为对西班牙的外交制衡行动。2022年3月18日,西班牙政府公开承认摩洛哥政府在西撒哈拉地区的自治计划,结束了长达数十年在摩洛哥和"波利萨里奥阵线"之间的中立立场。

在与非洲国家的关系方面,"移民牌"的运用也与西撒哈拉问题紧密联系在一起。如前文所述,摩洛哥现在已成为来自撒哈拉以南非洲寻求地中海以北更美好生活的年轻男女的过境中心。如果摩洛哥想要实现它在经济和地缘政治方面在非洲发挥主导作用的目标,就要对来自非洲国家的移民表现出欢迎的态度。此外,自哈桑二世统治以来,在西撒哈拉问题上获得外部支持一直是摩洛哥外交政策的主要推动力。虽然摩洛哥在西撒哈拉问题上获得了西方国家的支持,但在非洲大陆的外交斗争却更加困难。自2013年以来,摩洛哥开始在西非寻找新的贸易伙伴,并将其作为投射其影响力的可能领域。当穆罕默德六世国王于2013年5月访问塞内加尔签署贸易协定时,塞内加尔总统麦基·萨尔(Macky Sall)宣布:"摩洛哥扩大西撒哈拉地区自治的倡议是解决冲突的理想方案。"(MACP, 2013)2013年9月10日,穆罕默德六世宣布摩洛哥将改革其国家移民政策,包括引入使非正规移民正规化的进程。许多人认为,该政策的宣布表明摩洛哥真诚地致力于与移民建立新的关系。在推行移民政策改革的过程中,摩洛哥试图满足欧盟的要求,以及在西撒哈拉问题上争取非洲国家的支持(Kelsey Norman,2016)。也就是说,在摩洛哥—西班牙—非洲国家这一组外交三边关系中,摩洛哥意在借助"移民牌"获得西班牙和非洲国家在西撒哈拉问题上的支持:对"非正规移民"的管控使摩洛哥获得了来自西班牙的经济援助和政治支持,对移民政策的改革则是为了获得非洲国家在西撒哈拉问题上的支持并实现其在非洲的主导地位。

（二）摩洛哥与法国的外交关系

在处理与其传统盟友的关系上,法国在摩洛哥所构建的不同组合的外交三边关系中发挥了重要作用。摩洛哥在很大程度上依赖于与法国等欧盟国家的经济、金融和贸易联系,但又试图在经济层面上建立新的三边关系。为了与欧盟达成更好的协议,摩洛哥曾加快与美国的谈判步伐,成为美国在非洲大陆的第一个也是唯一一个自由贸易协定(Free Trade Agreement,FTA)伙伴。在对西班牙进行外交制衡方面,摩洛哥依靠与法国的特权联系来弥补与西班牙的长期不良关系。西班牙在2002年6月举行的塞维利亚欧洲峰会上提出的一项倡议(由英国支持)旨在通过减少欧盟对其提供的财政援助来惩罚那些未能尽力控制流向欧洲的移民潮的国家,这显然部分针对摩洛哥,但法国的干预阻止了这项倡议获得批准。也就是说,摩洛哥依靠与法国的特权关系,以及目前与美国的良好关系来努力与欧盟达成更好的协议。

在发展国内经济方面,摩洛哥虽依赖法国的援助,但近年来逐渐增强了经济的自主性。自2010年以来,摩洛哥的GDP构成仅发生了微小的变化,其主要组成部分是服务业,其次是工业和农业。丹尼·路德里克(Dani Rodrik)教授将这种直接转变为服务型经济,而无需先经历工业生产的增长,直到达到一定的转折点为止的现象描述为过早的去工业化(premature deindustrialization)。在这种过早的去工业化的产业结构下,摩洛哥的经济发展更多地取决于农产品和制成品的出口、外国投资、移民汇款和旅游业。阿拉伯剧变后,不断增加的公共支出需求使吸引外国投资和融资成为不可避免的优先事项,这使摩洛哥在与欧盟(尤其是法国)和多边金融机构的关系中保持灵活和务实的态度。同时,摩洛哥稳定的政治环境、连接欧洲—非洲—中东的枢纽位置、在非洲国家中名列前茅的基础设施水平、极具包容性的国际贸易协议网络使之成为众多国际公司(以法国为主)的制造及出口基地。也就是说,虽然摩洛哥在经济上比较依赖法国,但其在地区稳定中的作用,以及近年来多元化的外交趋势使之在与法国的外交关系中有了更多制衡的砝码。

在维护地区稳定方面,摩洛哥积极发挥了其作为地区稳定器的作用,并加强了与法国在安全方面的合作。2011年后,恐怖主义和激进主义不仅在黎凡特地区扩散,而且蔓延到了北非,为伊斯兰国提供了最大的外国战斗人员队伍——摩洛哥、突尼斯和利比亚至少有5100名战士(Raphaël Lefèvre,2015)。利比亚和马里的危机加剧了马格里布的动荡,并改变了该次区域的现状。从危机开始,摩洛哥的外交政策制定者就把马里的局势看作追求该国外交议程的机会。自阿拉伯剧变以来,摩洛哥当局一直在宣传恐怖主义和激进主义领域中有关"摩洛哥例外主义"的说法,即摩洛哥政权对宗教领域的成功管理及其抑制思想/宗教"激进化"的能力。摩洛哥国王作为"信士的长官"的角色处于这一模式的中心,该模式将摩洛哥的伊斯兰形象描绘为在马里危机造成的动荡次区域环境中实现和平、稳定、宽容和温和宗教的标杆。摩洛哥当局成功地将王国描绘成需效仿的伊斯兰模式,使其在整个地区和西方都具有影响力。摩洛哥参与区域安全治理不仅是为了增加其软实力,该国在马里和利比亚危机后的行动是为了强调该国作为积极的地区稳定器的作用。此外,摩洛哥的反恐情报被认为是世界上最强大的服务之一。2021年4月,摩洛哥国家领土监视总局(General Directorate of Territorial Surveillance,DGST)向法国提供了有关正在教堂策划恐怖袭击的摩洛哥裔法国妇女以及有关"策划恐怖项目的妇女达到的极端主义程度"的信息。随后,法国成功地阻止了袭击。此次逮捕行动是摩洛哥参与打击恐怖组织、实现国际安全与稳定的努力和机制的一部分,也是DGST承诺继续加强摩洛哥和法国情报部门之间的双边合作以打击恐怖主义威胁和极端主义的一部分(Safaa Kasraoui,2021a)。

　　为减少对法国等传统盟友的依赖,摩洛哥积极推动外交多元化的政策。摩洛哥与多个国家建立了牢固的国际贸易协议网络,其中包括与欧盟、加拿大、美国和土耳其的自由贸易协定。此外,根据 2004 年的《阿加迪尔自由贸易协定》,摩洛哥与约旦、埃及和突尼斯消除了非关税壁垒并逐渐建立起一个自由贸易区。为了使出口市场多样化,摩洛哥已与一系列不同的伙伴签署了合作和贸易协定,以加强与非洲大陆和海湾国家之间的经济联系。在提高作为欧洲和非洲之间南北贸易枢纽的重要性的同时,摩洛哥加强了与中国的经贸往来。2011—2018 年,中国在摩洛哥的直接投资总量增长了 327.2%,其中在 2016 年至 2017 年增长了 95.6%。自 2016 年摩洛哥国王访华以来,中摩贸易出现了显著的增长,尤其是中国对摩洛哥的出口明显增加。两国的贸易总额从 2016 年的 36 亿美元增加到 2019 年的 47 亿美元,中国已成为摩洛哥的第三大进口贸易伙伴和第十大出口贸易伙伴(ChinaMed Data,2020)。在摩洛哥的国内建设方面,基础设施建设是中摩经济合作的重点领域,中国公司承建的项目已成为摩洛哥的国家名片。中资企业在摩洛哥的交通、电力和电信基础设施领域完成了多项标志性的项目建设,这些项目为摩洛哥经济的发展做出了突出的贡献,也为中资企业在当地开发新的项目和新领域注入了源源不断的动力。在交通基础设施领域,摩洛哥的高速公路总里程 1800 千米,其中约七分之一的路程是中国公司修建的。在电力基础设施领域,中国公司建设的光热电站项目全部投产后将大大提高摩洛哥的电力供应能力,不仅能够让超过 100 万的摩洛哥家庭用上清洁电能,还可将富余的电能输送到欧洲,彻底改变摩洛哥电力长期依赖进口的局面。在电信基础设施领域,中资企业与摩洛哥三大电信运营商合作,显著地改善了摩洛哥的有线和无线通信系统。此外,中资企业在房建、市政、水利等领域的建设也取得了瞩目的成绩。新冠疫情期间,中摩两国的抗疫合作堪称南南抗疫合作的典范(单既明,2020)。此外,在阿拉伯剧变之后,俄罗斯对增强与地中海南部国家的关系表现出极大的兴趣。2021 年,摩洛哥与俄罗斯之间的贸易额增长了 42%。其中,俄罗斯对摩洛哥的出口增加了 60%,是该国在非洲大陆所有国家中实现的最大涨幅(Morocco Latest News,2021)。可见,尽管美国和欧盟仍然是摩洛哥主要的盟友,但地区国家和新兴国家在该国的外交体系中扮演着越来越重要的角色。

综上,在传统盟友内部的制衡方面,摩洛哥与法国的特权关系使其在与其他国家谈判时,达成了更有利的协议。近年来,"合作"与"制衡"是摩洛哥与法国关系的主旋律。在维护地区安全方面,摩洛哥模式的外溢效益和情报系统为法国等传统盟友营造了安全的地区环境,也使摩洛哥成为后者构建地区和国际安全网络的重要枢纽。在经济自主性方面,摩洛哥虽然仍在很大程度上依赖于与欧盟(主要是法国)的经济、金融和贸易联系,但其多元化外交的推进增强了其与法国等传统盟友谈判时的筹码。

三、结　语

自摩洛哥独立以来,该国外交政策的驱动因素——确保对西撒哈拉的领土主权和发展经济——塑造了其外部议程。为加强对西撒哈拉的控制,摩洛哥积极维护与在联合国安理会中支持它的传统盟国(主要是法国和美国)的关系,并争取非洲和海湾国家的支持。为发展国内经济,摩洛哥在撒哈拉以南的非洲国家、中国和俄罗斯寻求新的合作,并在欧洲和海湾地区巩固传统的盟友关系。因此,摩洛哥外交政策的两个基本方向十分突出:(1)巩固与传统同盟地区(即欧洲和海湾地区)的关系;(2)扩大和加深与其他地区的关系,特别是与具有国际地位的新兴国家和强国(俄罗斯和中国)以及与非洲的关系,以免过分依赖传统盟友。

传统盟友、地区国家和新兴国家在摩洛哥多重外交网络中相互制衡,为该国的发展营造了良好的外部环境。"阿拉伯之春"后,经济、宗教、移民(包括难民)、恐怖主义等因素在摩洛哥多重制衡外交中发挥了越来越重要的作用。面对严峻的社会经济问题和地区安全环境,摩洛哥加强了战略伙伴关系的多元化和在安全领域的外交合作。海湾国家的投资与援助、非洲的投资市场、与新兴国家不断发展的经贸关系减轻了摩洛哥对欧盟的经济依赖,缓解了该国国内经济下行的压力。在安全治理方面,摩洛哥宗教治理模式在地区的输出、移民政策的改革、与西方国家和地区国家在打击恐怖主义方面的合作等实践强化了摩洛哥作为"地区稳定器"的角色,确保了该国在不同的外交三边关系的博弈中的话语权。

参考文献

《中国驻摩洛哥大使李立接受当地主流媒体〈晨报〉采访》,央视网,http://m.news.cctv.com/2020/06/26/ARTIJuNMgr0xhIofLi5fMx5Q200626.shtml,2020 年 6 月 26 日。

王金岩:《阿尔及利亚与摩洛哥断交风波再起》,《世界知识》2021 年第 20 期,第 59 页。

张玉友:《双层联动:摩洛哥外交政策的国内议程研究》,上海外国语大学 2019 年博士学位论文。

张玉友、王泽壮:《王权安全与联盟外交:摩洛哥结盟政策的国内根源探析》,《世界经济与政治论坛》2019 年第 2 期,第 30—31 页。

Abbas Kadhim(2013). *Governance in the Middle East and North Africa: A Handbook*. London: Routledge, pp.435—451.

Abdellah Hammoudi(1997). *Master and disciple: The cultural foundations of Moroccan authoritarianism*. Chicago: University of Chicago Press.

Abdessamad Belhaj(2009). *La dimension islamique dans la politique étrangère du Maroc: déterminants, acteurs, orientations*. Louvain: Presses Universitaires de Louvain.

African Development Bank(2012). Morocco: Country Strategy Paper 2012—2016. https://www.afdb.org/fileadmin/uploads/afdb/Documents/Project-and-Operations/MOROCCO%20-%20CSP%202012-2016.pdf.

Alexis Arieff(2013). Morocco: Current Issues. Congressional Research Service.

Andreu Solà-Martín(2009). Conflict Resolution in Western Sahara. *African Journal on Conflict Resolution*, 9(3), p.121.

Anoush Ehteshami & Raymond A. Hinnebusch(1997). *Syria and Iran: Middle-Level Powers in a Penetrated Regional System*. New York: Routledge.

Anthony Dworkin(2020). A Return to Africa: Why North African states are looking south. London: The European Council on Foreign Relations, pp.4—12.

Aziz El Yaakoubi(2014). UPDATE 1-Wessal Capital to invest ＄1.10 bln in Morocco tourism. https://www.reuters.com/article/morocco-tourism-investment-idINL6N0NY4MJ20140512?edition-redirect = in.

Bahgat Korany(2008). *The Foreign Policies of Arab States: The Challenge of Globalization*. Cairo: The American University in Cairo Press, pp.319—323.

Can Mutlu & Christopher Leite(2012). Dark Side of the Rock-Borders, Exceptionalism, and the Precarious Case of Ceuta and Melilla. *Eurasia Border Review*, 3(2), p.30.

Carl Dawson(2009). *EU Integration with North Africa: Trade Negotiations and Democracy Deficits in Morocco*. London: St Martins Press, p.63.

Charalampos Efstathopoulos(2015). *Middle Powers in World Trade Diplomacy: India, South Africa and the Doha Development Agenda*. London: Palgrave Macmillan.

ChinaMed Data(2020). Morocco. https://www.chinamed.it/chinamed-data/north-africa/morocco.

Danielle Beswick(2011). The return of Omnibalancing? A multi-level analysis of strategies for securing agency in post-genocide Rwanda. https://www.open.ac.uk/socialsciences.

David Mednicoff (2017). *The Comparative Endurance and Legacy of Morocco's Royal Nation*. London: Palgrave Macmillan, pp.109—130.

David Stenner(2019). Mediterranean crossroads: Spanish-Moroccan relations in past and present. *The Journal of North African Studies*, 24(1), pp.7—16.

Economist Intelligence Unit(2001). Morocco: Country Profile, p.43.

Emmanuel Noutary (2013), Mediterranean Attractiveness 2012: Four

Lessons from the Crisis. Marseille: ANIMA Investment Network, p.13.

Eric A. Miller(2006). *To Balance or Not to Balance: Alignment Theory and the Commonwealth of Independent States*. London: Routledge.

Jacques Roussellier(2017). Morocco Brings The Western Sahara Issue Back To The AU. Carnegie Endowment For International Peace. https://admin.carnegieendowment.org/sada/?fa=67850.

Ilham Rifai(2005). *Morocco's National Interest*. Ifrane: Al Akhawayn University Press.

Institut Royal des Etudes Stratégiques(2009). *Morocco and the Global Financial and Economic Crisis Public Policy Stakes and Orientations*. Rabat: Publications IRES.

Irene Fernandez-Molina(2015). *Moroccan Foreign Policy Under Mohammed VI, 1999—2014*. New York: Routledge.

Kelsey Norman(2016). Between Europe and Africa: Morocco as a country of immigration. *The Journal of the Middle East and Africa*, 7(4), pp.421—439.

MACP(2013). King Mohammed VI Deepens Morocco's Economic, Security Ties with African Countries, Gains Support for W. Sahara Initiative. http://www.prnewswire.com/news-releases/king-mohammed-vi-deepens-moroccos-economic-security-ties-with-african-countries-gains-support-for-w-sahara-initiative-199590401.html.

Marvine Howe(2005). *Morocco: The Islamist Awakening and Other Challenges*. Oxford: Oxford University Press.

Mehdi Michbal(2015). Mohamed Boussaid: "La chance n'a pas sa place en économie". https://www.jeuneafrique.com/mag/252847/economie/mohamed-boussaid-la-chance-na-pas-sa-place-en-economie.

Michael N. Barnett & Jack S. Levy(1991). Domestic Sources of Alliances and Alignments: The Case of Egypt, 1962—1973. *International Organization*, 45(3).

Michael Laskier(1994). *North African Jewry in the Twentieth Century: The Jews of Morocco, Tunisia and Algeria*. New York: New York University

Press.

Michael Laskier(2004). Israeli-Moroccan Relations and the Arab-Israeli Conflict, 1977—2002. *Israel Affairs*, 10(3).

Michael Willis(2014). *Politics and Power in the Maghreb: Algeria, Tunisia and Morocco from Independence to the Arab Spring*, Oxford: Oxford University Press.

Michael Willis & Nizar Messari (2003). Analyzing Moroccan Foreign Policy and Relations with Europe. *The Review of International Affairs*, 3(2), p.156.

Miguel Hernando de Larramendi (2019). Doomed regionalism in a redrawn Maghreb? The changing shape of the rivalry between Algeria and Morocco in the post-2011 era. *The Journal of North African Studies*, 24(3), p.523.

Mohammed El Katiri(2015). *From Assistance to Partnership: Morocco and Its Foreign Policy in West Africa*. Carlisle: U.S. Army War College Press, p.25.

Morgan Hekking(2020). Morocco Rises as Top Contender for European Investment. https://www.moroccoworldnews.com/2020/07/310364/morocco-rises-as-top-contender-for-european-investment.

Morocco Latest News(2021). Morocco-Russia: Trade increased by 42% in 2021. https://moroccolatestnews.com/morocco-russia-trade-increased-by-42-in-2021.

Moshe Dayan(1981). *Shall the Sword Devour Forever?*. Jerusalem: Edanim.

Myriam Cherti & Michael Collyer (2015). Immigration and Pensée d'Etat: Moroccan migration policy changes as transformation of "geopolitical culture". *The Journal of North African Studies*, 20(4).

Nora El Qadim (2010). La politique migratoire européenne vue du Maroc: Contraintes et opportunités. *Politique européenne*, 31(2).

Pierre Vermeren(2009). *Le Maroc de Mohamed VI: La Transition Inachevée*, Paris: La Découverte, pp.91—92.

Rachid El Houdaïgui(2003). *La Politique Étrangère sous le Règne de Hassan II*. París: L'Harmattan.

Raphaël Lefèvre(2015). North Africa's Maliki Crisis. *The Journal of North African Studies*, 20(5), pp.683—687.

Saad Guerraoui(2019). Morocco, Spain Reactivate Border Control Cooperation but Migrants Keep Trying. https://thearabweekly.com/morocco-spain-reactivate-border-control-cooperation-migrants-keep-trying.

Safaa Kasraoui (2019). Morocco-Nigeria Pipeline Feasibility Study Is Complete. https://www.moroccoworldnews.com/2019/01/264630/morocco-nigeria-pipeline.

Safaa Kasraoui (2021a). Morocco's Intelligence Enabled France to Prevent Terrorist Attack in Church. https://www.moroccoworldnews.com/2021/04/339032/moroccos-intelligence-enabled-france-prevent-terrorist-attack-in-church.

Safaa Kasraoui(2021b). Moroccans Maintain 1st Position as First Foreign Community in Spain. https://www.moroccoworldnews.com/2021/03/337857/moroccans-maintain-1st-position-as-first-foreign-community-in-spain.

Samuel Segev & Yvette Shumacher(2008). Israel-Morocco Relations from Hassan II to Muhammad VI. *Israel Journal of Foreign Affairs*, 2(3).

Steven R. David(1991). Explaining Third World Alignment. *World Politics*, 43(2).

Yahia Zoubir(1993). Reactions in the Maghreb to the Gulf War. *Arab Studies Quarterly*, 15(1).

Yahia Zoubir(1999). *North Africa in transition: state, society, and economic transformation in the 1990s*. Gainesville: University Press of Florida.

Yasmina Abouzzohour & Beatriz Tomé-Alonso(2019). Moroccan foreign policy after the Arab Spring: a turn for the Islamists or persistence of royal leadership?. *The Journal of North African Studies*, 24(3), pp.444—467.

Zakaria Abouddahab(2006). *La politique étrangère du Maroc: Diagnostic actuel et scénarios d'avenir*. Rabat: FES.

专题三 外援与非洲治理转型

国家介入与外部援助:全球南方社会治理的选择与变异
——以非洲为例*

顾嘉伟 张 兰**

[内容提要] 国家—社会关系是国家治理的核心议题。既有研究大多基于西方经验,将社会力量作为自变量去探讨如何影响国家治理,却忽视了社会自身的培育和发展与广泛非西方世界的经验。那么究竟是什么因素影响了社会自身的发展? 在全球南方兴起的背景下,本文以非洲国家为例,将影响社会发展的因素归纳为"历史遗留说""政治博弈说"和"文化形塑说",但这些流派无法解释具有相似经历的非洲国家间产生差异化社会治理的原因。因此,本文以国家介入和外部援助为分析框架,以肯尼亚、乌干达、加纳和尼日利亚四国为案例进行比较分析。研究发现,正是国家介入和外部援助的互动博弈决定了社会治理的选择与变异,其互动模型又可以分为"内嵌互斥型""内外博弈型"和"合作互助型"。由于社会的发育受到外部援助的干扰,因此非洲国家为保持其统治的合法性和有效性采取了策略化的介入或退出手段,或是对内给予社会组织资金援助,或是加大对社会组织的审查和管控。但无论哪种形式,正是由于外部援助和国家介入的互动博弈,才导致非洲不同国家的社会治理出现选择与变异。

[关键词] 国家介入,外部援助,社会治理,非洲国家

[Abstract] State-Society relations is a core issue in the discussion of state governance. Existing research usually explores how civil society influence another variables as an independent variable based on the analysis of the west, but ignores the cultivation and development of civil society itself, as well as the wisdom of the non-west world. So what factors have influenced the development of civil society? In the context of the rise of the Global South, taking African countries as examples, this article summarizes existing research into "historical legacy theory", "political game theory" and "cultural shaping theory". However, they cannot explain the reasons for the differentiated civil society among African countries with similar experiences. Therefore, this paper uses state intervention and external aids as the analytical framework, and takes Kenya, Uganda, Ghana and Nigeria as cases for comparative analysis. The study finds that the interactive game between state intervention and external aids determines the choice and variation of civil society, and the interaction models can be divided into "embedded mutual exclusion type", "internal and external gaming type" and "cooperative and mutual assistance type". Since the development of civil society is disturbed by external aids, African countries have adopted strategic interventions and withdrawals in order to maintain the legitimacy and effectiveness of their rule. They either provide financial assistance to social organizations internally, or increase the control of social organizations, which leads to the selection and variation of civil society in different African countries.

[Key Words] State intervention, external aids, society governance, African countries

---

* 本文系国家社科基金青年项目"数字时代城市基层干部工作能力提升机制研究"(编号:23CZZ033)、国家资助博士后研究人员计划(编号:GZB20240458)、山东大学国家治理研究院课题(编号:23A08)的阶段性研究成果。

** 顾嘉伟,上海外国语大学国际关系与公共事务学院讲师;张兰,复旦大学国际关系与公共事务学院博士后。

一、研究问题的提出

国家—社会关系在任何关于国家治理与民主化的讨论中都处于中心地位,因为它提出了社会力量控制国家权力并使之合法化的意义(何增科,2000)。通常来说,社会力量的培育和发展有利于推动民主进程,因为它可以鼓励公民参与政治事务,形成民主规范,加强对政府权力的监督。此外,社会还能够吸纳政党之外多元群体的利益诉求,影响政府决策并推进政府改革。但是,既有研究大多是基于西方经验展开分析,相关理论在广泛的非西方世界未必适用。在全球南方兴起的背景下,对发展中国家的针对性研究将有利于推进理论革新,也可以为亚非拉国家的国家治理提供经验借鉴。事实上,通过对第三波民主化案例的研究,学者们已经发现活跃的社会力量未必是稳固民主的积极力量。当一个国家的社会治理是规则优先时,民主更容易稳固,而当社会治理是以诉求为主时,便会破坏民主稳固(刘瑜,2017)。

非洲也不例外,不少学者用国家—社会关系的范式来分析非洲国家民主化的动因、进程和特点。实证研究表明,虽然非洲国家的社会治理发展非常迅速,但由于其发育不成熟和自身的脆弱性,非洲国家的社会力量不仅在民主化进程中作用有限,在民主巩固和发展时期的作用更是令人失望(陈尧,2009)。非洲国家的社会力量和西方国家不同,主要表现为由少数知识分子和精英主导的城市市民社会力量,但这些社会力量更关注城市居民的公共事务,却相对忽略了农村人口的需求。事实上,占据人口绝大多数的农民更关心衣食住行等基本生存问题。由于他们大多数是文盲或半文盲,因此并不热衷于对民主、权利、自由等议题的讨论。这不仅导致非洲国家社会内部的撕裂,也直接导致城市社会力量在民主诉求代表性上的狭隘(贺文萍,2005)。有学者通过研究发现,非洲国家的社会力量有时反而对民主化进程造成负面影响。譬如,尼日利亚的社会力量往往以族群和地域为基础,因此导致地方民族主义和分离主义的膨胀,暴力倾向随之增强(李文刚,2004)。可见,不同国家、不同区域的社会力量对民主化的影响并不相同。

那么非洲国家的社会是怎样的呢? 有学者指出,非洲国家的市民社会由于包含各种各样的利益团体和社会组织,既有现代的利益集团,又有建立在亲属、部族、地域和宗族基础上的传统归属性团体,因此介于正式组织与建立在家长制和庇护关系基础上的非正式组织之间,具有明显的分裂性、脆弱性且发育不健全(陈尧,2009)。事实上,大多数研究集中在非洲国家的社会力量对民主化、经济发展、社会抗争和国家建构等方面的影响,以及关于非洲社会整体发育不成熟性的描述性研究。既有研究相对忽略了非洲不同国家的社会内部之间的差异,因此本文主要关注的研究问题是,为什么非洲不同国家的社会发育程度不同? 究竟是哪些因素影响了社会的培育与发展,非洲国家的社会治理又是如何"选择与变异"的?

二、非洲社会发展的既有解释

在探讨这些问题之前,首先需要回答一个问题:非洲国家内部是否存在社会力量? 不同的学者给出了不同的解释。有学者认为,前殖民主义土著社会中存在和现代西方意义上类似的与政府抗衡的力量(Victor Azarya, 1994)。还有学者指出,之所以认为非洲不存在社会力量,是因为存在双重标准:学者们在分析西方国家的社会力量时会将其范围扩展到各类志愿组织和自治协会,但在分析非洲国家时,却把因亲属关系和民族纽带形成的社会团体排除在外。实际上,这些社会团体的共同行动不仅服务于个人和家庭利益,也服务于集体利益,我们无法忽视这些团体动员社会大众、与政府建立良好联系的能力(刘海方,2001)。事实上,关于这个问题的争论已经有了初步答案:由于非洲存在各种各样的社会群体,他们向国家和统治精英施加压力,要求进行社会政治和经济变革,因此可以非常肯定地说,非洲是存在社会力量的

（John Mw Makumbe，1998）。

那么究竟是什么因素在影响非洲国家的社会发展呢？

（一）历史遗留说

长期的殖民主义和独裁统治给非洲国家留下了深刻的印记，但正是殖民时期的强权与压制，使非洲的社会发展出现了萌芽。例如，坦桑尼亚在殖民时期出现了社会运动和组织，包括工会、合作社、宗教、体育俱乐部、舞蹈协会、民族协会和职业协会等（S. Lange，A. Kiondo，H. Wallevik，2000）。20 世纪 20 年代初，马吉抵抗运动（Maji Maji resistance movement）等其他组织在反德战争中发挥了至关重要的作用，1929 年成立的非洲协会等组织后来也演变为坦噶尼喀非洲民族联盟（Tanganyika African National Union，TANU），这个政党在坦桑尼亚独立后的第一次选举中赢得了多数选票（Priscilla Wamucii，2014）。在南部非洲国家，殖民的遗产使得长期为自由而奋斗的国家往往拥有更强大的社会组织力量，工作经验也更加丰富，能获得更多的资助，如津巴布韦、纳米比亚和南非，这些国家的社会组织经常针对政府展开大规模的带有政治性的非暴力抵抗运动（汪津生，2009）。虽然殖民和暴力在一定程度上刺激了社会群体的反抗，但当非洲国家实现民族独立之时，由殖民和暴力所催生的社会力量渐趋弱化（Priscilla Wamucii，2014）。因此，历史遗留说在解释非洲民族国家独立后的社会发育方面存在较大缺陷。

（二）政治博弈说

不同类型的社会力量对推动民主化进程产生了不同影响，但事实上我们也发现民主化对社会培育产生了不同的作用。正如帕特南所言，正是由于意大利历史上形成的南方诺曼封建专制制度和北方富饶的城市共和制度导致意大利南北部出现不同的结社情况。同样，即便是美国的民主制度，也无法抵挡社会资本的下降，也即居民的"独自打保龄"（帕特南，2001，2011）。因此可以说，民主制度的异质性对社会发育造成了不同的影响。

除了和民主互为因果，政党的不同策略也影响了社会的培育与发展。由于社会主张动员所有个体表达诉求、维护共同利益、实现自我服务和自我管理，因而与执政党存在竞合关系。一方面，社会治理可以弥补政党治理的"缺位"因素，分担某些职能；另一方面，它又可以代表公众形成动员力量，向执政党表达诉求，甚至提出抗议（李军，2010）。因此政党或对社会力量采取引导和培育的方式，使其"为我所用"，或对其进行规制和管理，使其难以威胁执政安全。不仅如此，社会与政党之间事实上也缺乏明确界限，因为很多政党的前身便是社会组织，如巴塔卡运动、乌干达农民联盟和巴纳巴金图便是乌干达国民大会的前身，而乌干达国民大会则是该国 1952 年成立的第一个政党（Priscilla Wamucii，2014）。同时，非洲国家的军人统治和军事政变也会对社会发育造成极大破坏，如尼日利亚在萨尼·阿巴查将军（General Sani Abacha）统治时期，专制统治和政党的消亡导致社会发育进程大大受阻。不过，无论是何种政治博弈，也无论它对社会治理产生何种差异化影响，我们发现其背后的共同因素乃是国家介入的力量。

（三）文化形塑说

非洲国家社会发育的脆弱性有其文化根源。贫穷、腐败、裙带关系、部族主义、民族和宗教冲突等问题从整体上侵蚀着非洲社会（李文刚，2004）。非洲的宗教组织参与政治的历史很长，宗教和世俗政治权力之间长期存在一种紧张关系。政府外的宗教行为者并不总是帮助社会维护"共同利益"，有时反而通过强化"不平等和歧视"削弱国家。尽管非洲社会的"不发达"与宗教机构是否有关有待探讨，但我们无法否认，非洲的宗教组织相当强大（M. Edwards，2009）。蒂莫西·朗曼（Timothy Longman）在一本关于天主教会和卢旺达大屠杀的书中，发现非洲的宗教资本是影响社会发育的重要因素，因为宗教社会组织之间流动的不平等将导致政治积累的差异（T. Longman，2010）。

不只是宗教，族群、媒体、意识形态等文化因素也是影响非洲社会发展的重要因素（Badru Bukenya and Sam Hickey，2014）。根据南非民间机构和大学研究机构的调查，南非的民间组织数量超过 10 万个，包括非政府组织、社区组织、志愿者服务协会和社工等，但这些民间组织大多是由早期反对种族歧视的组织转化而成(乔申乾,2007)。媒体技术的进步极大地推动了社会的发展,如非洲国民大会(African National Congress, ANC)、津巴布韦非洲国民联盟(Zimbabwe African National Union, ZANU)等通过歌曲、短波电台等媒介与民众沟通。2011年初"阿拉伯之春"爆发时,Facebook、Twitter等手机社交网络也被认为是促成抗议活动的关键。无论是宗教、族群、媒体还是意识形态都以政治文化的力量形塑着社会,但在宗教、族群等因素相似的非洲国家中,如何解释社会发展出现的差异呢?进一步来看,在历史遗留说、政治博弈说、文化形塑说背后,既有的研究忽略了非洲不同国家在国家介入和外部援助方面的差异。

三、理论建构:国家介入与
外部援助的互动模型

既有的研究虽然形成了历史遗产说、政治博弈说、文化形塑说等典型解释,但相对忽视了国家介入与外部援助因素。对于非洲国家而言,社会力量在相当大的程度上依赖国家的恩惠或者捐助者的财政资源,导致其缺乏自治权(John Mw Makumbe, 1998)。事实上,非洲的许多社会组织依赖国际援助机构或金融行业的支持。在当地居民和政府看来,可以称之为"代理的利益体"。这类外国的援助是必不可少的,因为没有这种援助,它们可能无法在国家的治理下运作(Darren Kew and Modupe Oshikoya, 2014)。然而,非洲的许多社会组织无法获得外部捐赠者的恩惠,如果它们也无法在国内获得持续收入,只能求助于国家。因此,非洲的一些民间社会组织会在政策取向上与国家保持一致,以便获得政府的支持和授权,而不是采取一些具有挑战性的政策和做法(Julie Hearn, 2011)。这也需要付出代价,社会团体和政权之间的伙伴关系会损害社会的自治性。以南非为例,1994年民主选举之前,西方国家纷纷慷慨资助,出现了反对种族隔离和倡导种族隔离的两类社会组织,但此时的外部援助为了躲避政府的审查,直接选择对相关社会组织的援助进行财务漏记。1994 年民主选举后,国际援助机构加强了对南非政府本身的支持,同时也减少了对非政府组织的援助,因此一些能力和制度建设不完善的社会组织便遭遇了极大的创伤(崔开云、徐勇,2006)。

　　整体而言,非洲政治经历了殖民统治、军人干政、民主政治先天不足、部族和宗教政治的痼疾导致政党和国家建设极度受挫的过程,这些因素都对社会的发育产生影响。那么,在历史遗产和文化形塑因素相似的情况下,究竟是什么因素在形塑非洲不同国家间的社会差异呢?由于政治博弈过程的本质是国家介入程度的不同,本文选取了国家介入和外部援助两个维度建立分析框架。这里的国家介入是指以政党、政府、军政等为首的国家力量对民间社会组织的介入,外部援助则是指外部国家对非洲国家进行的恩惠或资金援助(见图 1)。

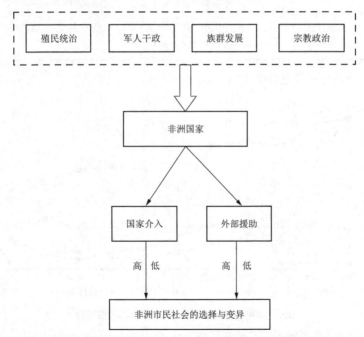

图 1　非洲国家市民社会选择与变异的因果机制
资料来源:作者自制

在研究方法上,本文根据最大相似原则选取了非洲的四个国家(肯尼亚、乌干达、加纳和尼日利亚)进行案例比较(见表1、图2)。在对国家介入与外部援助两个核心因素的互动模型进行梳理与分类的基础上,探析非洲不同国家社会治理的选择与变异的因果机制。肯尼亚、乌干达和加纳为正面案例,尼日利亚为负面案例。其中,前三个案例均受到国家介入与外部援助的影响。在国家介入的变量上,前三个国家的介入程度虽有所不同,但均不同程度地制约了社会力量的发展。尼日利亚则由于军政府的强行介入,反而刺激了社会力量的发展,最终造成社会力量的不可控,因此本文认为这种介入力量在社会治理的选择与变异上是无效的,即作为本文的负面案例。

表 1　国家介入与外部援助的互动模型

外部援助	国家介入	
	高国家介入	低国家介入
强外部援助	内外博弈型(乌干达)	合作共赢型(加纳)
弱外部援助	内嵌互斥型(肯尼亚)	—

资料来源:作者自制

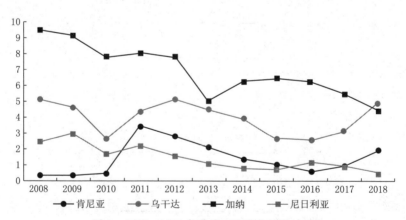

图 2　2008—2018 年非洲四国外部援助统计

资料来源:"外部援助"取值为 Foreign direct investment, net inflows(% of GDP), The World Bank, http://datatopics.worldbank.org/world-development-indicators/themes/economy.html。

值得说明的是，本文是以案例国的具体社会组织为例，并不试图呈现案例国的全部社会组织特征。在分析框架中，国家介入的"高—低"程度和外部援助的"强—弱"程度都是在案例国家之间的相对比较，并非与其他所有国家作比较。由于非洲国家社会自身发育的不成熟性，因此本文假定不存在低国家介入和弱外部援助的类型。

四、案例分析：基于非洲四国的案例比较

本文在案例分析中对四个国家共同经历的殖民统治、军人干政、族群发展、宗教政治等因素进行了说明。通过对四个国家具体社会组织的论述，试图回答非洲不同国家间社会治理的差异性何以形成。

（一）肯尼亚

肯尼亚位于非洲东部，总人口 3500 万，有 42 个部族，主要包括吉库尤族、卢希亚族和卢奥族等。其中，第一大部族吉库尤族约占全国总人口的 21%，其他三大民族的人口也都占总人口的 10% 以上。绝大多数肯尼亚人信仰原始宗教，约 30% 的人信仰基督教，10% 的人口信仰伊斯兰教。

15 世纪至 19 世纪，葡萄牙和英国殖民者相继入侵肯尼亚，洋枪大炮带来了掠夺、扩张、奴役、镇压和屠杀，他们将土地的使用权和经营权交给白人，对非洲人实行种族歧视政策，肯尼亚也因此被称为"白人乐园"。长期的欺压致使吉库尤族人揭竿而起，燃起"茅茅"运动的火炬。[①]肯尼亚因此也被认为是英属东中非的七个国家中真正开展过游击战运动的国家。由于肯尼亚在英国殖民统治期间，行政区划按照民族划分，便形成了地方民族主义的自然基础。而农村地区文化水平的有限性和信息的不通畅也在客观上阻碍了各个族群打破认同差异和政

---

① "茅茅"为吉库尤族语中的双关语。当吉库尤族人举行秘密宣誓时，会派一些儿童在茅屋外放哨戒备，如发现敌人，就会暗语高喊"茅—茅"。此外，"茅茅"一词有"团结宣誓"的含义。

治区隔(张永蓬、曹雪梅,2002)。

族群冲突在殖民时期主要表现在经济方面,如土地、牲畜等引起的经济纠纷。肯尼亚独立后,部族冲突从经济方面铺开到政治方面,甚至政治因素占主导。政党或政治领袖通常利用部族间的固有矛盾,通过激发部族主义情绪,挑起暴力冲突,达到打击对手、获取政治利益的目的。而部族集团则认为建立民族国家会使他们的利益受威胁,从而要求建立一个以本部族为基础的新部族国家,因此部族与民族国家的矛盾便越发激烈,族群也成为党派利益纠纷与斗争的工具。

1963年12月12日,肯尼亚宣布独立,次年成立共和国,实行土地私有制。20世纪90年代初以来,撒哈拉以南非洲国家的政治体制发生了独立以来最广泛、最富有戏剧性和最深刻的变化。本以为多党制能够消除部族隔阂,推动政治经济发展,解决社会问题,实际上却加剧了部族矛盾。肯尼亚的部族矛盾年深日久,在实行一党制期间,尚且能在肯尼亚非洲民族联盟的框架内实现各部族间的相对平衡。改为多党制后,由于三个主要反对党以两大部族为基础,肯盟便利用小部族对吉库尤和卢奥族结盟的恐惧,形成新的社会基础。除去肯盟,其余是清一色的"部族党"。1992年年底举行大选后,执政党的影响力降低,两大部族在政府中声音微弱,从而造成了部族矛盾政治化、政治斗争以部族为基础的现象,滥杀无辜的部族冲突时有发展(钟文,1994)。尤其是在2008年年初,以奥廷加为首的反对派对2007年总统选举结果不满,发起"橙色民主运动",在全国组织示威抗议,警察在镇压的同时,内罗毕、西部地区和蒙巴萨等地发生了多起自发或有政治任务挑起的族群间暴力事件,一个月内有1200多人被杀害,30余万人被赶出家园。这是肯尼亚独立以来遭遇的最大的一场危机,打击了肯尼亚原本正在上升的经济。肯尼亚在暴乱期间平均每周损失超过5.5亿美元,同时几乎将肯尼亚带到内战边缘(高晋元,2008)。从表面上看,这是执政的"民族团结党"与最大的反对党"橙色民主运动"之间的较量,但其背后是族群政治的逻辑。此外,周边战乱邻国的难民把武器走私到肯尼亚,严重危害了肯尼亚的社会治安,而这些武器恰恰来自西方(刘润山,2001)。

肯尼亚的非政府组织构成了一个资源丰富的社会网络，并且比国家更快实现了自治。"政治嫉妒"（political jealousy）使得政府试图以维护国家主权的名义，以立法控制非政府组织及其资源（Jamu Anthony Okuku & Juma Anthony Okuku，2002）。对肯尼亚而言，非政府组织推动了反政府运动，因此招致国家的敌意。反对党的弱势地位和分裂，使得教堂和非政府组织有较大的生存空间。从历史上看，社会组织在动员非洲人民反对国家方面发挥了重要作用（A. Fowler，1993）。起初非政府组织的活动不受国家的干涉，只需要它们在总体上支持国家即可（K. Kanyinga，1995）。然而肯尼亚的经济体系以赞助为基础，对非政府组织赞助的日益增加使得政府在政治上越来越警惕，因为国家日益减少的发展资源将破坏其政治庇护和合法化的能力（S. Ndegwa，1996）。正是在这样的环境下，国家介入的力量逐渐加大，并颁布《1990年非政府组织协调法》（the NGO Coordination Act，1990）来控制非政府组织，但该法案导致非政府组织和其他社会组织异常活跃。因此肯尼亚的社会组织具有"两面性"，例如恩杜古协会（the Undugu Society）是亲政府的，而绿化带运动（the Green Belt Movement）则批判政府。一方面，部分社会组织在政府的管制下主动迎合国家的要求，在政策目标上呈现出亲政府的特征；另一方面，由于部分非政府组织基于反政府力量的赞助而激励社会行动，又往往会与国家产生冲突（Jamu Anthony Okuku & Juma Anthony Okuku，2002），因此，肯尼亚的社会治理呈现"内嵌互斥型"特征。

（二）乌干达

乌干达史称布干达，位于非洲东部，是一个多部族、多党派和多宗教的国家。该国历史悠久，早在公元 1000 年前便在南部乌干达地区建立了第一个王国，但 1896 年沦为英国殖民地，直到 1962 年才宣布独立，成立乌干达联邦。乌干达部族繁多，全国共有 40 多个部族，其中最大的部族巴干达族（Baganda）占全国人口的 28%，巴尼安科莱（Banyankole）和巴索加（Basoca）两族次之，分别占全国人口的 9%（刘郿生，1988）。英国殖民时期将乌干达划分为南北两个地区，并重点扶持北乌干达罗族(Nilotic)、兰吉人(Langi)和阿乔利人(Acholi)的势力,打击南乌干达班图族(Bantu)的势力,加之奥博特和阿明均为北方部族人,执政期间带有强烈的部族主义情绪,强调本族利益,因此形成的"南北分治"地区种族政治、"以夷制夷"部落种族政治体制主导了乌干达政治局势的发展和演变(Adam Branch, 2010)。

除了部族问题,党派和宗教也是扰乱乌干达国家稳定和发展的两大因素。1995年宪法规定乌干达为三权分立的共和体制,在2005年的全民公决后,乌干达由运动制改为多党制。乌干达党派林立,全国大小党派如乌干达全国抵抗运动、民主党、保守党等都有自己的部族、地区或宗教背景,甚至拥有自己的军事组织,因此党派争权是乌干达政局中较为突出的问题。在宗教上,乌干达公民几乎人人信教,是一个以基督教为主,多种宗教并存的国家。布干达最初视鲁巴里信仰为国家宗教。随着外来宗教的传入,伊斯兰教逐渐发展起来并被统治阶级所推崇。随后基督教传教士带来了基督教,但也带来了英国的殖民统治,于是以伊斯兰教、天主教和基督教为代表的力量开始瓜分土地、发动宗教战争和划分势力范围。不过总体上穆斯林处于弱势,乌干达的伊斯兰化最终被西方传教士所终结。乌干达的宗教历史也成为撒哈拉以南国家宗教历史的模版:先是本土宗教的自主发展,然后伊斯兰教到来,基督教传教士紧随其后,最终外来宗教渐居主导地位(李维建,2009)。独立以来,乌干达部族冲突、党派纷争、宗教纠葛和南北对抗激化,社会动荡、战乱频发。此外,乌干达工业基础薄弱,以农业为主,生产力落后,也被认为是世界上最不发达的国家之一。

乌干达境内的社会组织主要集中在卫生、教育、救济和慈善领域,呈现出组织小而散、以社区为基础开展活动的特点。乌干达的社会组织高度依赖国外的捐助方或在境内活动的国际非政府组织。有学者对乌干达的社会组织进行了调查:他们从3159个登记注册的非政府组织中选取了199个有代表性的组织作为样本,发现绝大多数社会组织仅有少量收入,其中四个大型组织的收入超过了所选调查对象收入之和的一半。社会组织的大部分资金源于外部的国际性非政府组织和双边捐赠者，且这些资金主要被分配给了大型社会组织，用于提高知名度和宣传游说，而一旦离开资金和工作人员，乌干达的社会组织就会成为空壳（埃里克·D.沃克、费萨尔·Z.艾哈迈德，2009）。与其他非洲国家不同的是，乌干达社会组织的创新能力较强，形成了许多非政府群组、网络和联合体，其活动也深入乌干达的区县层级，这种机制为社会行动提供了动机。不过，乌干达的社会组织受到国家的严格控制，因此社会组织被迫进行大量的自我审查，以避免和政府发生冲突（Jamu Anthony Okuku & Juma Anthony Okuku，2002）。此外，乌干达的政府成员也创建了一些社会组织，如乌干达政府在1993年成立的全国妇女组织协会（NAWOU），由性别和发展部管理。不仅如此，国家还试图建立一个包罗万象的社会组织论坛，即全国志愿社会服务理事会。因此，整体而言，乌干达的社会治理呈现"内外博弈型"特征，即社会组织在外部援助的支持下通过社会网络不断嵌入基层，挖掘其主动性和内生力量，而政府在对社会组织审查的同时，也主动出击，试图设立专门的政府部门将社会力量收归政府。外部力量与国家、社会组织与政府可谓互相博弈，呈现竞争之势。

（三）加纳

加纳位于非洲西部，人口2800多万，是撒哈拉以南非洲第一个摆脱殖民主义统治获得独立的国家。历史上，其北部曾出现过著名的古加纳王国。自1471年起，葡萄牙、荷兰、法国和英国相继入侵，在海岸修筑碉堡、掠夺黄金、贩卖黑奴，历史上这一带也被称为"黄金海岸"。1897年英国殖民地全面控制黄金海岸，加纳的殖民时期也正式开始。直到1957年3月，加纳才脱离英国殖民者的魔掌，成为20世纪五六十年代反殖民主义浪潮的典范。然而独立后的加纳发生了多次军事政变，军政权与文人政权交替登场，使加纳成为不同政治与经济制度的试验场。这种变化不定、忽左忽右的特性也被比喻为"钟摆政治"（Deborah Pellow & Naomi Chazan，1986；肖宏宇，2007）。

1981年，空军上尉罗林斯发动政变建立军人政权"临时全国保卫委员会"。此后加纳政局相对稳定，经济发展较快。受非洲民主化变革的影响,加纳于 1992 年起举行全民公决,通过现行宪法,开始转向多党制。在加纳迅速开放的民主管理制度中,正式和非正式的社会力量都充分参与其中。与非洲其他国家不同的是,加纳领导人罗林斯主张自下而上的民主选举,因此在政府控制下的政治体制转向过程呈现平稳态势。加纳政党的建立并非以部族为基础,其民间社会团体的成员也超越了传统的阶级和社会族裔分裂,致力于加纳的社会融合、促进当地经济和政治发展,因此族群问题远不如其他非洲国家突出(罗毅,1994;Ebenezer Obadare,2014)。

加纳实行总统共和制,土地管理上采用土地村社制,即由酋长控制和管理下的村社集体所有制,村社成员对土地只有使用权而无所有权(高晋元,1998)。在西非国家中,加纳经济较为发达,农业是加纳的支柱产业,黄金、可可和木材是三大传统出口产品。此外,加纳有丰富的农林矿业和水利等资源,潜力很大。相较而言,其工业和服务业处于弱势地位。1983 年,加纳把发展农业、鼓励投资、根治通货膨胀作为三大重点工作,因此被称为非洲国家经济结构调整的“样板”。2010 年起,按照世界银行标准,加纳从低收入国家进入中等偏低收入国家行列。次年,加纳 GDP 增长率达到 15%,成为非洲乃至世界经济增长最快的国家之一。

在外部援助方面,自 1975 年以来,欧盟对加纳的援助金额高达 12 亿欧元,然而自冷战结束以来,欧盟给加纳的发展援助都附加以人权、民主、良治等政治导向的条件(刘青建和赵雅婷,2016)。不仅是欧盟,美国国际开发署(USAID)对加纳进行援助并影响政府的经济政策,但 USASI 却声称从未打算“劫持”加纳的经济发展政策。事实上,以促进经济自由主义为宗旨的加纳经济事务研究所(IEA)拥有最多的外国资助,它得到了至少来自七个不同西方国家的“交叉捐赠支持”。

在加纳的社会组织中,工程师协会(The Ghana Institution of Engineers,以下简称“GhIE”)是研究国家—社会关系的很好案例。因为相较于其他职业,工程学与发展息息相关,而发展又是整个非洲后殖民政府的主要工作。加纳政府花费了很多精力在工业化和机械化上,并试图以此拉动经济。约翰逊（Dr. J.W.S. De-Graft）在担任副总统前曾担任 GhIE 的主席。事实上，由于历届政府都把这个工程组织作为加纳发展的关键，因此工程领域便成为政治的重要部分（Laura J. Mc-Gough，1999）。

虽然加纳独立后的历史充满了政变和不稳定，但 GhIE 提供了另一种场景，它反对军事独裁统治，并游说恢复民主政府。即使长期存在的财务问题限制了 GhIE 作为军政府反对派的能力，但它常常能够找到与政府的共同目标。譬如，该机构的一项主要成就符合几乎每一个后殖民政府的目标：为加纳而不是外国政府提供经验和专业知识。正是这些知识和经验使得加纳在面对外国投资的项目及为数不多的外国顾问团队时仍能保持一定程度的自治。虽然对国外援助高度依赖，但加纳的社会组织能保持一定的自主性。由于国家介入较弱，这个机构也扮演一个"反对者"角色，偶尔公开批评政府，但更多的则是以温和的方式通过工程事务的"技术性"建议对政治施加影响（Laura J. Mc-Gough，1999）。因此，加纳的社会治理呈现"合作共赢型"的特征。虽然社会组织高度依赖外部援助，但其以技术性保持相对独立，即便在国家介入较低的情况下，依然能以其自主性为国家提供技术支持，且对政府的行为产生影响。

（四）尼日利亚

上述三个案例是国家介入与外部援助因素互动的三种不同模型，尼日利亚则为负面案例。尼日利亚是典型的多元社会，各种文化、语言、宗教和民族并存。尼日利亚也是非洲第一经济体和人口最多的国家，其人口已经超过 1.7 亿。自 21 世纪以来，尼日利亚的年均经济增长率为 6% 以上，经济发展成绩在整个非洲遥遥领先，在新兴国家之中经济发展势头十足。尼日利亚作为一个多民族国家，该国的族群数量有 250 个左右，豪萨—富拉尼族、约鲁巴族和伊博族构成该国三大主体民族，人口比重分别为 30%、20% 和 17%（Toyin Falola & Ann Genova，2006）。在前殖民时代，不存在作为国家主体的尼日利亚，因此尼日利亚的出现本质上是欧洲殖民列强之间利益分割和政治博弈的结果。直到 1914 年,英国通过武力胁迫和欺骗等手段建立"油河保护国"将三块殖民地并合并,尼日利亚才具备了现代国家的雏形。随着国家权力的集中和政治形势的发展,族群的势力与数量成为政治资源分配的重要标准,尼日利亚逐渐形成三大主体民族与"三分天下"的行政辖区分布格局,即豪萨—富拉尼人占领北方、约鲁巴人盘踞西南、伊博人掌控东南。当文化差异与地理的边界重叠时,就容易出现暴力、自治或分离运动(亨廷顿,1994)。尼日利亚的政治格局使得民族分离主义运动盛行,国族构建任务无比艰巨。在尼日利亚历史上,除了 2015 年总统选举外,历次总统选举都引发了规模不等的族群冲突和暴力事件(于春洋,2016)。

除了族群冲突,宗教骚乱也是尼日利亚的重要难题。尼日利亚是世界上宗教信仰最复杂的国家之一,伊斯兰教为主要宗教,信奉者占比47%,其次是基督教,占比 34%,拜物教占比 18%。尼日利亚自独立后,宗教狂热分子便掀起阵阵骚乱,小则罢工罢课,大则造成千人以上伤亡的大范围严重骚乱。外来影响也使得宗教问题进一步复杂化,如与尼日利亚交往密切的中东伊斯兰国家之间,逊尼派和什叶派冲突尖锐,他们通过各种渠道由中东向非洲扩展势力,导致尼日利亚内部的宗教矛盾日益复杂。

尼日利亚是非洲实行多党民主政治的典型国家。其政党政治被称为"教父政治"(Godfather Politics),一般认为,政治教父或政治大佬(Big Boss)及团队成员非富即贵、有钱有势、动员能力强且目标明确。2019 年大选反映了尼日利亚"政党碎片化突出、政党间转换频繁、民族宗教和地缘影响深远、非政府组织和国际社会关注度高及两党制趋势增强"的特点(李文刚,2019)。

尼日利亚的社会发育最早可以追溯到英国殖民统治时期,但当时的社会团体缺乏组织性和主体性,可以说是社会组织的萌芽状态。在反对英国殖民统治、争取民族独立的斗争中,各种社会组织纷纷涌现,如西非学生联盟(1925 年)、英属西非国民大会(1920 年)、尼日利亚青年运动(1934 年)等,尼日利亚的社会组织发展也进入黄金时期(李文刚,2004)。尼日利亚的行业协会主要通过劳工组织发挥作用。尼日利亚政治独立后的 50 年里经历了 7 次成功的军事政变、多次未遂政变和 8 次军政府冲突。军事政变、军人主政和还政于民的过程中国家采取的镇压和限制等手段,削弱了社会的力量,直至 20 世纪 80 年代,经济低迷、官员腐败、社会动荡等问题重新唤醒社会力量(李文刚,2006)。值得一提的是,尼日利亚是世界上腐败现象最严重的国家之一,丰富的石油资源为尼日利亚带来了巨额财富,但全国 70% 的人口却生活在贫困线以下,其中最主要的原因便是腐败,也因此更加激发了社会团体的反对力量。

整体上而言,尼日利亚的社会力量在争取国家独立、反对军人专政及推动民主化过程中都作出了较大贡献。与非洲大多数国家的社会组织类似,尼日利亚的社会组织由于资金问题,往往需要外部援助,这就使得社会组织受到西方资本控制。此外,尼日利亚的社会组织还存在其他问题,如内部分裂、组织管理机制不成熟、运行程序不透明等。20世纪八九十年代以来,尼日利亚的社会组织出现了一些新特点,如暴力倾向增强,以族群或地域为基础的社会组织不断出现,加剧了地方民族主义和分离主义倾向,不利于国家稳定和经济发展,更不利于民族国家的一体化发展(李文刚,2004)。总之,尼日利亚的社会力量是在军事政变、社会动荡、官员腐败等问题中被倒逼而成的,暴力介入越多,社会的抵制力量反而越强大,国家也因此无法实现有效介入,因此本文认为尼日利亚为负面案例。此外,在高度依赖外部援助的背景下,尼日利亚社会组织的自身管理和运作也尚不成熟,无论是社会治理的发育、选择还是变异,均呈现最原始的状态。尼日利亚的案例也恰恰论证了在国家不能有效介入、外部援助较弱的情况下,社会力量无法得到有效发展。

五、结　语

在社会治理的选择与变异中,国家介入与外部援助的互动是相互嵌入，而非此消彼长的关系。通过对肯尼亚、乌干达、加纳和尼日利亚四个案例的分析比较，能够发现非洲先天不足，而又后天畸形的社会力量发展劣势，进而导致外部援助的必要性。在这种情况下，社会的发育受到了外部干扰，因此国家为保持其统治的合法性和有效性有选择地介入。连接国家力量和外部干预势力最直接的纽带便是援助资金，因此国家和社会组织在资金的供给上相互抗衡。在这样的情况下，国家可以利用其强制机器审查社会组织，由此构成了"国家—社会组织—外部力量"的多重博弈。

在这个大的逻辑下，不同国家由于国情和发展目标不同，采取了不同的管理模式，也由此生成了不同类型的社会治理模式。乌干达的社会组织在高水平的外部援助支持下试图嵌入基层，而政府则试图将社会组织部门化，因此形成了"内外博弈型"的社会治理模式。肯尼亚的社会组织由于受到政治反对力量的支持，政府的政治庇护和合法化能力也随之减弱，危及国家统治的合法性。因此政府加大对社会组织的管控力度，也即增强了国家介入程度，但正是这样的环境使得社会组织反而异常活跃，因此其社会治理呈现"内嵌互斥性"的特征。加纳的社会力量虽然在财务上高度依赖其他外部力量，但相关社会组织的"工程技术"特性使其具有相对自主性，因此社会组织能够与政府一道，共同致力于国家建设。与此同时，由于国家介入力量较弱，社会组织得以合理且温和地对政府提出建议，从而影响政府决策，因此加纳的社会治理呈现"合作共赢型"特质。尼日利亚虽然高强度管控社会组织，但其"介入"却丧失了有效性，社会组织只能畸形发展。这也从反面论证了国家介入和外部援助的互动模式对社会治理模式选择与变异的决定性机制。

本文亦有一些问题有待进一步反思。首先，乌干达、肯尼亚、加纳、尼日利亚虽然都不同程度地经历了殖民统治、军人干政、族群政治和宗教干预，但这四个国家之间在这些方面上仍存在一定差异。这些差异是否会对社会治理模式的选择与变异造成影响？这有待进一步研究。此外，究竟是国家介入和外部干预影响了社会治理模式，还是社会的发展制约了国家介入和外部干预？这就如同社会发育和民主的关系、民主和经济发展的关系一样，有待进一步探索。此外，本文目前对案例国社会治理模式的分析仅是以代表性社会组织为例，无法涵盖其全部特征。不同国家之间的社会组织也存在较大差异，因此本文的推广和适应性也有待深入探讨。

参考文献

［美］埃里克·D.沃克、费萨尔·Z.艾哈迈德等：《非政府组织何为？》，《经济社会体制比较》2009 年第 6 期。

陈尧：《非洲民主化进程中的公民社会》，《西亚非洲》2009 年第 7 期。

崔开云、徐勇：《冷战结束后国际援助的基本态势及其对发展中国家公民社会建设的影响》，《学术论坛》2006 年第 12 期。

冯建伟：《横跨黑非洲》，新华出版社 1990 年版，第 15—19 页。

高晋元：《2008 年初肯尼亚政治危机反思》，《西亚非洲》2008 年第 12 期。

高晋元：《加纳加速发展的有利与不利因素及政府对策》，《西亚非洲》1998 年第 1 期。

何增科：《公民社会与第三部门研究引论》，《马克思主义与现实》2000 年第 1 期。

贺文萍：《非洲国家民主化进程研究》，时事出版社 2005 年版，第 178—179 页。

黄泽全：《尼日利亚的两大难题：民族和宗教矛盾》，《西亚非洲》1993 年第 3 期。

李军：《公民社会的崛起与国外执政党的应对之道》，《当代世界与社会主义》2010 年第 1 期。

李维建：《乌干达宗教印象》，《世界宗教文化》2009 年第 4 期。

李文刚：《2019 年总统选举与尼日利亚政党政治特点评析》，《当代世界》2019 年第 4 期。

李文刚：《公民社会对尼日利亚民主化的影响》，《西亚非洲》2004 年第 4 期。

李文刚：《尼日利亚民主化：特点及问题》，《西亚非洲》2006 年第 5 期。

刘海方：《从市民社会概念考察非洲民主化进程》，《西亚非洲》2001年第4期。

刘青建、赵雅婷：《欧盟发展援助与加纳民主政治发展探析》，《国际论坛》2016年第2期。

刘瑜：《公民社会促进民主稳固吗？——以第三波民主化国家为例》，《开放时代》2017年第1期。

刘郧生：《乌干达历史的新曙光》，《西亚非洲》1988年第5期。

［美］罗伯特·帕特南：《独自打保龄：美国社区的衰落与复兴》，刘波等译，北京大学出版社2011年版。

［美］罗伯特·帕特南：《使民主运转起来：现代意大利的公民传统》，王列、赖海榕译，江西人民出版社2001年版。

罗毅：《加纳从军人政权向多党制平稳过渡》，《政党与当代世界》1994年第11期。

乔申乾等：《南非民间组织考察报告》，《学会》2007年第3期。

［美］塞缪尔·亨廷顿：《文明的冲突与世界秩序的重建》，周琪等译，新华出版社1994年版，第144页。

汪津生：《当代南部非洲国家公民社会现状及存在问题探析》，《内蒙古民族大学学报（社会科学版）》2009年第3期。

肖宏宇：《加纳政治民主化实践及其启示》，《西亚非洲》2007年第11期。

于春洋：《多民族发展中国家政治整合：共性、困境及其化解》，《西南民族大学学报（人文社会科学版）》2016年第7期。

张永蓬、曹雪梅：《肯尼亚政党的地方民族主义背景》，《亚非论坛》2002年第2期。

钟文：《90年代黑非洲政治体制的变革》，《政党与当代世界》1994年第11期。

A. Fowler(1993). Non-Government Organisations and Promotion of Democracy Kenya，Doctoral dissertation，*Institute of Development Studies* (IDS)，University Sussex，p.46.

Adam Branch(2010). Exploring the Roots of LRA Violence：Political Crisis and Ethnic Politics in Acholiland，in Tim Allen & Koen Vlassenroot eds., *The Lord's Resistance Army*: *Myth and Reality*, London: Zed Books, pp.25—27.

Badru Bukenya and Sam Hickey(2014). NGOs, Civil Society, and Development, in Ebenezer Obadare ed., *The Handbook of Civil Society in Africa*, New York: Springer-Verlag New York, pp.329—330.

Darren Kew and Modupe Oshikoya(2014). Escape from Tyranny: Civil Society and Democratic Struggles in Africa, in Ebenezer Obadare ed., *The Handbook of Civil Society in Africa*. New York: Springer-Verlag New York, p.10.

Deborah Pellow & Naomi Chazan(1986). *Ghana Coping with Uncertainty*, *Boulder*, *Colorado*, *Gower*, *Boulder*, Colorado: Westview Press, p.89.

Ebenezer Obadare ed.(2014). *The Handbook of Civil Society in Africa*, New York: Springer-Verlag New York, p.12.

Jamu Anthony Okuku & Juma Anthony Okuku(2002). Civil Society and the Democratisation Processes in Kenya and Uganda: A Comparative Analysis of the Contribution of the Church and NGOs. *African Journal of Political Science/Revue Africaine de Science Politique*, 7(2), pp.81—97.

John Mw Makumbe(1998). Is There a Civil Society in Africa, International Affairs. *Royal Institute of International Affairs*, 4(2), pp.305—317.

Julie Hearn(2011). The "Uses and Abuses" of Civil Society in Africa. *Review of African Political Economy*, 28(87), pp.43—53.

K. Kanyinga(1995). The Changing Development Space in Kenya: Socio-Political Change and Voluntary Development Activity, in P. Gibbons ed., *Markets*, *Civil Society and Democracy in Kenya*. Uppsala: Nordic African Institute.

Laura J. McGough(1999). Civil Society in Post-Colonial Ghana: A Case Study of the Ghana Institution of Engineers. *Transactions of the Historical Society of Ghana*, 3, pp.1—26.

M. Edwards(2009). *Civil Society*(2nd ed.), Cambridge: Polity Press.

Priscilla Wamucii(2014). Civil Society Organizations and the State in East Africa: From the Colonial to the Modern Era, in Ebenezer Obadare ed.,

The Handbook of Civil Society in Africa. New York: Springer-Verlag New York, pp.110—111.

S. Lange, A. Kiondo, H. Wallevik (2000). *Civil society in Tanzania*, Bergen: Chr. Michelsen Institute.

S. Ndegwa (1996). *Two Faces of Civil Society: NGOs and Politics in Africa*, Hartford, CT: Kurnarian Press, p.36.

T. Longman (2010). *Christianity and the Rwandan Genocide*, Cambridge: Cambridge University Press.

Toyin Falola & Ann Genova (2006). *Yoruba Identity and Power Politics*, Rochester, NY: University of Rochester Press, pp.96—97.

Victor Azarya (1994). Civil Society and Disengagement in Africa, In John Harbeson, Donald Rothchild & Naomi Chazan eds., *Civil Society and the State in Africa*, Boulder: Lynne Rienner Publishers, pp.93—94.

欧盟对非洲经援战略转型与困境:以"全球发展战略"为参照[*]

杨明星　王　黎[**]

[内容提要]　第二次世界大战结束后,法、德、意、荷、比、卢六国基于对欧洲历史的反思和对未来的期盼,作出了共同推动政治经济一体化的历史性决定。他们同时承诺在国际事务中摒弃昔日的"强权政治"方式,而转为"民事力量"(civilian power)这一新方式塑造欧洲的形象。由此,从欧共体向欧盟的转型不仅被誉为国际关系中区域化合作最成功的案例,而且成为相关理论研究的焦点。纵观其实践与结果,欧盟在与发展中国家,尤其是与非洲国家的交往中是否改变了欧洲曾经惯用的强制性措施呢? 通过参阅欧盟对外关系的重要条约、文件及相关学术研究成果,本文认为,实际上欧盟难以摒弃源于强权政治传统和现实发展差距的心理优越和歧视性政策。这使得它在对非洲国家开展经济援助的过程中未能有效地扮演新型国际行为体的角色,相关政策的实际效果因此备受质疑。

[关键词]　欧盟,非盟,全球发展倡议,国际机制,全球化,民事力量

[Abstract] Since the 1990s, the transition from the European Economic Community(EEC) to the European Union(EU) has been seen as the most seminal case study in terms of the regional studies of international relations. Given this, it has been the focal point of the IR theories. After the end of the WWII, six original states of Europe—France, Germany, Italy, Holland, Belgium and Luxemburg—decided to push for political and economic integration following their reflections on history and the expectations for the future, which is a historical choice for a new Europe. To that end, they vowed to give up the "power politics" that has been used international politics for centuries and then to act a "civilian power" in the economic recovery and mutual development of Europe and beyond. Now rethinking the interactions between the EU and the Global South generally and the African states particularly, can we say the EU has restrained itself from using the "coercion" in foreign affairs? Based on our study of the EU documents, official briefings and scholarly works, this articles argues that it is really difficult for the EU to abandon the superior mentality and bias policy to the African states as they were deeply rooted in the tradition of power politics prevailed in Europe. As a result, the EU has been unsuccessful as expected in the aid programs to Africa and acting a civilian power in effecting its policy goals.

[Key Words] EU, AU, Global Gateway, international regime, globalization, civilian power

---

＊　本文系国家社科基金青年项目"数字权力竞争背景下'一带一路'新基建合作面临的挑战与对策研究"(编号:22CGJ046)的阶段性研究成果。

＊＊　杨明星,南京大学国际关系研究院博士研究生;王黎,吉林大学公共外交学院教授。

一、问题的提出

历史上,许多国家或政治实体的精英在不同条件下,都对其历史进行反思并确立未来的追求目标。这显然需要决策层制定出相关的长远务实的政策,建立起稳定的国内外互信,以便找到实现既定目标的可行路径(Kissinger, H., 2022)。基辛格阐述的这一现实主义的治国方略同样适用于欧盟这一超国家组织。

长期以来,国内外学者把欧洲煤钢联营发展为欧共体,继而成为欧盟这一历史性转型作为区域合作机制(regime)的最成功案例。如今,它不仅在理论上已经成熟,而且在治理方略方面也不乏可圈可点之处(Chechel & Kazanstein, 2009)。第二次世界大战后初期的欧洲不仅开始失去它所统治的全球殖民体系,而且被迫接受了依附于美国的全球战略。当时,处在美苏两极格局中的西欧国家不仅要在地缘上谨慎地寻求自身安全,而且更要倚重美国来完成其战后重建和未来发展计划。20世纪50年代初,法、德、意、荷、比、卢等国领导人在对欧洲历史的反思和对现实政治的权衡之后,决定探寻推动欧洲复兴和共同发展的新模式。当时建立的欧洲煤钢联营可以说是构建新型经济、政治共同体的一次历史性尝试。同时,六国领导人认为,在战后世界秩序中,联合的欧洲必须放弃传统的强权外交方式,致力于探索如何在未来国际事务中发挥"民事力量"(civilian power)这一颇具挑战性角色的作用。此概念在全球国际关系学界中引起了广泛的讨论(Bull, 1982)。

1957年,随着《罗马条约》(亦称《欧洲经济共同体条约》)的生效,六国开始推进复兴欧洲经济和政治合作的历史使命。根据该条约提出的发展对外经济以及拓展国际空间的长期任务,时任欧洲委员会主席W.哈尔斯坦写道,"欧洲在寻求联合和政治统一的同时,期待能够在国际舞台上恢复昔日的地位、友好和尊重;因此,需要把现已独立的殖民地和领地纳入欧共体经济体系"(贝娅特科勒-科赫,2004)。法国、比利时等老牌殖民主义国家更积极主张与非洲殖民地和海外领地建立正式官方联系。他们声称,在冷战期间,这些国家或地区必须与西方国家保持政治一致,同时在经济上继续依附西方。鉴于此,欧洲煤钢联营成员国决定它们之间"达成的相关贸易及优惠政策,也将同样适用于前殖民地和海外领地……此外,欧共体成员国可以根据自身情况对海外国家或地区提供直接援建项目"(Dinan,2010)。

自20世纪50年代中期以来,亚非民族独立运动不仅成为影响未来世界政治、经济格局的时代之变,更让欧共体成员国意识到必须推动与发展中国家和地区构建符合时代要求的"后殖民地"时期的新型国际关系。鉴于历史上、地理上欧洲与非洲国家形成的广泛联系和已经存在的交往机制,1964年,欧共体与当时18个非洲国家签订了多边贸易和经济协议——《雅温得协定》。此举表明,摆脱了战后经济困境的欧共体十分重视发展与广大发展中国家的经贸关系,而非洲国家和地区自然成为其优先考虑对象(弘义,2015)。1975年,在《雅温得协定》的基础上,欧共体继续与非洲、加勒比和太平洋国家先后签署了五个《洛美协定》。其中,第五个《洛美协定》在其10年有效期到期(2000年)后被《科托努协定》取代。上述协议的核心内容可以概括为:"允许包括非洲国家在内的发展中国家所生产的多类产品以免税形式进入欧共体市场,而欧共体国家的产品则按照最惠国待遇条款的规定予以处理,例如,欧共体国家可以单方面向上述国家提供经济、社会发展项目资助"(Chechel & Kazanstein,2009)。

《洛美协定》被视为欧共体及其欧盟对外政策中一次重要的通过集体协调形式而取得的结果。其目的是欧盟成员国要在制度层面与非洲国家建立长期、稳定的机制,以此拓展并推动以援助和贸易优惠为主体的"洛美体制"。显然,维系欧非之间的"特殊关系"从一开始就锁定服务于东西方冷战的战略需要。1993年通过的《马斯特里赫特条约》被誉为欧盟宪章,它参照了《洛美协定》中的相关条款,并在此基础上进一步把与发展中国家的"发展合作"列为工作重点。这表明,欧盟期待在继续参与经贸全球化进程的同时,在政治上展现欧洲的团结及其对非洲的重视(马斯特里赫特条约,1993)。

本文基于国际制度的视角,分析欧盟对非洲国家援助的战略目标、实施措施以及存在的困境。为此,研究问题是欧盟能否实现其外交政策的既定目标? 进一步讲,作为高度协调的区域一体化组织,欧盟政治精英能否突破传统现实主义关于国家/国际行为体再度崛起的论述:谋划务实、持续的对外战略决策,建立起必要的国际互信,制定实现既定目标的可行外交路径? 本文以 2021 年欧盟《全球发展战略》(Gateway Initiative)为主要参照依据,梳理和分析欧盟政策、条约、研究成果并采访了部分在华留学的非洲官员,目的就是对上述问题予以合理、专业的回答。

这里需要指出的是,由于历史上从未有过像欧盟这样由诸多主权国家,通过自由决定在新的"超"国家机制以及各国政府之间建立的制度内合作,它不仅超越了通常的国际机制和传统的多边合作,而且通过跨国间联合"分享主权"创造了共同的公共空间、共同市场、单一货币,以及日渐成熟的政治体系与全球行为体。 由此,欧盟集体领导又是如何评估新世纪全球政治、经济格局的发展趋势及应对战略,以及如何在与非洲国家良性互动的同时,处理好与新兴大国——中国、俄罗斯、印度等国的复杂关系? 理论上,欧盟的特点之一体现在其成员国一致认同跨国主义和复合相互依赖的必要性,包括"经济、金融、文化、人文交流以及相关利益集团之间的跨国现象"(马里奥·泰洛,2011)。现实中,欧盟政治经济一体化的成功经验无疑推动了主权国家对当代国际关系的新思考,包括对传统强权政治范式的反思。

但是,结果表明,欧盟确实参与和推动经济全球化进程并积极发展与非洲国家的双边和多边关系。可是,欧洲国家很难抹掉它们曾在非洲拥有的殖民权益所遗留的历史烙印。因此,欧盟在具体援建实施中,常常不去理解受援国政府、民众的诉求,以及予以当地文化和社会习俗应有的尊重,最终导致它们不能完全摒弃深入内心的优越感和强权政治行径。受此影响,尽管欧盟是迄今世界上最大的对外援助提供者,但它对非洲乃至全球南方国家的经济援助并没有达到其预期目标。本文就这一问题背后的历史原因与现实政策进行探讨,从而梳理一些值得深思的启示作为新时期的借鉴(赵雅婷等,2015)。

二、欧盟初期与非洲国家的经贸交往(2000—2021 年)

由于地理和历史原因,欧洲与非洲之间的交往较为久远。一方面,欧洲国家深知非洲大陆在地缘安全与经济发展方面对欧洲的重要意义。"冷战"初期,由于把经济复兴列为优先选项,加之当时自身力量非常有限,欧洲国家尚未把与非洲的经贸关系(包括援助项目)纳入其主要议事日程(Dinan, D., 2004)。另一方面,自 20 世纪 60 年代起,苏联在政治与意识形态方面加强对西方阵营的逐级挑战,同时开始涉足对非洲国家的经济援助。随后,中国、印度、土耳其等新兴国家亦参与非洲国家经济发展和民族解放运动。这一时代之变在心理上和政治上,让欧共体开始感受到它们在非洲的传统主导地位受到了冲击。这无疑促使欧共体开始调整其全球发展战略并持续扩大与非洲国家的经贸往来和人文交流。其间,欧共体成员国巧妙地依托历史和地理上形成的话语权及传统的经济纽带等,不断地对非洲国家施加"软性"影响。毋庸置疑,非洲的巨大资源、充沛的劳动力和潜在市场始终吸引着欧共体渴望加入在该地区的国际竞争。从欧共体到欧盟的转型过程中,欧洲与非洲以及加勒比和太平洋地区的国家等签署了五个《洛美协定》。这在很大程度上标志着政治上趋于团结、经济总量位居世界第二的欧盟,开始积极迈向国际舞台并在经济全球化时代努力实现其追求的战略自主(Kurt, S., 2003)。

首先,欧盟 15 国和非加太集团 76 国政府于 2000 年 6 月正式批准《科特努协定》代替此前的《洛美协定》。根据新的《科托努协定》,协定双方同意通过开展全面政治对话,来确保深化经贸合作和自由贸易规模。同时,欧盟承诺在未来 8 年过渡期间,将向非加太地区的国家提供

135亿欧元的援助,而这些国家高达97%的产品可以免税进入欧盟市场。由此可见,基于当年《洛美协定》发展的《科托努协定》在随后不断修订过程中,强化了欧盟与非洲和其他发展中国家的伙伴关系,被视为双边关系的法律基础。结果,经济上,欧盟对非洲国家的援助力度逐年递增。政治上,欧盟进一步提出了构建欧非新型战略关系的愿景,包括在传统与非传统安全、投资政策、移民及气候变化等领域的广泛合作(Chechel & Kazanstein 2009)。

然而,欧盟政治精英并没有完全摒弃旧殖民主义心态,在推动非洲国家经济发展的过程中常常不愿主动回应当地的实际发展需求。对此,经济学家罗伯特·贝茨指出,"在非洲撒哈拉地区,欧盟推动的发展计划常常以牺牲当地农业社会为代价,去盲目推动城市化但同时缺乏经济发展的长远规划。结果是原本有效的农业经济结构遭到了严重的破坏,而国际援助和当地农民的纳税养活着一群贪腐低效的城市精英。他们通常是所谓的实业家,技术官僚和在宗主国接受高等教育的知识精英"(贝娅特科勒-科赫,2004)。无论是欧共体还是欧盟并没有认真履行对非洲多数国家所做出的承诺:平等相待与务实合作。相反,面对日益走向团结、独立的非洲国家,欧盟对他们采取政治施压和经济制裁等传统的强权手法。例如,欧盟要求必须由布鲁塞尔指定哪些非盟成员国有参加定期举行的欧非峰会的参会资格。同时,欧盟在非洲国家之间常常使用"分而治之"的策略,包括与非洲某国政府单独交易,通过利益诱惑来削弱非盟成员国之间的团结(Chechel & Kazanstein 2009)。

三、欧盟《全球发展战略》的主要内容与问题

在全球化深入发展的背景下,无论是欧盟还是其成员国都不可能在资源、市场以及地缘安全方面忽视非洲的作用。相反,它必须抓住非洲问题来衬托欧盟在世界事务中的重要角色。这就要求欧盟必须以相互尊重、平等妥善的方式予以非洲国家必要援助。2020年3月,欧盟

领导人冯·德莱恩和负责外交事务的高级代表博雷利表示，在10月举行的欧非峰会上，双方将就未来合作重点磋商。为此，欧盟与非洲国家在多个领域建立五大伙伴关系——发展绿色能源、数字化转型、可持续增长与就业、和平发展与全球治理（欧盟文件集，2022）。博雷利进一步声称，今日欧洲与非洲休戚与共，面对共同的挑战。现在是双方需要进一步加强全面战略合作关系的重要时刻。这一战略的关键词是"链接"，即通过构建利益共同体，推动欧盟与全球合作伙伴形成牢固的产业链联系（欧盟文件集，2020）。

继冯·德莱恩出访埃塞俄比亚等非洲国家后，法德两国领导人也先后前往非洲诸国访问，其谈判主要内容包含加强与非洲国家之间的贸易、能源和基建投资合作。此时，甚至脱欧后的英国同样急于在非洲寻回曾经的特殊经贸地位，并希望通过举行"英非投资峰会"为英国在非洲觅得投资与合作伙伴。上述一系列高层活动表明，非洲对未来欧洲安全与发展的重要意义是不言而喻的。事实上，此时欧盟对非洲政策开始了方向性的调整。针对过去在对非洲经济援助领域的诸多问题，欧盟决定把非洲从此前的"受援方"转变为"合作伙伴"，目的是建立长期的战略伙伴关系。与此同时，为了配合美国于2018年开始推行的所谓"繁荣非洲"倡议，来加强西方阵营在全球合作中的战略协作，欧盟提出了自己的全球发展战略，主要目的有三：重新掌握欧盟在非洲的全面主导权、削弱中国在非洲日益增长的经济影响力、加大与中俄在非洲地区展开的战略竞争（EIR，2003）。

2021年12月，欧盟正式提出《全球发展战略》。关于这一概念的确切解读，目前尚存不同的理解。根据欧盟官方给出的含义，本文坚持认为，《全球发展战略》旨在明确"欧盟与世界各地如何构建更具活力的发展模式"的纲领性文件（冯·德莱恩，2021）。在决策上，欧盟明确要加入全球基建行列的竞争，并且声称，依托于自身较为雄厚的财政实力和技术水平，欧盟集中在打造全球范围的"高标准、高透明以及可持续发展的高质量基础建设"的发展模式，未来发展重点将放在全球数字化、清洁能源、生态保护等领域（欧盟文件，2022）。不可否认，欧盟具有实现上述目标的技术力量、资金能力和管理经验等方面的优势。此外，上述目标沿袭着欧洲一体化进程中（煤钢联营—欧共体—欧盟）长期遵循的战略共识。

需要指出的是，欧盟提出《全球发展战略》，不仅期待在全球范围推广其自诩为"灵活、干净与安全"的互通框架，还要以此为契机推动基建领域的多边合作。以往，欧盟与中国和阿拉伯国家在对非洲国家的援助方式上存在显著的差异。其中，中国的援建项目主要集中在基础设施建设和资源开采领域，而欧盟则注重提供物资、卫生、金融服务以及国家治理建设。根据欧盟统计，近年来，欧盟努力提升在非洲的整体形象。一方面，现有 25 个非洲国家认为，欧盟提供的基础建设援助尽管规模没有超过中国，但包括范围甚广。例如，交通方面涵盖绿色运输、快速公交和短距离有轨交通系统。能源方面包括水电站、海底电缆、太阳能、新能源和大数据输电网系统。基建方面包括扩建机场和港口、农田灌溉设施、太阳能、公路、植物园，以及高科技含量较高的绿色数字走廊、生物工程、废物回收管理与设施、公交中转枢纽、海水净化以及可再生能源。就业培训方面有职业培训、公共卫生、非传统安全、新型教育和研究等领域（欧盟—非洲投资计划，2022）。另一方面，当前中国作为最具发展潜力的崛起大国，连续 11 年成为非洲第一大贸易伙伴。面对这一挑战以及引发的焦虑，欧盟开始在基建领域寻求扩大对非援助。具体而言，欧盟计划在基建方面投资总额 3000 亿欧元（欧盟—非洲投资计划，2022）。考虑到欧盟成员国拥有相对成熟的科技、金融和人文教育体系，它在全球化经济体系中寻找它应有的地位也是合乎逻辑的。

这里值得注意的是，虽然欧盟对外关系仍在各成员国主权范式的框架内进行，但经过 60 年的一体化演进，欧盟成员国在立法程序上已经基本接受欧盟的"共享"权威。这一根本性的转变被德国思想家哈贝马斯形象地称为"内部外交政策"，即欧盟成员国的共同政策与国内政治日益受制于他们共同接受的政治领域，如商业、文化、政党、社会、宗教、工会和游说团体（马里奥·泰洛，2011）。几年来，欧盟致力于制定强有力且协调一致的外交政策，并于 2020 年成立了"地缘政治委员会"

(Geopolitical Commission)，以协调各成员国与欧盟的外交政策，目标是扮演全球政治的主要参与者，主要针对在政治上缺乏长期稳定而基础设施十分落后的非洲。

历史上，欧非关系一直遵循过时的"援助者—受援者"模式，结果是前者在援助中常常附加政治条件。这些做法致使非洲国家对欧盟及其某些成员国"家长式"的行事作风颇为不满。鉴于此，欧盟委员会主席冯·德莱恩提出了积极推动与非洲发展"平等伙伴关系"的计划，以逐步改善非洲国家对欧盟的固有印象。事实上，"平等伙伴关系"并非新概念。早在2007年出台的《欧非联合战略》中就已提出此概念，但一直缺乏有力的实际行动。2021年，欧盟决策层显然希望在多边主义层面深化与非盟的合作。因此，能否推动"平等伙伴关系"是欧非双边关系能否获得实质改善的核心因素（Dinan，2010）。

上述表明，欧盟领导人意识到国际环境、周边生态以及自身等因素发生的深刻变化和存在的问题。《全球发展战略》表明欧盟力图运用其在技术、资金与管理等方面的相对比较优势，以较低成本维持对非洲国家的多方面影响。与此同时，欧盟领导人意识到，由于非洲在国际格局中的重要性日益提升，它必须同非洲各国发展至少理论上平等的伙伴关系，否则，欧盟难以应对非洲的复杂局面以及与其他大国在非洲地区展开的战略竞争。现实中，有些非洲国家已经谴责欧盟或者其某些成员国的"非政府"组织对当地社会与政治体制进行的人权、民主和良治等政治"诱导"。但其结果没有实质上改善非洲社会、经济与政治治理状况。

四、《全球发展战略》对欧非双边关系的意义

欧盟提出《全球发展战略》至今已过两年。那么，非洲国家是否从此获得了可观的实惠？据美国"政客"新闻网（欧洲版）报道，欧盟计划在《全球发展战略》框架下率先着手落实首批70个对非援助基建项目，

其中包括建设连接欧洲与北非国家的海底光缆,以及在喀麦隆兴建大坝和水电站等。此外,欧盟计划将向南非提供价值约为 2.8 亿欧元赠款,用于可再生能源的应用和推广(欧盟文件,2023)。同样,德国政府计划在博茨瓦纳和纳米比亚建设太阳能发电站,并将铺设一条连接内陆国家布基纳法索和沿海国家加纳的火车线路,包括后期在加纳首都地区规划建设风能发电项目。上述项目意在促进非洲国家改善其整体基础设施建设水平。但持不同观点的非洲人士指出,《全球发展战略》并没有带来人们期待的投资规模和实际效果。在没有足够外资注入的情况下,任何庞大而缺乏具体的基建规划更像一种公关策略。或许,欧盟此举无异于把此前承诺但尚未完成的基建项目重新包装成新的援建工程再次推到台面上(欧盟文件,2023)。

不可否认,欧盟领导层意识到此前他们的对非洲政策中存在着种种弊端,为此也努力纠正了一些先前的政策和做法。然而,这些弊端和问题不是能够轻易解决的。欧盟结构性问题、欧盟决策层的冷战思维以及非洲在与欧盟交往中展现出的日益团结、自信的姿态构成了贯彻《全球发展战略》过程中面临的主要挑战。

第一,欧盟结构性问题。由于欧盟决策体系存在固有的权力松散性而且官僚机构重叠等问题,它不能与传统型国家在决策效率与威信程度上相提并论。这既限制了欧盟有效实施对外政策的空间,也让包括非洲国家在内的其他国家质疑欧盟的动机与执行力(基辛格,1994)。由此带来的一个最为直接的负面影响是,欧盟在为全球发展战略筹措必要资金时承受着巨大压力。中国学者丁纯认为,这主要是由于欧盟有限的公共预算需要通过"调动公共资金和私人投资的方式执行其既定的对非投资计划"(丁纯,2022)。可是,随着俄乌冲突的持久化而引起能源危机、欧元贬值、美元升值加息等问题,欧盟的融资能力或渠道陷入困境。

同样值得注意的是,欧盟决策层的困境还表现在其宏观政策和具体实施上出现的脱节。一方面,非洲对欧盟的经济发展和地缘安全十分重要;另一方面,欧盟的大量援助资金和项目并没有解决非洲国家的紧迫与实际问题，其中包括基础建设、教育、医疗和卫生。①同时，由于地理和殖民统治的历史原故，当今欧洲与非洲之间的联系是复杂的与相互依附的。一方面，非洲难民的首选目的地通常是欧洲；另一方面，非洲安全局势对欧盟各国安全有着重大影响。但是，双方依存程度明显高于它们之间的互信和尊重。欧盟愿意提供的往往不是非洲国家最急需的东西，尤其是实际的援助和实用的技能（弘义，2015）。

第二，欧盟精英秉持的"冷战思维"及排他意识。《全球发展战略》体现了欧盟参与全球基础建设"超级竞争"的雄心。显然，筹措如此巨大的全球基建资金应建立在各国之间合作而非对抗的基础之上。此外，由于欧盟追随美国对华遏制战略，因此它明确把中国视为"贸易伙伴、科技竞争者以及全面的对手"（欧盟对华战略，2019）。所谓的"去危险化"政策不利于包括非洲国家在内的任何国家。通常，理性的决策者应该考虑多种国际合作，共同建设发展中国家或者寻找参与方"双赢"的契合点。中国历来欢迎一切有利于发展中国家发展的倡议并且持开放态度，期待与欧盟的《全球发展战略》对接。

可是，随着中国的援建项目在非洲或沿"一带一路"线的深入实施，欧盟同美国接连提出"重建更美好世界"（B3W）、"全球基础设施和投资伙伴关系"（PGII）和"全球门户"等全球基建计划，并且谋求提供取代中国援建项目的替代方案。例如，冯·德莱恩扬言《全球发展战略》不会与中国"一带一路计划"连接，非洲国家只能在二者中选择其一（欧盟文件，2020）。可见，欧盟提出的援非计划不是把非洲国家利益及其人民福祉作为最高考虑原则。相反，它们把对非洲的经济援助作为大国博弈的手段，为美国主导的全球战略服务，即"在任何需要的地区遏制中国的影响"。这种新冷战思维不会因其倡导的"透明、可持续的价值观"原则而奏效。相反，中国代表在近日举行的慕尼黑安全会议上指

---

① 作者采访的在华留学生是来自发展中国家加纳、卢旺达、塞拉利昂的现政府官员。由于他们是政府相关部门的官员，他们提的有些建议值得中国深思。中国的援建不附带任何政治条件，但也要关注地方需求。为此，中国公司深入了解当地文化和加强与地方政府的关系是重要的。

出,中欧在非洲合作空间十分广阔,只有双方共赢局面才能为非洲国家与民众带来实际利益(王毅,2024)。

第三,非洲日益团结自主的呼吁和政策主张。自"冷战"结束后,非洲国家的发展逐渐进入了相对稳定时期。一方面,受惠于国际环境的变化和经济全球化,非洲经济实力与外交自主意识明显提高;另一方面,由于非洲拥有丰富的自然资源储量和庞大的劳动力市场,它在一定程度上具备参与国际经济议价的能力。非洲国家一直敦促发达国家和原宗主国履行从援助到市场准入等各领域问题上的承诺,包括要求欧盟平等对待和关注非洲各国的核心利益,同时接受"以非洲方式解决非洲问题"的基本原则(Rike Sohn & Ama Konadu Oppong,2013)。实际上,欧盟对非洲提供的经济援助和直接投资规模相当可观,但往往附带有更多的限制性条款,包括非洲不可接受的伦理要求(如接受同性恋等)。同时,非洲向欧洲出口的大宗物资是原材料和初级产品,这导致不对称贸易的出现。此外,欧盟对非洲的不少援建项目和方式并不符合当地的实际需求。非洲国家急需的是扩大基础建设并且帮助当地中小企业融入国际和地区性的大市场。

同样,与历史上的欧美地区和当今其他发展中地区一样,非洲本身也面临如何持续发展的问题。目前,与世界其他地区相比,非洲的基础设施普遍落后且缺乏健全的相关管理体制。因此,欧盟以及其他大规模的国际援助对非洲的实际成效有限。对此,欧盟等援助方将其归咎于非洲国家的严重腐败和管理能力低下,并坚称"只有符合市场经济的竞争、健全的治理以及健康的公民社会才能构成有效的三位一体社会治理"(赵雅婷,2015)。然而,虽然非洲的问题是客观存在的,但是欧盟的新殖民主义因素更是不可小觑。面对非洲国家独立后逐步形成的自主意识,欧盟决策层及其媒体不是积极了解新非洲的诉求和实际需要,而是试图影响甚至以"软实力"操控非洲国家的未来发展进程。可见,欧盟在向非洲国家提供各类援助的同时,依然缺少对非洲国家的必要尊重。这将最终导致《全球发展战略》中提出的发展欧非"平等战略伙伴"目标难以实现。

应当指出，欧盟在非洲所面临的问题具有普遍性。如果欧盟及时关注并切实解决非洲人民所需，上述问题本应可以解决。2022 年举行的第六届欧非峰会通过了《共同愿景 2030》，该宣言不仅重申了欧盟在非洲的战略目标，而且扩大了双方合作领域：从公共卫生、经贸合作、和平安全、人员流动到多边合作。此次峰会还着眼于可持续增长及创造就业机会、扩大人文交流，特别是促进青年学生、技术工人的流动与就业（欧盟文件，2022）。作为《欧盟发展战略》的主要组成部分，《共同愿景 2030》以及非盟提出的《2063 年议程》将批准总额为 1500 亿欧元的资金支持。投资重点包括气候、能源、交通以及数字化基建设施。2022年，欧盟在非洲的投资项目包括拟建中的 11 条高质量"战略通道"（西部 4 条、中部 2 条、南部 2 条、东北 3 条）。这些交通动脉将把非洲的基建和双边贸易连接起来成为复合型经济贸易中心。此外，欧盟承诺在2024 年前改善和增加非洲当地的现代化农业生产及提供紧急粮食援助等（张宏，2023）。

在过去五年间，欧非双边贸易额基本维持在 2654 亿欧元的水平。因受疫情影响，2020 年的双边贸易额跌至 2250 亿欧元左右。但是，2022 年年末，双边贸易额再次恢复到疫情前水平的 2880 亿欧元。这表明，从《非洲发展新伙伴计划》到《全球发展战略》，不确定的国际环境要求欧盟在对非洲的援助中必须考虑国际因素、欧盟自身能力以及非洲的现实。遗憾的是，无论在理念上还是现实中，欧盟对非洲的援助计划必须把经济、社会治理以及安全问题融在一起予以考虑。但问题是由于欧盟对外直接投资的主要目的地仍是美、英、新加坡等发达经济体，非洲大陆在其对外投资总额中仅占边缘地位。这一不对称问题的根源既有欧盟的现实考虑也有心理原因。虽然非洲国家有其自身问题，但欧盟终于承认在共同安全和共同富裕的道路上需要给予非洲国家充分的尊重和务实的援助。否则，如果没有平等与安全，就不会有可持续性发展。

五、结 语

欧盟与非洲形成的关系具有多元性而复杂化的特点。一方面,欧盟是一个高度发达的新型国际行为体。作为当今世界主要经济体之一,欧盟的综合优势依然明显。与此同时,作为近代殖民主义的发源地,欧洲也有极不光彩的过去。欧盟精英在对待非洲国家精英的时候,应极力克服昔日殖民主义烙印和欧洲"中心主义"的心态。同时,欧盟对非洲发展战略中的项目实施及援助方式,切实需要考虑当地的近期需求和中长期发展规划。另一方面,非洲仍是面积和人口庞大,但社会经济落后且不稳定的地区。尽管如此,非洲拥有丰富的自然资源和潜在的巨大劳动力市场,让世界各国都无法忽视它的价值。

当然,欧盟有权利在世界舞台上重现其历史辉煌。为此,欧盟对非洲的认识和交往方式也发生了相应变化。从早期的物资援助和资金投入到近年来加大投资规模和基建工程比重,这些变化说明欧盟对非援助模式日趋务实,尤其是明确与其他域外援助方竞争,中国自然走在前面。这样,欧盟对非洲的战略需求和利益追求往往带有排他性的味道。但是,无论是欧洲还是非洲,都不可能拒绝国际关系中的多边合作或者否认参与国际多边机制的必要性。根据国际经济的"比较优势"学说,国家(地区)之间存在着互利的国际分工和贸易的必要性。这一论点不仅适用于欧非、中非之间,也同样适用于在非洲的中欧企业之间(Friden, J., 2010)。实际上,《全球发展战略》和《共同愿景2030》中提出的合作范围已经超越双边范围。况且,有些全球性问题远不是任何一方能解决的。为此,欧非双方希望通过多边论坛来解决全球不平等问题、加强团结、促进国际合作、改善气候变化、确保提供全球公共产品。

回顾过去一年欧盟在非洲的进展,依然存在下列重大问题。第一,欧盟没有充分考虑非洲国家之间存在的明显差异。《全球发展战略》和

《共同愿景 2030》中提出了绿色转型合作,但主要出于配合欧盟计划到 2050 年成为第一个实现"碳中和"的地区。欧盟提出数字化转型、可持续增长与就业为助推欧盟引领行业标准,以此带动经济增长并且以市场力量继续推行欧盟制定的规范。可是,这些都没有具体提及对非洲国家的实际好处。相反,欧盟反复提出安全和移民问题则只是关乎欧洲大陆的安全与稳定。

第二,欧盟在处理对非关系中,"欧洲中心主义"仍然影响着他们对非洲的认知。尽管欧盟和非盟的结构看起来相似,但二者一体化的发展方式和内涵却存在本质差异。欧盟调整了对非战略并反复强调非洲为双边关系带来的新内容与新契机。但归根结底,欧盟政策的实质依然是维护西方模式对非洲的影响。对非关系中的西方模式首先建立在官方发展援助体系与西方价值体系基础之上。多年来,欧盟通过带有政治导向的发展援助,控制着非洲国家的公共服务领域,并影响着受援国政策的制定。同时,欧盟极力培养一批信奉西方价值观的非洲政治精英,实为增强了欧盟的软实力。尽管近几年政治导向的重要性下降,但其背后代表的欧洲规范、价值以及模式不会被轻易放弃(欧非投资报告,2020)。

第三,技术转让问题。冯·德莱恩明确提出了"技术主权"概念,认为这是欧洲必须具有的能力,即必须根据自己的价值观并遵守自己的规则来做出自己的选择。在非洲新战略中,欧盟试图通过以技术优势制定国际行业标准、通过与非洲进行数字化转型合作继续输出欧盟的规范与价值。可见,欧盟对非政策的核心思想并没有发生本质变化,发展欧非伙伴关系仍要在欧盟主导之下。在当前欧非双方实力对比依旧悬殊的情况下,欧盟提出的"真正平等伙伴"只是政治说辞,其实际效果将会大打折扣(欧盟文件,2022)。

今天,我们仍然难以对《全球发展战略》提出全面、深入的评估,但是结合《全球发展战略》与《共同愿景 2030》中列出的要旨,我们会悟出欧盟对非洲未来发展战略布局、合作领域及其原则。从长远讲,中国与欧盟需要战略沟通与合作,包括在非洲的合作。如果欧盟能够抛弃大国对抗思维,同时,中国理性地看待欧盟在非洲的传统地位,中欧双方就可以发挥出各自的优势,并通过协调两大经济体来取得"双赢"的结果。最终,中欧与世界其他援建方能共同打造出一个属于非洲人自己的,也同时纳入全球体系的新非洲(Josep Borrell,2023)。

参考文献

弘义:《欧盟对非洲援助政策调整及其前景》,《国际研究参考》2015 年第 10 期。

金玲:《欧盟的非洲政策调整:话语、行为与身份重塑》,《西亚非洲》2019 年第 2 期。

[德]贝娅特科勒-科赫等:《欧洲一体化与欧盟治理》,顾俊礼等译,中国社会科学出版社 2004 年版,第 17—18 页。

[意]玛利娅·格拉齐娅·梅吉奥妮:《欧洲统一 贤者之梦》,陈宝顺等译,世界知识出版社 2004 年版,第 250—254 页。

[意]马里奥·泰洛:《国际关系理论:欧洲视角》,潘忠岐等译,上海人民出版社 2011 年版,第 177—178 页。

张红:《欧盟全球计划门户能走多远》,《人民日报(海外版)》2023 年 2 月 4 日。

赵雅婷、刘青建:《欧盟对非援助政策新变化探析》,《教学与研究》2015 年第 6 期。

Josep Borrell(2023). Address at CCG on EU-China Relations,April 14.

Hedley Bull(1982). "Civilian Power Europe—A Contradiction in Terms", *Journal of Common Market Studies*,1/2,pp.149—164.

Jeffrey Chechel & Peter Kazanstein(2009). *European Identity*,London: Cambridge University Press,pp.28—30.

Desmond Dinan(2004). *Europe Recast—A History of European Union*, London:Palgrave Macmillan,pp.28,37.

Desmond Dinan(2010). *Ever Closer Union—An Introduction to European Integration*,London:Palgrave Macmillan,pp.91—92.

Jeffry Frieden,David Lake & Ken. Schultz(2010). *World Politics*,London: W.W. Norton & Company, p.338.

Aslıgül S. Kaya(2017). The Evolution of European Union Development Cooperation Policy towards Sub-Saharan Africa, Achievements and Challenges, Selçuk Üniversitesi Sosyal Bilimler Meslek Yüksekokulu Dergisi, Vol.20, No.2.

Youngwan Kim & Christian Jensen(2018). Preferences and institutions: constraints on European Union foreign aid distribution, *Journal of European Integration*, Vol.40, No.2.

Henry Kissinger(2014). *World Order: Reflections on the Character of Nations and the Course of History*, London: Penguin Book, pp.91—93.

Henry Kissinger(2022). *Leadership—Six Studies in World Strategy*, New York: Penguin Press, p.13.

Stephen Kurt (2003). "Co-operation or Coercion? The Cotonou Agreement between the European Union and ACP States and the end of the Lome Convention", *The Third World Quarterly*, Vol.24, No.1, pp.161—176.

Dambisa Moyo(2011). *How the West was Lost: Fifty Years of Economic Folly and the Stark Choice Ahead*, New York: Farrar, Straus and Giroux, pp.84—90, 92, 150—151.

Rike Sohn & Ama Konadu Oppong (2013). "Regional Trade and Monetary Integration in West Africa and Europe", Largos, Nigeria: Wai-Zei Papers, No.6.

Von de Leyen: "The Global Gateway strategy is a template for how Europe can build more resilient connections with the world." https://commission. europa. eu/strategy-and-policy/priorities-2019-2024/stronger-europe-world/global-gateway_en.

美非数字基建合作的动力、特征与挑战 *

[内容提要] 随着第四次工业革命的到来,数字化为全球经济和社会发展带来了新的希望,也让缺乏数字基础设施的非洲国家越来越边缘化。美国作为经济和科技强国,在数字经济领域拥有世界领先的技术和优势。近年来,出于战略利益、经济利益、安全利益等多重考量,美国正加紧与非洲开展数字基建合作。形成了政府主导、企业助推,利用多边关系,宽领域、多区域的美非数字基建合作格局。但美国不少企业依旧对非洲大陆存在根深蒂固的偏见,政府机构对非数字基建政策也存在缺乏协调性和连续性等弊端,影响了美非数字基建的合作效果。美国将非洲数字基建视为大国竞争的工具,强迫非洲国家"选边站"的做法进一步阻碍了非洲跨越"数字鸿沟"的进程。

[关键词] 数字基建,美非关系,非洲,数字经济

[Abstract] With the advent of the fourth industrial revolution, digitalization has brought new hope for global economic and social development, but also made African countries that lack digital infrastructure increasingly marginalized. As an economic and technological powerhouse, the United States has world-leading technology and advantages in the field of digital economy. In recent years, the United States has stepped up digital infrastructure cooperation with Africa due to multiple considerations such as strategic, economic and security interests. It has formed a US-Africa digital infrastructure cooperation pattern led by the government, promoted by enterprises, and using multilateral relations to wide-field and multi-region. However, US private companies still have deep-rooted prejudices against the African continent, and government agencies also lack coordination and continuity in digital infrastructure policies, which affect the effectiveness of US-Africa digital infrastructure cooperation. The United States regards Africa's digital infrastructure as a tool for great power competition, and forcing African countries to "choose sides" further hinders the process of bridging the "digital divide" in Africa.

[Key Words] Digital Infrastructure, U. S.-Africa Relations, Africa, Digital Economy

---

* 本文系国家社科基金青年项目"数字权力竞争背景下'一带一路'新基建合作面临的挑战与对策研究"(编号:22CGJ046)的阶段性研究成果。

** 张楚楚,复旦大学国际关系与公共事务学院副教授;闫咏琪,复旦大学国际关系与公共事务学院硕士研究生。

　　随着以数字化、网络化、智能化为核心特征的第四次工业革命浪潮扑面而来,全球产业结构和发展方式正在面临深刻调整。作为第四次工业革命的重要基石,数字经济为各国挖掘经济新增长点与改善民生福利提供了新的契机,也"成为重组全球要素资源、重塑全球经济结构、改变全球竞争格局的关键力量"。发展数字经济的关键支撑在于推动数字化的基础设施,后者不仅是收集、交换、储存、分析、发送数据的先决条件,也为充分利用现代数据服务经济发展和社会进步提供基础(世界银行,2021)。

　　本文探讨的数字基础设施简称"数字基建",最早是指传感器、执行器、通信网以及民用计算机系统组成的互联网络。2016 年,美国科技智库技术与创新基金会将其定义为全部或局部应用信息技术的基础设施(陈小鼎等,2021)。国际电信联盟认为其包含宽带互联网、互联网交换点、物联网(如移动设备、计算机、传感器)和数据储存器(如数据中心、云计算中心)等(Broadband Commission,2019)。具体而言,数字基础设施合作可以分为两大类。一是建设专用型数字化基础设施,主要是建设物联网、工业互联网等通信网络基础设施以及人工智能、云计算等新技术基础设施。二是建设混合型数字基础设施,主要是利用互联网、大数据等技术对传统基础设施进行数字化升级,如智能交通基础设施、智慧能源基础设施等(布和础鲁等,2021)。相较于以"铁公机"为代表的传统基础设施,5G 网络、互联网数据中心等数字基建以数字化、信息网络、科技创新驱动为主要特征,既在存量层面为传统基建体制升级,也在增量层面打造可持续高质量发展生态,有助于创造新的经济增长点。

　　由于数字基础设施与数字经济、前沿科技、国家安全等领域紧密强联,数字基建已然成为大国竞争的重要场域。近年来,新冠疫情所带来的冲击更加凸显了数字经济和数字基础设施对于缓解社会经济挑战的重要性(Runde et al.,2021)。然而,到目前为止,亚非拉发展中国家数字基础设施的发展仍相对缓慢,非洲与发达经济体之间的数字鸿沟正在拉大。根据 Internet World Stats(2022)的数据,截至 2021 年 12 月非洲互联网用户约 6 亿人,普及率为 43.1%。这一差距在撒哈拉以南非洲更为明显,虽然 2G 和 3G 网络在全球其他地方被陆续淘汰,但在撒哈拉以南非洲仍占据 85% 的份额,2021 年 4G 网络的普及率仅有 15%,5G 网络更是微乎其微(Digtal Concil Africa,2021)。

相比之下,美国是世界第一数字经济大国,根据美国智库数据创新中心的评估,美国在人工智能发展领域处于绝对领先的地位(Castro and McLaughlin,2021)。在德勤会计师事务所发布的《全球人工智能发展白皮书》中,全球前 20 个智慧城市中有 5 个位于美国(Lam et al.,2019)。在 2022 年 IMD 全球数字竞争力排名中,美国居于第二位,依旧保持相对强势的优势,且此前已连续五年居于榜首(IMD World Competitiveness Center,2022)。作为首屈一指的技术和经济强国,美国在数字基建方面拥有良好的基础和先发优势。而美国与非洲在数字基建发展中的差序位置则为双方提供了较大的合作空间。随着中国与非洲各国在“新基建”领域的合作不断扩展以及非洲大陆的机会不断增多,美国开始重新审视自身的对非政策,日益重视与非洲的数字基础设施合作。了解美国与非洲的数字基建合作不仅能够窥见美国对非政策的发展前景,而且对“数字丝绸之路”的推进具有重要的借鉴意义。

一、美国与非洲地区数字基建合作的动因

国家利益是决定一国外交政策的基点和归宿,包含战略利益、经济利益、安全利益、文化利益等各个方面(刘中伟,2017)。单从战略角度而言,美国尚未把非洲作为一个具有特殊战略重要性的地区(Forsythe et al.,2006),但随着中美竞争的加剧以及非洲经济的发展,非洲在战略、经济和安全等多方面涉及美国越来越多的利益。在美国加紧与非洲地区进行数字基建合作的背后,有其深刻的利益动因。

(一)战略利益:根植于美国整体的战略发展

战略利益是指美国在非洲的综合性利益,它服务于美国的全

球战略,旨在维护美国在非洲地区和数字经济领域的主导地位。回顾美国对非政策的演变历程,战略利益使得美国在非洲大陆采取制衡大国的政策,在不同历史阶段打压其主要的竞争对手(刘中伟,2017)。

在地域布局上,随着美国对非洲地区大国竞合关系的战略判断发生变化,白宫对非洲政策作出了一系列重要调整。在历届美国政府的对外战略上,非洲事务甚少占据优先地位,而是不断根据新的国际形势、在更为宏观的整体框架下改变对非洲的战略定位与增加新的政策内容。冷战时期,美国将对非政策与其全球战略结合起来,将对非洲的援助和投资纳入两极体系之中,以遏制共产主义获取非洲战略资源为主要目标,与苏联争夺非洲的势力范围。冷战结束后,非洲在美国的战略重要性迅速下降。为实现战略重心的转移,老布什政府裁减了非洲各使馆约 70 个人员编制,甚至关闭了肯尼亚、尼日利亚等国的部分使领馆(王涛等,2018)。随着中国的快速发展,美国开始逐步转变其战略重心,小布什时期正式将遏制中国作为一项重要战略,提出"新太平洋共同体",试图将美国的外交和国防政策重新定位到亚太地区,开始有意遏制中国的发展。但突如其来的"9·11"事件转移了小布什政府的注意力,反恐上升为美国安全议程首要事项,美国将非洲视为反恐的第二战场,使其对非政策服务于反恐的全球目标。

近年来,美国不再沉溺于反恐战争,战略重心开始向"印太"地区转移,并将中国视为其主要的竞争对手。2012 年奥巴马政府正式提出"亚太再平衡"战略,宣称 21 世纪是"美国的太平洋世纪"。随后,特朗普政府正式用"印太"取代"亚太",搭建起美国全政府模式的"印太战略"蓝图,在 2018 年《国防战略报告》中将中国描述为"战略竞争对手",目标直指中国。尽管特朗普任期内同非洲各国的外交互动颇为有限,而且在言语中常常表现出对非洲国家或当地民众的鄙夷不屑(King,2018),但其将非洲视为美国同中俄战略竞争的重要场域。根据约翰·霍普金斯大学高级国际研究学院中非研究计划的数据,中非贸易额从 2000 年的约 80 亿美元跃升至 2019 年的 1570 亿美元。2001 年,中国占该地区出口的不到3%,而美国占近19%;将近20年后,中国已成为该地区最大的单一出口伙伴,2019年占出口份额的11%,而美国的份额下降到5%(Runde and Ramanujam,2022)。为了遏制中俄在非洲的影响力,特朗普于2018年年底公布了旨在输出"美国模式"、保持美国在非洲战略优势的"新非洲战略"(The New Africa Strategy),且将旨在推动非洲向美国企业开放市场与改善当地营商环境的"繁荣非洲"(Prosper Africa)倡议作为其经贸支柱。

拜登政府延续了前任特朗普对华竞争的基本逻辑,在最新发布的《国家安全战略》中更是将中国定义为"美国最重要的地缘政治挑战",其主要目标是在地区和全球层面战胜中国(Noor,2022)。在非洲地区,从2021年向第三十四届非盟峰会发表视频致辞,到2022年高调邀请49个非洲国家政要前往华盛顿出席第二届美非峰会,拜登表现出对非洲地区更高的重视程度。当前,白宫对非政策在维持此前利用非洲遏制中俄基本战略的前提下,提出了运用多边框架处理对非关系、重提民主人权以恢复价值观外交,以及强化外交联盟以重塑美国领导地位等新的外交手段。与特朗普政府猛烈攻击中国对非政策、迫使非洲国家卷入大国竞争的霸道行径相比,拜登政府在表面上展现出相对温和的姿态,几乎从未在非洲领导人面前批评中国,却通过宣扬美非合作模式的优势暗讽中非合作的弊端,其本质依旧是其大国竞争战略在非洲的延伸(张宏明,2022)。

在领域布局上,在数字领域成为继陆地、海洋、天空、太空之后世界大国竭力开拓的新边疆与博弈的新舞台之际,美国将保持数字霸权视为维护其全球规则主导权、价值观、优越感与国家安全的关键要素。为巩固其数字经济领域的领先优势,挤压以中国为代表的新兴数字力量,华盛顿颁布了《数字合作战略2020—2024年》等政策文件,启动了"蓝点网络"计划、"美国人工智能倡议"等行动计划。就非洲地区而言,早在2010年时,华为和中兴就已活跃在50多个非洲国家,为3亿非洲用户提供通信服务,为30多个非洲国家建设了40多个3G网络基站,为20多个非洲国家建设了国家级光纤通信网络和电子政务网络

(Marshall，2011)。2020年时，非洲电信公司使用的3G系统有50%是华为建设的，20%—30%是中兴通讯建设的，而华为已经建设了70%的4G网络基站(Wright，2020)，引起了美国近几届政府的担忧。多年来，中美在非洲的竞争一直被概念化为中国与美国公司之间争夺大型基础设施项目的建设权。事实上，美国公司几乎没有兴趣在非洲开展大规模的建筑投资。然而，中非在"新基建"领域的合作却令美国感受到了强烈的战略威胁。美国将技术、金融等行业视为主导产业，将中国的"一带一路"倡议描述为"21世纪的马歇尔计划"(Yade，2021)，将中国在非洲的数字基建投资视为对美国"数字"经济主导权的挑战。

近年来，美国学界和战略界已确认新的共识——重新确立美国在非洲地区的主导地位，保持美国在数字领域的领导权和控制权，将美非数字基建合作视为大国竞争的又一重要场域。美国官员明确表示，美国领导的"重建美好世界"(Build Back Better World，B3W)倡议旨在减少发展中国家到2035年所需的40万亿美元基础设施投资，并为中国"一带一路"倡议提供替代方案(Signs，2021)。尽管B3W倡议提供了一种新的基础设施融资模式，但在硬基础设施的投资方面与"一带一路"倡议相比就相形见绌，因此不少专家建议加大B3W在高价值驱动与高标准导向的数字技术相关基础设施领域投资(Goodman and Hillman，2021)。拜登总统2022年6月宣布美国将根据其新战略全球基础设施和投资伙伴关系(the Partnership for Global Infrastructure and Investment，PGII)动员2000亿美元投资于全球基础设施项目，进一步寻求中国的替代方案，其中数字基建同能源与传统基建共同构成其三大支柱(Office of the U.S. Trade Representative，2022)。不久前，拜登政府公布的2023财年预算案中显示将拨款至美国国际开发署推动"数字非洲"(Digital Africa)项目，旨在"促进包容而有韧性非洲数字生态系统的发展"(Pecquet，2022)。与中国在非洲展开竞争、维护美国"数字"主导权的战略利益显然已成为推动美非数字基建合作的一大前提。

（二）经济利益：面向非洲的经济发展机会

随着欧洲各国以及新兴国家在非洲的投资、援助不断增加，美国重视非洲战略利益的同时，开始重新关注非洲巨大的经济利益和发展机会。总的来说，美国与非洲的数字基建合作主要包含两个方面的经济利益：一是非洲"数字"市场蕴含的巨大发展机会；二是建设数字基础设施带来的附加利益。

就市场潜力而言，在世界经济增长乏力、发达经济体需求萎缩、互联网市场趋于饱和的情况下，非洲大陆城镇化的迅速发展及其显著的人口红利使其成为具有广阔数字经济市场前景的一大高地。随着全球生育率不断下降，非洲正扛起全球人口增长的大旗。根据联合国《世界人口展望 2022》，非洲国家人口预计将在 2100 年前持续增长，并在 2022 年至 2050 年将占世界人口增长的一半以上（United Nations，2022）。届时年轻充足的劳动力将为非洲带来人口红利，年轻化、城市化、流动化的非洲将为数字经济的发展提供良好的机遇。与此同时，非洲拥有发展大量"数字"受众的潜力。根据非洲数字理事会公布的《2021 非洲数字基础设施市场分析报告》，撒哈拉以南的非洲约有 5 亿首次通信用户，且 15 岁以上的民众中很大一部分需要购买自己的第一台移动设备。另有超过 10 亿人生活在移动宽带无法覆盖的地区，需要开发 4G 甚至是 5G 网络以提供更高效的宽带。此外，非洲的数据中心基础设施仍有大量空白，南非占非洲三分之二以上的数据中心容量，西非目前的数据中心容量不到非洲数据中心容量的 10%。在非洲人口超过 100 万的大都市地区中，只有三分之一的城市至少有一个三级标准的专用数据中心设施（Digtal Concil Africa，2021）。非洲对数字基础设施旺盛的需求将为美国数字产业带来巨大的发展机会。鉴于非洲较高的人口基数和数字经济发展潜力，美国微软公司同卫星通信公司 Viasat 合作，基于卫星技术，实现偏远地区的互联网覆盖，旨在到 2025 年让非洲新增 1 亿人接入互联网，优先在埃及、塞内加尔和安哥拉启动项目。

就附加利益而言，美国试图通过推动同非洲国家的数字基建合作实现其在当地采矿业等经济部门的数字化转型与效率提升,并带动其他相关领域的活动,以便形成新的经济价值链。自 2000 年以来,非洲的采掘商品激增,从石油和天然气等化石燃料到黄金、铜和铁矿石等矿产资源,该地区自然资源出口量显著增长(Tempe,2021)。非洲拥有世界上约三分之一的矿产储量,包括用于汽车和航空航天应用的铂金资源,用于飞机发动机和卫星制造的铱资源,用于喷气式发动机、导弹和全球定位系统的钽资源等(Harris,2017)。这些资源具有重要的军事和商业用途,对美国经济发展和国防安全具有十分重要的作用。虽然美国页岩油技术的提高与推广使得美国对外石油依赖有所下降,但美国仍然容易受到全球石油市场的干扰,如俄乌冲突对美国油价的剧烈影响。在全球化市场中,非洲石油产量的任何波动都会影响美国油价的起伏。当前,非洲自然资源的勘探和开发技术仍有很大进步空间,新计算技术、空间技术等第四次工业革命技术为充分开发非洲矿产资源提供了更多可能。矿业公司可以使用人工智能、自动化和大数据来防止环境危害、改善工作条件、降低运营成本和提高产量(Signé,2021)。不少美国跨国企业已经开始尝试在非洲采用无人机定位与扫描矿井结构、运用物联网设施追踪采矿进程、借助深度学习软件识别采矿安全风险、使用区块链开展采矿供应链管理等,并在这些方面取得了突破(Campbell et al.,2021)。与非洲的数字基建合作将为美国获取矿产资源获得更加有利的条件,而矿产资源带来的巨大利益将进一步推动美国政府和私人资本与非洲的数字基建合作。

另外,数字基础设施的搭建也有助于为美国拓宽同非洲国家在电子商务、移动支付、技术创新、金融服务、移动游戏、数字媒体等领域的合作空间。据美国战略与国际问题研究中心(CSIS)估计,2018 年有 19 亿人在网上购买商品(Runde et al.,2021),电子商务及相关行业此后一直在持续增长,特别是在非洲、亚洲和美洲的大型新兴市场,2022 年全球电子商务销售额预计将达到 5.7 万亿美元(Qayum,2022)。随着非洲中产阶级的扩大,美国私营部门在非洲数字经济发展中尽早参与将为美国企业带来巨大的后续利益。而随着新冠疫情的暴发,更多数字化场景应用逐渐形成,远程教育、线上金融、智慧城市、元宇宙休闲娱乐等也日益受到非洲各国政府与市场的青睐。

（三）安全利益:服务于美国的国家安全需求

无论是冷战时期还是"安全利益"事变以后,安全利益都是美国制定对非政策的重要动因。随着数字技术的发展,美国对非利益在安全方面有了新的考量。

一是物质层面的反恐安全,美国加强与非洲数字基建合作的一个重要目的就是加强非洲的数字和互联网治理,减少非洲互联网恐怖主义威胁。随着互联网和通信技术的发展,互联网恐怖主义呈现爆炸式增长(Comey, 2014)。据统计,1998 年含有恐怖主义材料的网站数量为 12 个,2003 年统计为 2650 个,2015 年 9 月总数高达 9800 个(Paganini, 2018)。具体而言,对数据的监管、间谍活动、知识产权盗窃的担忧以及其他围绕数字基础设施建设的任何讨论都被美国上升到国家安全的高度。2017 年 5 月,特朗普专门签署《增强联邦政府网络与关键性基础设施网络安全》行政令,要求采取一系列措施来增强联邦政府及关键基础设施的网络安全。为此,美国国土安全部专门成立了网络安全部门,以保护国家计算机网络和基础设施免受网络攻击。

不同于传统恐怖主义,网络空间是一个没有边界的环境,恐怖分子可以向世界各地的敌人发动袭击,发展迅速又缺乏监管的非洲正成为网络恐怖主义蔓延的"天堂"。此外,非洲巨大的"网络安全鸿沟"使得摆脱网络恐怖主义的侵袭更加困难,最终非洲只能沦落为全球网络恐怖主义治理中的"短板",国际反恐合作的成效因此大打折扣(李琦,2021)。参与非洲的数字基础设施建设将有利于美国对蔓延在非洲的网络恐怖主义进行更为直接的监管和控制,补齐国际反恐的短板,应对越来越严重的网络恐怖主义威胁,对维护美国国家安全利益意义重大。2022 年 12 月,拜登在华盛顿举行的美国—非洲领导人峰会上提及,美国思科系统公司和喀麦隆移民建立的 Cybastion 公司签署了旨在保护非洲国家不受网络威胁的 8 亿美元新协议。

二是意识层面的价值观安全,美国在国家安全战略与策略选择上常常表现出议题互嵌与国家安全泛化的现象。美国一直将在全球范围内实现美式自由、民主等价值观视为其安全利益的重中之重,冷战后更是将民主的国际传播作为美国外交政策的指导原则,并将对外援助与投资视作其追求此目标的重要工具。哈佛大学肯尼迪学院国际安全项目助理肖恩·M. 林恩-琼斯(Sean M. Lynn-Jones)在论述为什么美国应该传播民主时提到,民主的传播将有益于新兴民主化国家的民众免于压迫,促进国际和平与稳定,并有助于确保美国的安全与繁荣(Lynn-Jones, 1998)。美国政治家、学者以及民众或多或少受到"民主和平论"的影响,认为民主国家不会对美国发动战争或恐怖袭击,不会产生在美国寻求庇护的难民,且更倾向于与美国结盟,如此种种都将民主等价值观牢牢与美国的安全利益捆绑在一起。

为实现民主价值观的输送,美国历届政府将对非洲的援助和投资与人权和民主等条件挂钩,通过多边和双边援助试图对非洲政治经济体制进行改革,以实现对美国安全最有价值的保护(Regilme Jr. and Hartmann, 2018)。随着数字时代的来临,美国利用互联网宣扬其自由民主价值观的同时,试图将美国网络空间治理模式推向全球,甚至提出了数字民主(Digital Democracy)的理念。但随着中国对非投资与援助的增加,"非政治化"的合作模式动摇了美国"政治化"合作模式的合法性,人们对美国通过发展援助促使民主理念合法化的行径提出了批判性的疑问。中国与非洲在"新基建"领域的合作,更令美国在意识形态上感受到巨大威胁。美国认为中国和俄罗斯等国家正在利用数字投资在非洲发挥影响力,这些投资将威胁传统的西方价值观,包含严重的安全和隐私漏洞(Runde et al., 2021)。2018 年《美国国家网络战略》中提到,从美国国家安全的角度来看,将全球数字基础设施的设计和开发让给其他行为者将损害美国的战略利益和自由民主的国际秩序。为此,从安全利益考虑,美国也将加大与中国在非洲数字基建领域的竞争,夺取非洲数字基建的控制权,加大力度限制中非数字基建合作。

二、美国与非洲地区数字基建合作的特征

在批评与抹黑中国提出的"一带一路"倡议时,美国政客与媒体常常声称中国在包括非洲在内的"一带一路"沿线地区的经济社会活动带有政府色彩与战略色彩。事实上,在与非洲国家的数字基建合作中,美国未能体现其自我标榜的自由市场经济拥护者角色。相反,美国政府机构充当着美非数字基建合作的主要推动者,引导美国私营企业在非洲地区开展多区域与宽领域的全方位渗透,并试图构建美国主导的、具有封闭排他色彩的多边数字联盟。

(一)政府主导与企业助推的模式

作为新兴的基础设施领域,数字基础设施具有科技含量高、技术更新快、投资规模大、回报周期长等特点。因此,美国同非洲数字基础设施合作初期,通常由美国政府率先牵头,整合多种资源与行为体,发挥先导与引领作用。目前,美国对非数字基建合作尚无统一协调机构,政府层面的合作主要集中在美国国际开发署(USAID)、美国贸易发展署(USTDA)、美国国际开发金融公司(DFC)、美国进出口银行(EXIM)等几个机构。其中,美国国际开发署是美国对外援助的主要机构,其发布的《数字战略(2020—2024)》(Digital Strategy 2020—2024)旨在在全球范围内建立以自身为主导的数字生态系统,通过使用数字技术改善发展中国家生活状况,实施人道主义援助,加强开放、包容和安全的数字生态系统等一系列任务承诺。美国贸易发展署则主要通过为新兴经济体的优先基础设施项目出口美国商品和服务,帮助美国公司创造就业机会,同时促进伙伴国家基础设施的发展。近年来,美国贸易发展署主导了对非数字基础设施合作的几个重要项目,包括帮助刚果共和国扩大农村互联网接入(USTDA Commits to Internet Access Project in the DRC,2022)、扩展南非西开普敦 50 万人口的宽带基础设施(USTDA Advances Broadband Connectivity in South Africa,2022)、在撒哈拉以

南非洲引入美国气候信息技术预警系统（USTDA Releases Climate Adaptation and Resilience Portfolio Data，2022）、在约旦利用互联网技术实现公共医疗保健部门的自动化（USTDA NITAJ Partner on Mobile Health Services in Jordan，2022）等。此外，美国贸易发展署还承接了联通非洲计划，旨在与整个非洲大陆的公共和私营部门合作支持非洲高质量信息和通信基础设施建设（Access Africa，2022）。

美国进出口银行（EXIM）是美国官方出口信贷机构，在过去10年中为撒哈拉以南非洲的交易提供了122亿美元，为美国企业扩大在非洲的信息通信影响力提供融资服务（EXIM，2022）。2019年，特朗普政府将海外私人投资公司（OPIC）转变为美国国际开发金融公司（DFC），鼓励投资非洲等欠发达地区，投资领域包括能源、医疗保健、关键基础设施和技术。与美国进出口银行一致，美国国际开发金融公司（DFC）的一大任务就是在财务上提供中国以外的代替方案，并致力于数字基础设施方面的投资与合作。当市场逐渐开拓、应用场景日益增多，市场机制的自发作用则更为凸显。同时，在政府的鼓励和支持下，美国企业日益重视与非洲在数字基础设施方面的合作，成为助推美非数字基建合作的重要力量。

在繁荣非洲倡议的推动下，美国公司和非洲国家之间完成了800多笔交易，出口和投资额高达500亿美元，其中包括大量数字基础设施项目，涉及人工智能、工业互联网、大数据中心、数字支付、数字货运等各个方面。2019年，美国投资创新创业公司Endeavor Catalyst为突尼斯人工智能公司InstaDeep融资700万美元用于人工智能的研发。2022年，美国数据运营公司Equinix以3.2亿美元的价格收购尼日利亚公司MainOne，扩张在非洲的数据中心产业。2022年，美国信息管理软件及服务公司Oracle宣布在南非建立第一个云区域，促进非洲云基础设施的建设。

当前，美国政府与私营企业形成合力，在同非洲的数字基建合作中发挥联动效应。在美国政府通过政策引导等途径的鼓励下，美国各大公司自发参与非洲数字基建合作项目。2019年，谷歌全额投资了一条从南非延伸到葡萄牙,并在尼日利亚停靠的海底电缆。谷歌母公司Alphabet通过 X moonshot(原为 Google X)公司启动了"Taara"项目,以显著降低的成本将现有光纤网络扩展到周边农村地区。虽然另一个名为 Google Loon 的项目没有获得成功,但 Alphabet 一直在尝试解决非洲农村光缆铺设的最后一公里问题。Meta 公司与非洲运营商合作建造连接非洲、欧洲、中东等地 23 个国家的海底电缆,建成后将使非洲大陆的互联网总容量翻一番(Ahmad and Salvadori, 2020)。在此之前,Meta 公司还与 Airtel 和 BCS 合作,共同在乌干达西北部建造了约770 公里的光纤设施(Ba, 2017)。根据泛非行业机构 AVCA 公布的《2021 年非洲风险投资报告》,2021 年在非洲发生了 15 笔超大型融资,其中五笔超大型交易来自总部位于美国的公司(AVCAV, 2022)。事实证明,非洲快速发展的市场已经吸引了美国公司的注意,但大部分投资依然来自有实力的大公司。

（二）多区域与宽领域的分布格局

作为数字经济的主要推动力和受益者,美国将维系自身在全球数字领域的领导地位作为一项国家战略。在此框架下,美国在非洲地区开展数字基建的全方位渗透,其骨干企业在政策引导下于多区域推动自身数字产品落地非洲,进而抢占市场,在各领域开展深度投资,增强非洲各国对美国的技术依赖。

在地域分布层面,美非数字基建合作覆盖的地理范围颇为广阔,在宏观尺度上,几乎覆盖了各非洲地区的主要国家。合作较为集中的热点国家包括南非、埃及、尼日利亚、肯尼亚等国,这几个国家的共性在于人口基数较大、经济运转良好、市场机制相对成熟、投资与营商环境相对便利。此外,突尼斯、塞拉利昂、乌干达、纳米比亚等民主化转型较为成功、民主自由程度较好的国家,也成为美国对非数字基建合作的选择地。在微观尺度上,以 2019 年 6 月启动的"联通非洲"计划为例,美国不仅积极在非洲各国首都与大中型城市开展智慧城市等项目合作,而且注重在非洲的乡村与偏远地区部署宽带网络。

表 1　美国国际开发金融公司(DFC)与非洲各国数字基建合作项目

国家/地区	项目个数	涉及领域
肯尼亚	7	移动手机、互联网接入、人工智能、大数据中心、电子商务
卢旺达	1	后端信息技术系统
中非共和国	1	太阳能电信塔
布基纳法索	1	农村企业网络升级
南非	1	大数据中心
刚果	1	无线业务
冈比亚	1	无线业务
乌干达	1	无线业务
塞拉利昂	1	无线业务
东非	1	有线电视和宽带服务

表 2　"繁荣非洲"倡议下,美国投资者与非洲各国数字基建合作项目

国家	项目个数	项目概况
埃及	29	工业数字化、农业数字化(农业电商)、电子商务、数字物流、数字金融
加纳	3	电子商务、数字物流、数字金融
多哥	1	移动宽带
尼日利亚	40	大数据中心、移动互联网、电子商务
埃塞俄比亚	1	电子商务
突尼斯	1	人工智能
肯尼亚	39	数字支付、农业数字化、数字金融、人工智能
乌干达	1	软件开发工程师培训
坦桑尼亚	1	数字物流
南非	35	数据中心、云区域、电子商务、人工智能、数字物流
纳米比亚	1	电子商务
摩洛哥	1	数字物流

　　在领域分布层面,美国与非洲的合作几乎覆盖所有的数字基建领域。专用型数字化基础设施主要集中在光纤宽带、移动通信网络、海底电缆等连通性基础设施以及大数据中心、云区域等数据储存设施,移动

终端等物联网领域涉及较少。谷歌的 Equiano 和 Meta 的 2Africa 大大增加了非洲海底电缆的足迹,为非洲国际互联网宽带的快速增长提供基础保障。美国政府机构,如千年挑战公司、美国国际开发金融公司、美国进出口银行和美国国际开发署与 X moonshot 共同合作,投资非洲地面光纤基础设施,以降低现有光纤网络的扩展成本、解决非洲大陆互联网连接的最后一公里问题。Amazon SW、Microsoft、数据运营商 Equinix、风险投资机构 500 startups 纷纷在南非、尼日利亚等国投资建设大数据中心。美国国际开发金融公司更是与私营部门合作在互联网接入、宽带连接等多方面进行投资。

相对于专用型数字化基础设施,美非在混合型数字基础设施方面的合作略显逊色,混合型数字基础设施主要集中在物流数字化、农业数字化、金融数字化三个方面(见表1、表2)。美国著名风险投资公司 Y Combinator 与 Swiss Founders Fund、Swiss Founders Fund 等公司一起在 A 轮融资中为摩洛哥物流管理公司 Freterium 提供 400 万美元,支持 Freterium 联网云平台建设。2022 年,谷歌 5000 万美元非洲投资基金的第三笔资金投资给肯尼亚电子物流公司 Lori Systems,以促进非洲货运物流数字化。农业一直是美国对非经济援助的重中之重,近年来美国尤其关注非洲农业数字化进程。2019 年,谷歌在加纳推出人工智能中心,其中的 TensorFlow 平台允许非洲农民通过拍摄病害植物进行诊断(Goodman and Hillman, 2021)。2020 年,美国贸易发展署通过引入美国天气服务功能和旱期预警系统保障非洲农业部门的生产。2022 年,美国风投公司 4DX Ventures Management 领投 400 万美元支持埃及农业电商公司 FreshSource 的发展。金融行业是美国的优势产业,数字金融也成为各大企业在非洲投资的重点领域。2021 年,在"繁荣非洲"倡议的支持下,SoftBank Investment Advises 和 Unicorn Growth Capital 投资肯尼亚金融基础设施公司 Credrails,扩展非洲的数字金融业务。

(三)构建美国主导数字联盟体系

发挥美国在多边体系中的领导地位是美国实现其全球战略利益的

重要途径,为维护美国在数字经济中的主导权,美国利用多边体系拉拢盟友、制定规则,提高其在非洲数字基建市场中的竞争力。具体实施过程中,美国一方面,将美非数字基建合作视为美日印澳"四国机制"、美欧技术联盟等"小圈子"的延伸,在非洲地区推广其与盟国打造的5G、人工智能等领域的所谓国际标准,并推动美国及其盟国产品涌入非洲市场,以替代中俄等其他国家的数字基础设施,进而谋求"数字丝绸之路"的替代方案;另一方面,试图将"小多边"架构引入非洲,在非洲地区拉拢盟友、伙伴和地区组织,拓展统一战线,组建美非数字基建联盟。

2019年11月4日,美国联合日本、澳大利亚在东盟"印太商业论坛"上,共同推出"蓝点网络"(Blue Dot Network)计划,试图在全世界推行美国基础设施架构原则及认证标准。2021年6月,美国在G7峰会后联合英国、法国、德国、日本等七国集团成员国联合推出"重建更美好世界"(B3W)倡议。该倡议力求到2035年在医疗保健、性别平等和公平、气候环境、数字技术四大支柱下进行40万亿美元的基础设施投资。该倡议以基础设施建设为重点,被普遍定位为"一带一路"倡议的替代方案。在数字技术部分,该倡议围绕数据的自由流动、互联网安全、安全供应链和数字竞争对话,以期联合盟友在发展中国家实现有效的数字覆盖。2022年6月,美国再次领导七国集团启动"全球基础设施和投资伙伴关系"(PGII)动员2000亿美元投资于全球基础设施项目,并计划在五年内筹集6000亿美元,数字基础设施依旧是四个优先投资领域之一。两个月后,美国国务卿布林肯访问非洲期间公布的美国新非洲战略中,明确提及将非洲国家纳入美国的印太战略,展现美国不再将非洲视为孤立存在,而是试图将后者整合为其小集团外交的重要组成部分。11月,在2022年G20峰会上,美国联合印度尼西亚和欧盟共同主办了关于"全球基础设施和投资伙伴关系"(PGII)活动,再次试图利用盟友关系巩固自己的"基建联盟"。

在非洲内部,拜登重提多边主义外交,实质上是按照非洲各国的政治制度与亲美程度构筑伙伴体系,联合所谓"民主国家"压制所谓"威权国家"。为增强美国与非洲国家的所谓"集体能力",白宫通过美非峰会、经贸合作论坛，寻找对话机会，拉拢与施压非洲各国。在 2022 年年末的美非峰会期间，拜登会见了加蓬、尼日利亚等非洲六国领导人，敦促其增强未来选举的公正与透明性，随后表示将提供 1.65 亿美元促进非洲地区的民主转型（Al Jazeera，2022）。在依照价值观对非洲国家区别对待的基础上，宣扬非美国盟友国家滥用数字权力的前景，并"将扩大数字民主，抵制数字威权主义""建立网络空间负责任行为标准"作为对非政策的重要目标（The White House，2022）。

三、美国与非洲地区数字基建合作的挑战

虽然过去几年非洲的数字基础设施投资一直在稳步增长，但非洲的数字鸿沟依旧明显，非洲每年基础设施融资缺口仍旧在 680 亿到 1080 亿美元之间（African Development Bank，2018）。根据非洲数字委员会《2021 年非洲数字基础设施市场分析报告》，非洲是国际宽带增长最快的地区，但它仍旧只占全球互联网宽带的 2% 左右。根据世界银行发起的非洲数字经济（DE4W）倡议，到 2030 年非洲必须有近 11 亿新的互联网用户，要实现这一目标未来 10 年预计还需增加 1000 亿美元的投入，需要部署近 25 万个新的 4G 基站和至少 25 万公里的光纤（ITU，2019）。然而，即使美国以及各机构能够提供如此庞大的投资，也未必会缩小非洲的数字鸿沟。根据美国麦肯锡研究所的数据，80% 的基础设施项目在可行性阶段可能会失败。有巨大的资金需求、可用资金，以及大量的潜在项目，却没有足够的资金投入使项目能够转变为真正的基础设施，非洲数字基建常常陷入这种悖论之中。究其原因，既有战略层面的因素，也有政府机构和私营企业的不足。

（一）美国将数字基建视为大国竞争工具的局限

在美国将数字基建视为大国竞争的工具的背景下，美非数字基建合作被赋予浓厚的地缘政治色彩。从围绕网络安全议题抹黑中国，到施压非洲国家停止与华为合作，美国的零和思维让非洲国家面临越来

越大的"选边站"压力。目前,非洲与其他国家的"数字鸿沟"依旧显著,
弥补这一差距依旧存在大量的融资缺口,没有任何一个单独的参与者
能够承担1000亿美元的投资需求。中美作为非洲数字基建的主要参
与者,强迫非洲各国在中美之间"选边站",只会进一步增大非洲各国的
压力,影响非洲数字基建的投资效果。此外,无论是"蓝点网络"计划还
是"重建美好世界倡议""全球基础设施和投资伙伴关系"都将高标准作
为与"一带一路"倡议竞争的比较优势,但所谓认证标准又与价值观和
意识形态挂钩,存在较强的主观色彩(陈小鼎等,2021)。

强行推行自我标准可能导致"数字铁幕"分裂世界,进而形成中美
两国分别主导的两种数字体系,为各种形式的技术和经济保护主义敞
开大门,阻碍非洲乃至世界数字经济的发展(孙海泳,2020)。目前已有
诸多非洲国家表达了对数字基建政治化的不满。例如,肯尼亚互联网
通信技术内阁秘书乔·穆切鲁(Joe Mucheru)称,肯尼亚是一个独立的
国家,将顶住美国的压力,不会取消与华为的合同。南非总统西里尔·
拉马福萨(Cyril Ramaphosa)则表示,美国对华为的惩罚是"嫉妒"该公
司在5G方面的进步,南非将欢迎华为为南非带来5G技术(Staden,
2021)。

（二）美国私营企业对非洲市场信任度的不足

在美非数字基建合作中,美国私营企业发挥了重要的助推作用。
近年来,许多美国企业注意到非洲的巨大发展前景,不断加大对非洲地
区的数字基建投资。然而多数投资仍出自谷歌、微软、Meta等大型科
技公司,或是Y Combinator、4DX Ventures Management等著名投资
公司,小企业投资颇为有限。而且,在非洲投资的企业大多是既有的投
资者,很少有新的企业踏足非洲市场(Hruby and Arditti,2022)。2020
年美国与非洲的货物贸易额约为326亿美元,低于2019年的368亿美
元。这意味着在过去两年中,美国与撒哈拉以南非洲地区的贸易额占
美国贸易总额不足1%。

虽然美国多项倡议一直在鼓励私人资本的投资,"全球基础设施和
投资伙伴关系"更是将促进更多私人投资视作其融资方式的核心

(Savoy and McKeown，2022)，但官方的宣传始终未能削弱长期以来美国企业对非洲先入为主的偏见。美国媒体对非洲地区的负面报道、美国民众对非洲腐败落后的刻板印象使得这种偏见更加根深蒂固。根据南加州大学 2019 年的一项研究，在 Twitter 对话和娱乐节目中，美国媒体对非洲以负面描述为主。根据美国战略与国际问题研究中心（CSIS）的一项调查，被采访的许多美国企业纷纷质疑在非洲开展业务的必要性，并对非洲大陆的投资不感兴趣或感到失望。迈阿密一家医用输液泵公司的代表表示，该公司十分担心非洲地区卫生部在卫生注册方面的处理时间，等待时间过长将阻碍公司的实际运营。尽管美国政府和国际金融机构反复强调非洲巨大的投资机会，但美国企业一直将其宣传置若罔闻，反而将非洲落后的基础设施、腐败的政策环境视为难以横跨的障碍（Devermont and Harris，2021）。而数字基建建设和改造升级投入规模大、回报周期长、不确定性和风险高等特征，则进一步降低了美国私营企业参与美非数字基建合作的意愿。

（三）美国对非政策的协调性和连续性的缺乏

从静态层面看，美国参与对非数字援助、投资与建设的政府机构众多，但部门间缺乏协调联动。按照现有分工，美国国际开发署负责大部分非军事援助，美国进出口银行负责官方出口信贷，美国国际开发金融公司为私营部分提供资金，美国贸易发展署通过资助新兴经济体的基础设施项目为美国跨国公司提供投资机会。此外，美国商务部、国防部等其他政府部门也在美非数字基建合作中扮演关键角色。各个机构看似各司其职，但由于顶层设计的漏洞，实则存在架构重复、职责不明等问题，导致行政效率低下。美国国际开发署、美国贸易发展署，美国国际开发金融公司等各机构承接的非洲数字基建项目存在高度的相似性，所提供的服务也基本一致，彼此之间并无明显的领域或职责的区分，也无统一的机构对此协调。长期以来，美国企业不得不逐个寻求部门和机构的支持，却难以获得一致的市场情报、融资支持、技术援助或风险保障。在美国战略与国际问题研究中心（CSIS）的采访中，很多企业表示，它们不知道应当从何处获取有关非洲经济的市场情报，是美国贸易发展署(USTDA)、州级美国出口援助中心(USEAC)还是美国驻相关非洲国家大使馆(Devermont and Harris,2021)。因此,不少美国企业往往更倾向于选择直觉上更容易获取更多支持的其他国内外市场。

从动态层面看,美国政府对外战略变动导致其对非数字基建合作缺乏稳定性。美国将非洲地区视为中美竞争的重要"战场",对非洲的重视主要服务其全球战略。相较于"印太""欧洲"等其他优先事项,非洲依旧处于美国外交政策的低优先级事项。"重建美好世界"(B3W)倡议原本计划40万亿美元的基础设施投资,但后续的"全球基础设施和投资伙伴关系"(PGII)却大幅缩水,由40万亿美元缩水至6000亿美元(Savoy and McKeown,2022)。在此期间,俄乌冲突、能源上涨、通货膨胀等其他议题分散了美国的注意力,美国对非政策不得不让位于其他优先级更高的事项。同时,美国任期制与多党竞选制度决定了每任领导人常常将短期利益作为对外政策的首要考量,而鉴于美非数字基建合作的短期收益并不明显,致使美非高层互动过后的承诺兑现常常大打折扣。例如在2014年第一届美非峰会上,奥巴马曾提出宏伟的电力非洲计划,计划为5.9亿非洲人提供3万兆瓦的电力,但截至目前,项目的实际进展仅覆盖1.658亿人与提供6501兆瓦的电力(Isike,2022)。

四、结　语

从美非在数字基础设施领域的合作历程来看,数字基建一直被美国视为处理对非关系的利器,而非洲地区又长期被美国视为开展大国博弈的竞技场,因此美国在与非洲的数字基建合作进程中呈现出较强的地缘政治色彩。尽管拜登政府在美非峰会等同非洲国家的交往活动中避谈中国话题,但对华竞争的外交思维依然明显。例如美非峰会前夕,美国商务部副部长唐·格雷夫斯还公开宣称"美国需要迎头赶上中国在非洲的投资"(Delaney,2022)。

当前,美国通过政府间合作、企业间合作、政府与企业联手等途径,在非洲多个区域开展宽领域的数字基建项目布局,试图继续通过推广美国认证标准、打造"数字铁幕"、将数字与价值观捆绑输出等方式,朝着塑造与"美式模版"相适应的全球数字规则体系、打造数字民主小集团等方向拓展美国在非洲的经济利益,并维系其"数字领导者"的国际形象。然而,美国与非洲推行数字基建合作的进展有限。出于战略利益、经济利益、安全利益等多重考量,美国利用多边关系,鼓励私营企业加大对非洲的数字基建投资,但美国私营企业依旧对非洲大陆存在根深蒂固的偏见,政府机构的对非政策也存在缺乏协调性和连续性等弊端,影响了美非数字基建合作的效果。

对中国而言,美非数字基建合作与中国竞争色彩明显,强迫非洲"选边站"的行为加大了中国企业拓宽非洲数字市场的难度。但由于设备价格和技术优势,中非在数字基础设施领域依然存在广阔的合作空间。虽然美国及其盟国一直在利用各种工具,在各种场合对中国信息通信设备的安全性、中国对非投资的意图进行恶意扭曲或污名化,但大部分非洲国家依旧坚持与中国进行数字基础设施合作的立场和态度,自发抵制对中国的不实指摘。对此,中国应当格外警惕"数字铁幕"扩大全球数字鸿沟,在构建"数字丝绸之路"的框架下,将制定数字规则与WTO、RCEP 和 DEPA 等多边机制数字规则对接,推动全球数字经济治理体系朝着更加公平合理的方向发展。

参考文献

布和础鲁、陈玲:《数字时代的产业政策:以新型基础设施建设为例》,《中国科技论坛》2021 年第 9 期,第 31—41 页。

陈小鼎、李珊:《美国数字基建的现状与挑战》,《现代国际关系》2021 年第10 期,第 53—54 页。

李琦:《全球治理视角下网络恐怖主义现状、发展及应对》,《中国信息安全》2021 年第 135 期,第 26—29 页。

刘中伟:《二战以来美国对非政策的动因与走向》,《现代国际关系》2017 年第 1 期,第 41—49 页。

孙海泳:《美国对华科技施压与中外数字基础设施合作》,《现代国际关系》2020 年第 1 期,第 41—49 页。

王涛、鲍家政:《美国对非洲投资的历史透视与现状解析》,《美国问题研究》2018 年第 1 期,第 155—194 页。

张宏明:《拜登政府的非洲政策:优先事项与本质内涵》,《西亚非洲》2022 年第 4 期,第 67—94 页。

Access Africa(2022). https://ustda.gov/initiatives/access-africa.

African Development Bank(ADB)(2018). Africa's infrastructure: Great potential but little impact on inclusive growth, pp.63—94.

Ahmad, N., & Salvadori, K.(2020). Building a transformative subsea cable to better connect Africa. Engineering at Meta.

Al Jazeera(2022). Biden backs African Union becoming permanent G20 member, https://www.aljazeera.com/news/2022/12/15/biden-backs-african-union-becoming-permanent-g20-member.

AVCAV (2022). 2022 AVCA Venture Capital in Africa Report, https://www.avca.africa/data-intelligence/research-publications/2022-venture-capital-in-africa-report, p.16.

Ba, I.(2017). Airtel and BCS, with support from Facebook, to build shared fiber backhaul connectivity in Uganda, FEBRUARY 27, Engineering at Meta, https://engineering.fb.com/2017/02/27/connectivity/airtel-and-bcs-with-support-from-facebook-to-build-shared-fiber-backhaul-connectivity-in-uganda.

Broadband Commission(2019). Connecting Africa Through Broadband: A strategy for doubling connectivity by 2021 and reaching universal access by 2030, p.35.

Campbell, R., Burnell, M., & Felthun, G.(2021). African Mining 4.0: An Innovative Sunrise for African Miners, White & Case, https://www.whitecase.com/insight-our-thinking/african-mining-40-innovative-sunrise-african-miners-0.

Castro, D., & McLaughlin, M.(2021). Who is winning the AI race: China, the EU, or the United States? 2021 update. Center for Data Innovation, p.25.

Comey, J. B.(2014). Fighting Terrorism in the Digital Age, Conference on Global Terrorism, November 3, FBI, https://www.fbi.gov/news/speeches/fighting-terrorism-in-the-digital-age,访问时间:2022 年 11 月 16 日。

Delaney, R.(2022). US must "play catch-up" to China's investment in Africa, commerce official says, December 13, South China Morning Post, https://www.scmp.com/news/china/article/3203063/us-must-play-catch-chinas-investment-africa-commerce-official-says.

Devermont, J., & Harris, M.(2021). Getting It Right: U.S. Trade and Investment in Sub-Saharan Africa, March 24, CSIS, https://www.csis.org/analysis/getting-it-right-us-trade-and-investment-sub-saharan-africa.

Digtal Concil Africa (2021). Africa Digital Infrastructure Market Analysis 2021 Repor.

EXIM(2022). Financing in Support of US Exporters for Buyers in Sub-saharan Africa, https://img.exim.gov/s3fs-public/newsandevents/mkg-cnr-03_sub-saharan_africa_17june2020c.pdf.

Forsythe, D. P., MacMahon, P. C., & Wedeman, A.(2006). *American foreign policy in a globalized world*. Routledge, pp.1—19.

Goodman, M. P., Hillman, J. E.(2021). The G7's New Global Infrastructure Initiative, June 15, CSIS, https://www.csis.org/analysis/g7s-new-global-infrastructure-initiative.

Harris, G. T.(2017). Why Africa matters to US national security, Atlantic Council, p.17.

Hruby, A., & Arditti, G.(2022). The Africa investment imperative: Diversification and resilience amid economic downturns, December 2, Atlantic Council, https://www.atlanticcouncil.org/blogs/africasource/the-africa-investment-imperative-diversification-and-resilience-amid-economic-downturns.

IMD, W.(2022). IMD World Digital Competitiveness Ranking, p.166.

Internet World Stats. (2023). https://www. internetworldstats. com/ africa.htm.

Isike, C.(2022). US-Africa summit: four things African leaders should try to get out of it, December 12, The Conversation, https://theconversation.com/ us-africa-summit-four-things-african-leaders-should-try-to-get-out-of-it-196429.

King, C. I. (2018). There's No Way to Pretty up Trump's "Shithole" Comments, January 11, *Washington Post*, https://www.washingtonpost.com/ blogs/post-partisan/wp/2018/01/11/theres-no-way-to-pretty-up-trumps-shithole-comments.

Lam, T., Li, F., Han, Z., & Chung, R.(2019). Global artificial intelligence industry whitepaper. Deloitte(ed.), pp.13—21.

Lynn-Jones, S. M.(1998). Why the United States should spread democracy. Belfer Center for Science and International Affairs, John F. Kennedy School of Government, Harvard University.

Marshall, A.(2011). China's mighty telecom footprint in Africa. New Security Learning, p.14.

Noor, S.(2022). Biden's Strategic Reviews: Implications for Global Security, December 10, The Diplomat, https://thediplomat.com/2022/12/bidens-strategic-reviews-implications-for-global-security.

Office of the U.S. Trade Representative(2022). African Growth and Opportunity Act (AGOA), https://ustr. gov/issue-areas/trade-development/ preference-programs/african-growth-and-opportunity-act-agoa.

Paganini, P.(2018). The role of technology in modern terrorism, February 3, Infosec, https://resources.infosecinstitute.com/topic/the-role-of-technology-in-modern-terrorism.

Pecquet, J.(2022). US-Africa trade: Lofty goals, lagging investment, September 22, The Africa Report, https://www.theafricareport.com/240175/ us-africa-trade-lofty-goals-lagging-investment.

Qayum, A.(2022). The Future of Ecommerce: How Ecommerce will Change in 2023, December 14, oberlo, https://www.oberlo.com/blog/futureof-ecommerce.

Regilme Jr, S. S. F., & Hartmann, H.(2018). Mutual delegitimization: American and Chinese development assistance in Africa. *The SAIS Review of International Affairs*, Forthcoming, p.5.

Runde, D. F., Bandura, R., & Ramanujam, S.(2021). The United States Has an Opportunity to Lead in Digital Development. March 30, CSIS, https://www.csis.org/analysis/united-states-has-opportunity-lead-digital-development.

Runde, D. F., Ramanujam, S. R.(2022). Beyond 2025: The Future of the African Growth and Opportunity Act, March 4, CSIS, https://www.csis.org/analysis/beyond-2025-future-african-growth-and-opportunity-act.

Savoy, C. M., & McKeown, S.(2022). Future Considerations for the Partnership on Global Infrastructure and Investment, June 29, CSIS, https://www.csis.org/analysis/future-considerations-partnership-global-infra-structure-and-investment.

Signé L.(2021). Digitalizing Africa's Mines, November 23, Project Syndicate, https://www.project-syndicate.org/commentary/africa-mining-indus-try-fourth-industrial-revolution-by-landry-signe-2021-11.

Signs, S.(2021). U.S. plans January rollout of projects to counter China's Belt and Road Initiative, official says, November 8, Reuters, https://www.cnbc.com/2021/11/09/us-project-aims-to-counter-chinas-belt-and-road-initia-tive-official.html.

Staden, C. V.(2021). How the U.S. can eclipse China in the battle over Africa, April 22, Political, https://www.politico.com/newsletters/politico-china-watcher/2021/04/22/how-biden-can-win-over-africa-in-battle-with-china-492553.

Tempe, A.(2021). Minerals and Other Natural Resources in Africa, Africa Business Portal, https://www.africabusinessportal.com/minerals-and-other-natural-resources-in-africa.

The White House U.S..(2022). Strategy Toward Sub-Saharan Africa, https://www.whitehouse.gov/wp-content/uploads/2022/08/U.S.-Strategy-

Toward-Sub-Saharan-Africa-FINAL.pdf.

United Nations (2022). World population prospects 2022: Summary of results.

USTDA (2022). USTDA Advances Broadband Connectivity in South Africa, https://ustda.gov/ustda-advances-broadband-connectivity-in-south-africa.

USTDA (2022). USTDA Commits to Internet Access Project in the DRC, https://ustda.gov/ustda-commits-to-internet-access-project-in-the-drc.

USTDA (2022). USTDA NITAJ Partner on Mobile Health Services in Jordan, https://ustda.gov/ustda-nitaj-partner-on-mobile-health-services-in-jordan.

USTDA (2022). USTDA Releases Climate Adaptation and Resilience Portfolio Data; Announces New Programming for the Caribbean, https://ustda.gov/ustda-releases-climate-adaptation-and-resilience-portfolio-data-announces-new-programming-for-the-caribbean.

Wright, B. (2020). Made in China: Africa's ICT infrastructure backbone. Chief Information Officer, March, 22.

Yade, R. (2021). Africa is America's greatest geopolitical opportunity. Does the US know it?, May 25, Atlantic Council, https://www.atlanticcouncil.org/blogs/africasource/africa-is-americas-greatest-geopolitical-opportunity-does-the-us-know-it.

海湾国家介入非洲之角的动因与成效探析*

[内容提要] 海湾国家与非洲之角隔海相望,自古便有密切的人员往来和文化交流,语言、文化、宗教纽带为双方发展战略合作奠定了坚实基础。"阿拉伯之春"后,海湾国家因保持政治稳定,实力地位上升。也门战争将海湾国家的地缘政治争夺前线推至非洲之角对岸。海湾国家凭借雄厚的财力,通过援助和投资等方式,加大在非洲之角的投入。它们还积极介入非洲之角政治,利用斡旋调停、冲突解决等方式扩大政治影响力。它们将非洲之角作为相互之间地缘政治竞争的延伸战场。海湾国家实力欠缺、投资收益低、海湾国家之间关系缓和、大国重返非洲之角等因素,使它们介入非洲之角事务的势头减弱,促使其重新审视非洲之角政策,更加务实地处理与非洲之角国家的政治关系和经济合作。

[关键词] 海湾国家,非洲之角,地缘政治,人道援助,经济合作

[Abstract] The Gulf States and the Horn of Africa have had close cultural exchanges since ancient times, with linguistic, cultural and religious ties laying a solid foundation for the development of strategic cooperation between the two sides. After the Arab Spring, the Gulf countries have maintained their political stability and increased their strength. The war in Yemen pushed the geopolitical frontline of the Gulf countries to the opposite side of the Horn of Africa. The Gulf states, with their considerable financial resources, have increased their presence in the Horn of Africa through aid and investment. They are also actively involved in Horn of Africa politics, using their economic leverage to mediate conflicts and expand their political influence. They use the Horn of Africa as an extended battleground for geopolitical competition between them. However, the lack of strength of the Gulf states, the low return on investment, the reconciliation between the Gulf states, and the return of major powers to the Horn of Africa have reduced the momentum of their involvement in the Horn of Africa, prompting them to re-examine their Horn of Africa policies and to be more pragmatic in their political engagement and economic cooperation with the Horn of Africa countries.

[Key Words] Gulf States, Horn of Africa, Geopolitics, humanitarian aid, economic cooperation

---

* 本文系 2022 年度教育部人文社会科学重点研究基地重大项目"百年变局下中东经济转型发展研究"(编号:22JJD790053)的阶段性研究成果。
** 丁隆,上海外国语大学中东研究所教授。

　　非洲之角是指红海东部与亚丁湾地区犄角状向外延伸的地带。狭义上非洲之角包括索马里、吉布提、厄立特里亚和埃塞俄比亚四个国家。广义上的非洲之角还包括肯尼亚、苏丹、南苏丹和乌干达等毗邻的东非国家,总面积约 430 万平方公里,人口总数约 1.9 亿人(Kouassi Yeboua et al., 2021)。非洲之角位于曼德海峡、亚丁湾、红海等重要国际航运水道,优越的区位优势使其成为大国竞争的重要地区。15 世纪以来,西方国家展开对非洲之角的战略竞争。美国、法国等西方国家较早在非洲之角设立军事基地。近年来,十余个国家在吉布提等国建立军事基地,旨在执行打击亚丁湾海盗活动、商船护航等任务,并在这个具有战略重要性的地区获得落脚点。

　　"阿拉伯之春"以来,海湾国家(包括沙特阿拉伯、阿联酋、卡塔尔、科威特、巴林、阿曼六个海湾合作委员会成员国)与非洲之角国家的关系呈上升趋势,这主要体现在海湾国家在非洲之角国家政治、安全和经贸等领域涉足渐深,该地区日益成为海湾国家的战略纵深地带。

　　海湾国家开始重视非洲之角,源于双方地理位置毗邻、历史文化渊源,以及地缘政治考量和经济利益驱动。冷战结束后,大国对非洲之角军事存在和经济投入均有所减少,为海湾国家留出了战略空白。"阿拉伯之春"后,海湾国家因保持政治稳定,实力相对上升。也门内战使沙特、阿联酋等海湾国家将地缘政治争夺的前线推进至非洲之角对岸,环红海区域成为它们新的地缘政治空间。海湾国家对非洲之角投入显著上升,它们在该地区设立军事基地、军港等设施,并通过介入非洲之角国家的内部冲突,或参与调停该地区国家间冲突,扩展政治影响力,试图重塑该地区政治版图。海湾国家还将非洲之角作为地缘政治争夺的"第二战场",中东和海湾地区地缘政治矛盾被投射到该地区,海湾国家在此相互竞争,排挤对方势力。在经济方面,海湾国家着眼于非洲之角和红海区域优越的地理位置、丰富的自然资源和巨大的消费市场,对该地区投资增长迅速,涉及道路、港口、矿产和工农业等领域。

　　然而,经过十余年的经营,海湾国家在非洲之角政治经济扩展行动收获并不显著。政治干预、军事拓展和基础设施投资均未取得预期成果。新冠肺炎疫情、非洲之角国家国内政局变化、海湾地缘政治竞争缓和、也门问题走上政治解决之路等因素制约海湾国家参与非洲之角事务的成效。经历挫折后,海湾国家介入非洲之角的势头已减弱。鉴于海湾国家对非洲之角和环红海区域的介入,已对该地区政治、经济带来重要影响,并重塑了双方之间的关系。本文拟从海湾国家与非洲之角的历史文化渊源出发,回顾近年来海湾国家在非洲之角的政治介入、投资和援助等活动,评估这些行为的成效,并展望双方关系的前景。

一、海湾国家与非洲之角的历史文化渊源

海湾国家与非洲之角之间有着天然联系。在地理上看,双方隔红海、亚丁湾和曼德海峡相望,成为邻里关系,使双方拥有共同地缘空间,双方被纳入环红海地带。在人文方面,历史上双方发生多次双向人口迁徙浪潮。古代阿拉伯半岛南部的阿曼、也门居民,善于造船、航海,非洲之角成为它们航行首选目的地之一。双方之间商船、商人的频繁往来,对彼此文化产生深刻影响。

哈巴什人(habashi)(非洲之角和东非地区居民)是伊斯兰史前阿拉伯半岛较早的外来移民,他们分布在麦加等阿拉伯半岛当时的商业中心。非洲之角最早的阿拉伯文化遗迹可追溯至伊斯兰史前的 7 世纪初期(Ali Mazrui,1998)。

伊斯兰教是连接双方最重要的纽带。伊斯兰教史上第一位"穆安津"(宣礼员)比拉勒·哈巴希就是哈巴什人。非洲之角是伊斯兰教最早传入的地区之一,在伊斯兰教创立初期,就有穆斯林为躲避迫害,从麦加迁徙到非洲之角地区。阿拉伯商人经由红海、曼德海峡等航道来到非洲之角,伊斯兰教随之传入该地区。后来该地区大部分人口信仰伊斯兰教,目前该地区大多数国家的大部分人民信仰伊斯兰教,穆斯林约占埃塞俄比亚人口的 45%。每年都有大批穆斯林赴麦加朝觐,众多

哈巴什人穆斯林移居也门、阿曼等阿拉伯半岛南部地区,他们的主要职业是为双方往来商船提供护卫。

哈巴什人与阿拉伯人之间政治与军事上的联系密切,哈巴什人与阿拉伯半岛部落结盟,参加当地的部落征伐。麦加古莱什部落的哈希姆家族和倭马亚家族之间爆发冲突,双方来到哈巴什国王处请求仲裁。葡萄牙人入侵索马里时,摩加迪沙酋长也曾向阿曼国王求助,后者派出援兵,击退了葡萄牙军队。由此可见,当时阿曼苏丹国以其强大的海上势力,将东非和非洲之角的部分地区纳入其势力范围,促进了双方之间的交流(Madukh Ajami al-Utaibi,2021)。

在语言方面,阿拉伯语曾在非洲之角广泛传播,至今仍是索马里、吉布提、苏丹等非洲之角国家的官方语言。阿姆哈拉语与阿拉伯语同属闪语系,阿拉伯语对东非主要语言之一的斯瓦希里语产生较大影响,该语言中有大量阿拉伯语词汇。

鉴于海湾与非洲之角之间深厚的历史与文化渊源,肯尼亚阿拉伯裔学者阿里·马祖雷认为,"海湾与非洲之角应整合为一个名为'阿富拉比亚'的区域"(Ali Mazrui,1986)。

二、海湾国家参与非洲之角政治与安全事务

在国家利益和外交战略目标的驱动下,海湾国家间以及其与伊朗和土耳其的地缘政治竞争扩展至非洲之角,该地区已被视为中东、红海、印度洋安全体系中的重要一环。2011 年后,中东地区政治与安全体系发生变动。阿拉伯世界的力量中心由埃及、叙利亚、伊拉克转移至海湾地区,从而激发海湾国家地缘政治抱负,催生对临近的非洲之角产生地缘政治诉求。它们通过建立军事基地、调解地区冲突,试图加强自身在该地区的军事存在,以获得战略支点,拓展军事和地缘政治影响力。海湾国家将相互之间竞争的战场延伸至非洲之角,并与伊朗、土耳其等中东国家展开竞争。

（一）制衡伊朗威胁

"阿拉伯之春"爆发后，伊朗在中东的实力地位上升，试图扩大其在中东及周边地区的影响力，通过支持也门胡塞武装，对红海海域的航运采取限制措施，加强在非洲之角的军事存在，从而加剧了沙特等海湾国家的不安全感。1989年，伊朗与苏丹签署军事协定，并建立战略伙伴关系，承诺向苏丹提供武器装备。截至2007年，伊朗成为苏丹的主要武器供应国（May Darwich，2020）。伊朗还与其他非洲之角国家建立伙伴关系。2008年，伊朗与厄立特里亚达成协议，向厄立特里亚阿萨布港（Assab）驻派海军，并在红海地区进行军事部署，并以保护伊朗商船为由，利用该港口在索马里近海开展反海盗行动（Robert Mason et al.，2022）。

为遏制伊朗在东非和红海地区的势力扩张，沙特介入非洲之角，以斡旋和援助等手段拉拢该地区国家共同对付伊朗。2015年，沙特联合阿联酋等国家军事干预也门内战，以遏制胡塞武装与伊朗势力扩张，使也门成为其与伊朗代理人战争的战场。2016年1月，沙特与伊朗断交后，吉布提与索马里也宣布与伊朗断绝外交关系。为换取沙特、阿联酋的援助，苏丹派兵参加也门内战，并宣布与伊朗断交。2019年4月，巴希尔下台后，苏丹快速支援部队（RSF）司令穆罕默德·达格洛（Mohammed Daglo）被任命为过渡军事委员会副主席。在阿联酋支持下，快速支援部队兵力大幅增长，达格洛也成为苏丹新政权的实权派人物。2017年，沙特与吉布提签署了一项军事和国防协议，拟在吉建立军事基地。2018年9月，在沙特斡旋下，埃塞俄比亚和厄立特里亚签署历史性和平协定，即《吉达和平协定》（The Jeddah Peace Pact），结束长达数十年的冲突，实现两国关系正常化。2018年12月，沙特主持召开了首届红海和亚丁湾沿岸国家外长会议，会议决定建立共同合作机制，以维护该地区的安全和稳定。2020年年初，第二届红海和亚丁湾沿岸国家外长会议在利雅得召开，会议决定成立红海和亚丁湾沿岸国家理事会（King Faisal Center for Research and Islamic Studies，2020）。该理事会成员包括沙特、埃及、苏丹、也门、约旦、厄立特里亚、吉布提和索马里八个国家，旨在增强该地区应对危险和挑战的能力，维护红海和亚丁湾海域安全。

（二）重构红海地缘格局

与沙特不同，阿联酋的战略目标旨在拓展自身影响力，提升实力地位，而非遏制伊朗。阿联酋将其地缘政治利益延伸至"非洲之角"。在过去 10 年中，阿联酋为扩大国外的军事网络，增强地缘政治影响力，与"非洲之角"多国开展军事合作，设立军事基地，联合开展军事训练。阿联酋在厄立特里亚的阿萨布港口建立空军基地，这是阿联酋在海外建设的第一个永久军事基地和海外补给站。此后，阿联酋在埃塞俄比亚、索马里、吉布提等国陆续建立军事基地，不再依赖沙特海军基地。在东非和红海海域扩展势力是阿联酋对外战略的重要目标。阿联酋获得穆卡拉、亚丁、摩卡、伯贝拉、阿萨布等亚丁湾和红海沿岸重要港口的运营权，并将其中一些港口用于军事用途。阿联酋试图掌握亚丁湾至红海一带的制海权，将也门的亚丁、荷台达、索科特拉群岛以及"非洲之角"作为战略支点，打造连接红海沿岸及环阿拉伯半岛的战略链条，控制该地区的资源和重要港口，主导西印度洋以及红海的海上运输路线，在此区域建立一个小型"海洋帝国"，提高阿联酋在地中海东岸、阿拉伯海、东非海岸的影响力，帮助阿联酋在该地区谋求霸权，排挤伊朗、土耳其和卡塔尔等战略竞争对手。

阿联酋通过扶持也门南方分离主义运动，取得了对也门索科特拉岛的实际控制权。该岛位于阿联酋海外港口链计划的重要位置，对其海运安全与海上实力建设具有重要意义。控制索科特拉群岛有助于阿联酋拓展在红海和亚丁湾的地缘政治影响力，开辟海运新航线，以避开霍尔木兹海峡，摆脱伊朗威胁，并以此岛为中心，打造连接"非洲之角"的海运通道和岛链。阿联酋还在索科特拉岛大量征兵，为海外军事行动提供兵源。也门学者阿里·达哈布认为，索科特拉可能成为阿联酋的"迪戈加西亚岛"，为阿联酋海外军事基地提供整合式服务（Ali al-dhahab，2020）。阿联酋通过干预也门内战，以建立军事基地，提高其军事能力，达到维护和扩展地缘政治收益，重构对自身有利的地区格局的目的。

阿联酋还参与埃塞俄比亚与苏丹的冲突调解。埃苏两国在领土与两国边界处的复兴大坝问题上存有争议。2020 年 11 月，苏丹开始扩大在两国边界法沙卡地区的控制范围，从而致使两国关系紧张加剧。此外，对复兴大坝项目修建与运营问题导致两国冲突不断。2021 年两国在边界进行军事集结，几乎陷入武装军事对抗状态。埃塞俄比亚拒绝苏丹和埃及停止水库蓄水和运营的要求，认为其有权建造必要的水利项目，而不必遵守殖民时代达成的尼罗河水分配协议。苏丹和埃及则认为埃塞俄比亚的做法是在试图控制尼罗河水域。2021 年 7 月，埃塞俄比亚完成了大坝水库的第二年蓄水，苏丹和埃及担心来自尼罗河的供水会受到威胁。为此，联合国、非洲联盟、阿拉伯联盟等国际和区域组织均介入调解，但成效甚微。主要原因在于埃塞俄比亚指责阿拉伯联盟偏向埃及与苏丹。阿盟秘书长艾哈迈德·盖特（Ahmed Gheit）明确表示支持埃及和苏丹在该争端中的立场（Luciano Hultberg，2021），除阿联酋外的其他海合会成员国也表示支持苏丹与埃及。作为与该地区拥有高度利益相关性的国家，阿联酋在此问题上采取中立立场，目的是保持在非洲之角的调解能力。

（三）地缘政治竞争

阿联酋与卡塔尔之间的地缘战略竞争也外溢至非洲之角，阿联酋试图打压其地区竞争对手，扩张地区势力、谋求霸权。

第一，卡塔尔与土耳其在非洲之角协同行动。2017 年，阿联酋联手沙特、埃及等国对卡塔尔实施封锁与制裁，使卡塔尔与土耳其的关系得到进一步巩固与强化，并在非洲之角协调立场，形成战略联盟。在索马里，阿联酋支持索马里兰、邦特兰和朱巴兰联邦州等有独立倾向的地方政府，卡塔尔和土耳其则支持摩加迪沙的索马里中央政府。

第二，卡塔尔积极斡旋非洲之角地区的冲突。2008 年 9 月，在阿拉伯国家联盟和非洲联盟支持下，卡塔尔开始参与调停苏丹政府与各叛乱派别之间在达尔富尔地区的冲突。2010 年 2 月，在卡方调停下，苏丹政府与"正义与公平运动"组织签署停火协议。2011 年 3 月，卡塔尔成功推动吉布提和厄立特里亚达成和平协定，以解决两国间的边界争端。2021 年 5 月，在卡塔尔的努力下，肯尼亚和索马里结束争端，双方宣布复交。

第三,阿联酋与卡塔尔在非洲之角展开竞争。卡塔尔经济发展模式与阿联酋相似,在航空、航运等领域对阿联酋形成强有力竞争。阿联酋将非洲之角视为其影响力投射的重要战略空间,排挤卡塔尔在该地区的势力。卡塔尔断交事件削弱了其在非洲之角的影响力。危机发生后,多个非洲之角国家宣布与其断交,吉布提也降低与卡塔尔的外交级别,卡塔尔随即从该地区撤出450名维和人员(Sultan Barakat,2017)。

在新冠肺炎疫情暴发、国际油价大幅波动背景下,海湾国家意识到相互间的恶性竞争已损害其国家利益。2021年1月,沙特、阿联酋等国家与卡塔尔关系正常化,并向卡塔尔重新开放所有陆地、海洋和空中口岸,结束对其三年多的全面封锁。海湾国家与伊朗、土耳其关系开始缓和。2023年3月,沙特伊朗北京对话,实现历史性和解,并恢复外交关系。沙伊复交为中东问题的解决提供重要示范,有助于缓解地区紧张局势,从而减轻海湾国家在非洲之角的地缘战略竞争。沙伊和解推动也门和平谈判进程。同年4月14日,也门政府与胡塞武装开始大规模换俘行动,将释放超过880名战俘(王尚,2023)。也门和平进程的推进降低了海湾国家在非洲之角建立军事据点的必要性。阿联酋也逐渐减少在厄立特里亚的存在。阿联酋将其在索马里兰柏培拉建立的军事基地改建为港口和机场,其在邦特兰州博萨索(Boosaaso)的港口开发项目一直被搁置。卡塔尔与土耳其在索马里加尔穆杜格霍比奥港口(Hobyo)的开发也未取得实质性成果。阿联酋与卡塔尔对索马里2021年总统选举纠纷也持观望态度,两国均未介入索马里政治危机。同年5月,卡塔尔开始与索马里兰以及索马里反对派领导人接触。卡塔尔与土耳其有意缓解与阿联酋等国家的关系,海湾国家之间和解降低了它们在非洲之角的竞争烈度。

海湾国家参与非洲之角政治与安全事务,对该地区产生较大影响。

首先,海湾国家斡旋行为推动了该地区国家关系的改善,有助于该地区的稳定与和平。海湾国家对厄立特里亚等国家的政治支持和经济援助帮助其稳固政权,修缮军事设施,改善民生问题,从而减少不稳定因素。

其次,海湾国家在非洲之角的地缘战略争夺加剧了该地区国家的内部矛盾。海湾国家介入部分国家的内部派系斗争,加剧其内部分裂,削弱国家治理能力。例如,阿联酋支持并援助苏丹快速支援部队、索马里政治反对派等,使这两个国家政治分裂加剧,最终导致苏丹两支军队之间爆发武装冲突,索马里陷入政治危机。海湾国家内部矛盾使两国将对方视为红海地区安全与稳定的主要威胁,由此引发的地缘政治竞争本身便是该地区最严重的安全风险(International Crisis Group,2019)。

最后,海湾国家因彼此竞争迫使非洲之角国家选边站队。为获取沙特和阿联酋等海湾国家的政治和经济支持,部分国家被迫降低或断绝与卡塔尔或伊朗的外交关系。这样,海湾国家之间的矛盾外溢至非洲之角,该地区国家被迫卷入其中,打破了原有的地区格局,非洲之角国家的安全利益受到损害,不利于非洲之角自主构建符合自身国家利益的政治和安全架构。

三、海湾国家与非洲之角的经贸关系

海湾国家与非洲之角的经贸往来历史悠久。非洲之角地处非洲东北部,濒临印度洋,与阿拉伯半岛隔海相望,扼守红海和曼德海峡,是海湾国家通往非洲东部和中部的门户。20世纪70年代以来,凭借丰厚的石油收入,海湾国家向非洲之角国家提供援助,但彼时海湾国家与非洲之角国家的交往较少(Jessica Larsen et al.,2019)。2015年也门战争爆发后,为扩大地区影响力,海湾国家增加对非洲之角的军事投入,参与其政治事务,双方之间的经贸关系变得密切。海湾国家与非洲之角的经济合作范围较广,涉及人道主义援助、贸易与投资、基础设施建设、工农业合作等领域。

(一)双边贸易

农畜牧业是非洲之角国家与海湾国家贸易合作的重要领域。比如畜牧业是索马里的经济支柱,占国内生产总值(GDP)的 40%,沙特与阿联酋占索马里畜牧出口市场的 80%(The Food and Agriculture Organization,2014)。此外,非洲之角国家的热带水果、木材、面粉、饲料、纺织品等出口至海湾国家。近年来,地缘政治在海湾国家与非洲之角国家的贸易中发挥重要因素。吉布提和苏丹是海湾国家保持在非洲之角存在的支点,因此双边贸易额较高,阿曼在非洲之角的影响力有限,因而与厄立特里亚的贸易往来较少(Muhammad Fāyiz as-sharīf et al.,2007)。沙特是苏丹第七大贸易伙伴,2017 年,沙特与苏丹贸易额为 52 亿美元,科威特与苏丹为 40 亿美元,卡塔尔与苏丹为 38 亿美元,阿联酋与苏丹为 26 亿美元(Africa News,2022)。

吉布提与海湾国家的贸易往来密切。2017 年,沙特与吉布提贸易额为 32 亿美元,阿联酋与吉布提为 5.42 亿美元。阿联酋连续多年为吉布提最大投资来源国。除吉布提与苏丹外,海湾国家与其他非洲之角国家的贸易额较小。埃塞俄比亚是非洲之角最大的经济体。沙特是埃塞俄比亚在中东地区最大的贸易伙伴,也是埃塞俄比亚第二大投资来源国。阿联酋是埃塞俄比亚在中东地区第二大贸易伙伴。

(二) 人道主义援助

非洲之角自然环境恶劣,干旱和荒漠化对该地区粮食安全和社会稳定构成严重威胁。2012 年,联合国粮食和农业组织(FAO)的报告指出,受旱灾影响,该地区面临严重粮食危机,在索马里、肯尼亚、吉布提等地区约 1200 万人需要粮食援助(The Food and Agriculture Organization,2017)。海湾国家向非洲之角国家提供官方和民间援助,如修建住房、学校和清真寺,派遣教师和宗教人士,促进当地经济社会发展。1976 年以来,沙特向非洲之角国家提供的人道主义援助累计达到 7900 万沙特亚尔,支持人道主义组织在苏丹、索马里和吉布提开展援助项目(Muhammad Fāyiz as-sharīf et al.,2007)。沙特通过阿拉伯国家联盟等其他援助机构,每年向索马里,吉布提和厄立特里亚提供 1.55 亿沙特亚尔。2011 年,沙特在全国发起援助索马里人民运动,筹集 6000 万美元人道主义援助资金。

阿联酋是非洲之角的重要援助国。阿联酋红新月会、穆罕默德·本·拉希德·阿勒马克图姆慈善机构、沙迦慈善基金等援助机构在非洲之角修建难民营,与埃塞俄比亚、肯尼亚的难民救助机构合作。2009年,阿联酋成立对外援助协调办公室(the UAE Office for the Coordination of Foreign Aid),致力于打造可靠、透明的捐赠国形象。2011年以来,阿联酋将自身定位为国际人道主义援助行动的重要参与者。阿联酋对外援助政策的原则是受援国向援助国开放投资市场,市场开放是阿联酋人道主义援助的明确目标,以便在市场准入、市场主导地位以及伙伴关系建立方面,将其他海湾国家排除在外;"阿拉伯之春"以来,阿联酋向非洲之角国家提供大规模援助,旨在发展经济,稳定政局,防止该地区爆发更大人道主义危机(Jason Mosley,2018)。

卡塔尔对外援助以官方援助为主。2010年以来,卡塔尔向非洲之角国家提供的援助达到2.1亿美元(Mdakh al-'ajamiyy al-Otaibah,2021)。2015年,卡塔尔红新月会与索马里红新月会签署谅解备忘录,承诺为索马里青年创造就业机会,提高职业技能培训,解决医疗资源短缺、饮用水缺乏等问题。2010—2012年,厄立特里亚和吉布提在卡塔尔发展援助的前10个国家中排名第8位和第10位。卡塔尔发展基金(QFFD)数据显示,2017—2019年,在撒哈拉以南非洲国家中,苏丹和索马里是最大的受援国。2016年,卡塔尔发展基金在撒哈拉以南非洲的15个项目中,8个在苏丹达尔富尔地区(Qatar Fund for Development,2016)。2017年"断交危机"发生后,卡塔尔加紧在非洲之角地区与阿联酋、沙特展开竞争。它与联合国难民署签署援助协议,扩大人道主义援助方面的协调与合作,并通过联合国机构为非洲之角国家募集资金。

(三)基础设施建设

非洲之角长期深陷政治与社会动荡,基础设施建设薄弱。海湾国家出于人道主义考量,参与非洲之角国家的学校、医院、政府大楼、交通、港口、发电站、大坝以及农业等基础设施建设等(见表1)。比如,沙特参与苏丹上阿特巴拉和塞迪特大坝综合体项目(Upper Atbara and

Setit Dams Projects)、麦洛维大坝(Merowe Dam),参与吉布提港、吉布提国际机场扩建项目等。2019年,沙特向埃塞俄比亚提供1.4亿美元贷款,用于发展该国道路、能源基础设施和卫生项目。科威特援助苏丹水利灌溉、农村集水项目。卡塔尔参与索马里计划、投资与经济发展部、摩加迪沙市政府大楼及总统府大楼等项目开发。2017年,卡塔尔援助修建摩加迪沙—乔哈尔公路(Mogadishu-Jawhar)和摩加迪沙—阿夫戈耶公路(Mogadishu-Afgooye)项目,这两条公路是连接索马里首都与其他地区的重要交通动脉。卡萨拉—厄立特里亚公路项目是卡塔尔在非洲之角投资的重要基建项目,总长26公里,是连接苏丹和厄立特里亚的首条公路。2014年,巴林援建摩加迪沙大学巴林科学学院,该机构将提高索马里高等教育水平,开创人道主义援助的新形式。

表1　海湾国家参与非洲之角国家的部分基础设施项目

国家	基础设施项目	参与国
索马里	摩加迪沙—乔哈尔、摩加迪沙—阿夫戈耶公路	卡塔尔
	马赫尔大学	科威特
	加洛威机场	科威特
	摩加迪沙大学巴林科学学院	巴林
	朱巴糖厂	沙特
苏丹	麦洛维大坝	沙特、卡塔尔、阿联酋
	卡萨拉厄立特里亚公路项目	卡塔尔
	白尼罗河糖厂	沙特
	上阿特巴拉和塞迪特大坝综合体项目	沙特
	罗赛雷斯大坝	阿联酋
吉布提	吉布提港	沙特
	吉布提国际机场扩容项目	沙特
	谢赫·萨巴赫·艾哈迈德公路	科威特

（四）工农业投资

海湾国家主要以合资和贷款的形式，开展对非洲之角国家投资。2000—2017年，海湾国家在非洲之角，特别是苏丹和埃塞俄比亚进行434项投资，总金额达130亿美元（J. Meester et al.，2018）。2006年苏丹东部和平协定签署以来，科威特一直是该地区最大的捐赠国之一。2010年12月，科威特举办援助和投资苏丹东部会议，与会各方承诺向苏丹提供35.47亿美元，其中科威特政府承诺提供5亿美元，用于苏丹东部地区的投资（Mdakh al-'ajamiyy al-Otaibah，2021）。在索马里和厄立特里亚，海湾国家投资更为多元，包括双边合作、与海合会国家的多边合作、企业间伙伴关系等投资形式。比如，沙特投资索马里建设朱巴糖厂等农业发展项目。

吉布提是海湾国家在非洲之角的重要合作伙伴和投资目的地。2006年，迪拜环球港务集团（DP World）获得吉布提港多拉莱集装箱码头（Doraleh Container Terminal）30年运营权，旨在将其打造成非洲之角航运枢纽（Karen E. Young et al.，2022）。2004—2016年，科威特阿拉伯经济发展基金（KFAED）与吉布提签署14项协议，总金额达7830科威特第纳尔，包括电站、港口、机场、道路等基建项目，为吉布提经济发展提供融资（Al Rai，2016）。其中，谢赫·萨巴赫·艾哈迈德公路（Sheikh Sabah Sabah Alahmad Road）是科威特在吉布提投资的最大项目之一。该项目建成后将助力吉布提北部地区经济社会发展，促进吉布提与埃塞俄比亚的物流与贸易。

相比沙特与阿联酋（见表2），卡塔尔与非洲之角国家的投资规模较小。2011年南苏丹独立后，苏丹经济遭受重创。之后，卡塔尔与苏丹签订经济和安全协定，向苏丹提供天然气用于发电，并于2014年在苏丹中央银行存入10亿美元，专门用于能源和农业投资。2017年11月，卡塔尔与索马里签署一项价值2亿美元的协议，用于基础设施建设。此外，卡塔尔在非洲之角其他几个国家的建筑、房地产、农业、旅游和矿业部门都有投资（Abdinor Dahir，2022）。

农业是海湾国家与非洲之角国家合作的重点。海湾国家农业基础薄弱,可耕地面积少,粮食依赖进口。非洲之角国家耕地面积大,气候适宜。2007—2008年,全球粮食危机爆发后,海湾国家在非洲之角进行大规模农业投资,租用土地建设海外农场,维护本国粮食安全。近年来,为吸引投资,非洲之角国家实施零关税等贸易便利化措施,海湾国家与非洲之角国家的农业合作更加密切。

表2　阿联酋与沙特在苏丹、埃塞俄比亚和吉布提的投资(2003—2020年)

单位:百万美元

		政府对外直接投资	私人对外直接投资	官方发展援助	总计
阿联酋	吉布提	1694.7	47.7	19.6	1762
	埃塞俄比亚	214.2	1574.5	3109.9	4898.6
	苏　丹	68	725.1	3582.1	4375.2
	总　计	1976.9	2347.3	6711.6	11035.8
沙　特	吉布提	—	—	466.9	466.9
	埃塞俄比亚		464.7	152.3	617
	苏　丹	15.9	108.7	2333.1	2457.7
	总　计	15.9	573.4	2952.3	3541.6

资料来源:Jason Mosley,2018

尽管海湾国家与非洲之角国家的经济合作广泛,涉及领域较多,双边经济合作仍面临如下挑战。

首先,非洲之角国家安全形势严峻。非洲之角是世界上遭受恐怖主义影响最严重的地区之一。索马里"青年党"等恐怖组织频繁发动袭击,引发社会动乱与人道主义危机。该地区国家政府弱小,政局动荡,内战和政变频发,工农业投资项目易受到政局动荡影响。

其次,域外国家在非洲之角博弈激烈。近年来,中东国家竞相在非洲之角部署军事基地。阿联酋、卡塔尔积极斡旋非洲之角国家国内冲突、边境纠纷。土耳其和伊朗也积极扩大在该地区的影响力。土耳其投资埃塞俄比亚铁路项目(Awash-Kombolcha-Hara Gebeya railway project），协助埃塞俄比亚发展国防工业，土耳其银行（Ziraat Bank）在埃塞俄比亚开设分行。海湾国家将中东地区地缘政治博弈延伸到非洲之角，使部分投资项目异化为抢占势力范围和排挤敌手的政治手段，而忽略了项目的可行性与可持续性。

再次，海湾国家的投资附加政治条件。海湾国家与非洲之角国家的经济关系，以服务政治诉求为目的。海湾国家要求非洲之角国家选边站队，支持其政治立场。比如，2016 年，沙特与伊朗断交后，索马里随即与伊朗断交，沙特宣布向索马里提供 5000 万美元援助（Reuters，2016）。

最后，投资回报不佳。海湾国家在非洲之角国家购买土地和粮食生产出口，引发当地人的担忧。非洲之角国家缺乏基础设施和熟练工人、营商环境差、金融不稳定等状况，使海湾国家投资面临较大经营风险。海湾国家在非洲之角的港口建设项目进展缓慢。2018 年 3 月，索马里兰（Somaliland，索马里西北部的一个联邦州。20 世纪 80 年代起，索马里兰寻求脱离索马里独立，但至今未获得国际社会承认）与迪拜环球港务集团签署伯贝拉港（Port of Berbera）运营权协议。索马里政府反对该项目，认为只有联邦政府才有权签署该协议。索马里议会宣布该项目侵犯主权，宣布协议无效。2018 年 2 月接管吉布提港码头以来，迪拜环球港务集团已在该项目上累计亏损 10 亿美元（Arab News，2020）。

海湾国家向非洲之角国家提供人道主义援助、投资基础设施项目，有助于该地区经济社会发展，缓解人道主义危机。海湾国家与非洲之角国家签订劳务合作协议，将当地过剩劳动力输出至海湾国家，既解决了非洲之角国家的就业问题，又满足海湾国家劳动力需求。然而，海湾国家与非洲之角国家的经济合作也面临安全、金融等方面的诸多挑战，可持续性较差。

四、结　　语

海湾国家与非洲之角隔海相望，历史文化渊源深厚。双方交往古已有之，延续至今。海湾国家凭借雄厚财力成为非洲之角国家主要援助方,援助逐渐成为其在非洲之角扩大影响力的工具。"阿拉伯之春"以来,海湾国家开始从地缘政治视角看待非洲之角,通过设立军事基地、参与冲突解决、投资大型基础设施项目等方式,积极扩展在非洲之角国家的影响力。然而,海湾国家在非洲之角的势力拓展进程并不顺利,远未达到预期目标。军事基地建设迟滞、项目经营亏损、非洲之角国家内乱冲突频发等问题,阻碍海湾国家深化与非洲之角国家的合作。海湾国家参与非洲之角国家国内与域内冲突,但这些冲突根源复杂,政治解决进程易出现反复,非洲之角国家对海湾国家势力扩张保持警惕,不愿沦为后者的附庸。海湾国家虽财力雄厚,但实力不足与战略失当,使它们并未成为非洲之角政治的主要相关方。2021年以来,中东国家之间地缘政治冲突降温,出现一波"和解潮",海湾国家在非洲之角的地缘政治争夺随之减弱。也门问题走上政治解决之路,更减少了海湾国家在非洲之角扩展影响力的必要性。在国际层面上,美国、俄罗斯等大国开始重新关注非洲之角,加大在此区域的投入,将与海湾国家形成竞争关系。这些因素促使海湾国家重新审视非洲之角政策,从自身实力出发,以更加务实的方式发展与非洲之角国家的关系,双方关系也将进入平稳发展的新阶段。

参考文献

王尚:《也门政府与胡塞武装启动大规模换俘行动》,新华网,http://m.xinhuanet.com/2023-04/16/c_1129527494.htm,2023年4月14日。

Africa News(December 2022). Sudan signs $6 billion UAE deal for new Red Sea port. https://www.africanews.com/2022/12/14/sudan-signs-6-billion-uae-deal-for-new-red-sea-port.

Ali al-dhahab(2020). al-Tad'iyat al-'askariyyah wa al-Istiratijiyyah li-saytarah al-Imarat 'ala Arkhabil Saqtar al-yemaniyah. Al Jazeera Centre for Studies, p.4.

Ali Mazrui(1986). *The Africans: A Triple Heritage*. London: Little Brown and Company, p.25.

Ali Mazrui(1998). Qadhaya fikria: ifreeqiya wo al-islam wo al-gharb.

Cairo: Center for African Future Studies, African Studies Series, pp.145—146.

Al Rai(February 2016). 78.3 Milyuna dinnār qurud al-Kuwayt l-Jībūtiyy mundu 2004. https://www.alraimedia.com/article/710003/2004.

Arab News (January 2020). Dubai's DP World wins ruling against Djibouti over seized port. https://www.arabnews.com/node/1612881/business-economy.

International Crisis Group(September 2019). Intra-Gulf Competition in Africa's Horn: Lessening the Impact. p.36.

Jason Mosley(2018). Turkey and the Gulf States in the Horn of Africa: Fluctuating dynamics of engagement, investment and influence. The Rift Valley Institute, pp.37—38, 55.

Jessica Larsen & Finn Stepputat(May 2019). Gulf state rivalries in the Horn of Africa: Time for a Red Sea policy? Danish Institute for International Studies, https://www.diis.dk/en/research/gulf-state-rivalries-in-the-horn-of-africa-time-a-red-sea-policy.

J. Meester, Willem van den Berg & Harry Verhoeven(April 2018). "Executive Summary", Riyal Politik: The Political Economy of Gulf Investments in the Horn of Africa, Clingendael Institute Conflict Research Unit, p.5.

King Faisal Center for Research and Islamic Studies (2020). Red Sea Peace Initiatives: Saudi Arabia's Role in the Eritrea Ethiopia Rapprochement. p.21.

Kouassi Yeboua & Jakkie Cilliers(September 2021). Development prospects for the Horn of Africa countries to 2040. Institute for Security Studies. https://futures.issafrica.org/special-reports/region/horn-of-africa.

Luciano Hultberg(August 2021). Can the UAE Solve the GERD Dilemma? Gulf International Forum. https://gulfif.org/can-the-uae-solve-the-gerd-dilemma.

Madukh Ajami al-Utaibi(2021). Al-qarni al-ifreeqi 'mqan istirateegiyan khalijeen. Aljazeera Centre for Studies, pp.33, 80.

May Darwich(March 2020). Saudi-Iranian Rivalry from the Gulf to the Horn of Africa: Changing Geographies and Infrastructures. https://pomeps.

org/saudi-iranian-rivalry-from-the-gulf-to-the-horn-of-africa-changing-geographies-and-infrastructures-1.

Mdakh al-'ajamiyy al-Otaibah(2021). al-qarn al-ifrīqiyy 'amuqā 'istirātījiya khrījiyya. al-Jazeera Centre for Studies, p.77.

Muhammad Fāyiz as-sharīf(2007). as-siyāsa al-ḵārijiyya al-mamlaka al-arabiyya as-su'ūdiyya, dāru al-malki 'Aba al-'Azīz. Riyadh, pp.102, 453.

Qatar Fund for Development (2016). Qatar Fund for Development Annual Report 2016. pp.22—23.

Reuters (January 2016). Somalia received Saudi aid the day it cut ties with Iran: document. https://www.reuters.com/article/us-somalia-saudi-iran-idUSKCN0UV0BH.

Robert Mason & Simon Mabon(Eds.)(2022). *The Gulf States and the Horn of Africa—Interests, influences and instability*. Oxford: Manchester University Press, p.79.

Robert Mason & Simon Mabon(Eds.)(2022). "Strategic geography in jeopardy: Qatar-Gulf crisis and the Horn of Africa" in *The Gulf States and the Horn of Africa Interests, influences and instability*. Manchester University Press, p.176.

Robert Mason & Simon Mabon(2022). Extended states: the politics and purpose of United Arab Emirates economic statecraft in the Horn of Africa in *The Gulf States and the Horn of Africa Interests, influences and instability*. Manchester University Press, p.119.

Sultan Barakat & Sansom Milton(June 2017). Why Did Qatar Leave the Djibouti-Eritrea Border? Al Jazeera. https://www.aljazeera.com/indepth/opinion/2017/06/qatar-army-djibouti-eritreaborder-170618100118290.html.

The Food and Agriculture Organization(April 2015). Somalia registers record exports of 5 million livestock in 2014. https://www.fao.org/somalia/news/detail-events/en/c/284955.

The Food and Agriculture Organization (January 2017). Millions of people face food shortages in the Horn of Africa. https://www.fao.org/news/story/en/item/468941/icode.

图书在版编目(CIP)数据

非洲式治理现代化：多重尺度 / 李瑞昌，张楚楚主编. -- 上海 ：上海人民出版社，2024. -- (复旦公共行政评论). -- ISBN 978-7-208-19231-7

Ⅰ. D740.3

中国国家版本馆 CIP 数据核字第 2024QY9547 号

责任编辑　　冯　静　　宋子莹
封面设计　　夏　芳

复旦公共行政评论

非洲式治理现代化：多重尺度

李瑞昌　张楚楚　主编

出　　版　上海人民出版社
　　　　　(201101　上海市闵行区号景路159弄C座)
发　　行　上海人民出版社发行中心
印　　刷　江阴市机关印刷服务有限公司
开　　本　635×965　1/16
印　　张　21
插　　页　2
字　　数　286,000
版　　次　2024 年 12 月第 1 版
印　　次　2024 年 12 月第 1 次印刷
ISBN 978 - 7 - 208 - 19231 - 7/D·4422
定　　价　98.00 元